中央高校基本科研业务费专项资金资助
Supported by the Fundamental Research Funds for the Central Universities

中国债券市场实务研究

——基于固定收益证券投资视角

Practical Research
on China Bond Market:
Perspective from Fixed-income Investment

胡 晓　田昕明　李冠頔　著

西南财经大学出版社
Southwestern University of Finance & Economics Press

中国·成都

图书在版编目(CIP)数据

中国债券市场实务研究:基于固定收益证券投资视角/胡晓,田昕明,李冠頔著. 一成都:西南财经大学出版社,2021.9

ISBN 978-7-5504-5022-6

Ⅰ.①中… Ⅱ.①胡…②田…③李… Ⅲ.①固定收益证券—证券投资—研究—中国 Ⅳ.①F832.51

中国版本图书馆 CIP 数据核字(2021)第 167372 号

中国债券市场实务研究——基于固定收益证券投资视角

ZHONGGUO ZHAIQUAN SHICHANG SHIWU YANJIU——JIYU GUDING SHOUYI ZHENGQUAN TOUZI SHIJIAO

胡晓　田昕明　李冠頔　著

责任编辑:陈何真璐	
封面设计:何东琳设计工作室	
责任印制:朱曼丽	

出版发行	西南财经大学出版社(四川省成都市光华村街55号)
网　　址	http://cbs.swufe.edu.cn
电子邮件	bookcj@ swufe.edu.cn
邮政编码	610074
电　　话	028-87353785
照　　排	四川胜翔数码印务设计有限公司
印　　刷	郫县犀浦印刷厂
成品尺寸	170mm×240mm
印　　张	17
字　　数	311 千字
版　　次	2021 年 9 月第 1 版
印　　次	2021 年 9 月第 1 次印刷
书　　号	ISBN 978-7-5504-5022-6
定　　价	88.00 元

前　言

中国债券市场伴随着改革开放进程而起步，40 余年来发生了翻天覆地的变化。从 1981 年国债恢复发行但有债无市，到 1988 年国债柜台交易市场创立，到 1990 年债券通过新生的上海证券交易所实现场内交易，到 1995 年"327 国债事件"后交易所成为唯一合法债券市场，到 1997 年银行退出交易所市场并成立银行间债券市场，到 2002 年后债券发行主体、机构投资者类型、债券品种进一步丰富，再到 2017 年后银行间债券市场和交易所市场互联互通提速，中国债券市场在不断摸索前行中得到了广度和深度的飞跃，其规模现已跃居世界第二位、亚洲第一位。虽然中国债券市场已经成为世界金融市场最重要的组成部分之一，国内外大量银行、券商、基金、信托、资产管理机构等都涉及相关的业务，但目前关于中国债券市场实务研究方面的专著却十分有限。一方面，弗兰克·J. 法博齐编著的《固定收益证券手册》和布鲁斯·塔克曼等编著的《固定收益证券》等经典书籍均基于美国债券市场，对中国实情涉及较少，而且这些书籍虽然对基础理论有比较系统的呈现，但联系真实债券市场不足。另一方面，国内出版的一些关于中国债券市场的书籍则主要偏向对市场状况、交易制度、政策法规等知识性的介绍，缺乏必要的分析深度和有价值的研究结论。对此，建立一套完整的、面向中国债券市场的固定收益研究体系，以此揭示影响中国固定收益投资的关键因素十分重要。

中国债券市场深刻地记录着中国金融市场乃至宏观经济的变迁。众所周知，债务在经济的每个方面都发挥着核心作用。债券的发行人几乎覆盖了经济活动所有重要的参与者，包括中央政府、地方政府、政府支持机构、银行和非银金融机构、各行各业的实体企业等。债券市场所提供的流动资金支撑着国家的经济建设和企业的投资运营。相对于股票市场而言，债券市场更应该是经济的晴雨表。除此之外，债券的核心元素是利率，而利率本身是经济活动中重要的、承上启下的变量，既反映了金融资源的流向和生产活动的成本，也是政府实施货币政策的重要参考、目的和手段。事实上，中国债券市场近年在宏观调控、降低社会融资成本、经济结构调整以及金融改革方面发挥着越来越重要的作用。鉴于债券市场是中国经济进程的忠实记录者和重要参与者，也有必要建立一套相对全面、稳定的固定收益研究体系来对其进行深入分析和跟踪。这对于从债券视角来了解中国金融市场和宏观经济有着非常重要的意义。

出于上述动机，我们基于多年来在固定收益领域的教学、研究和投资经历，并结合中国债券市场方面已有研究，构建了一套"五位一体"固定收益研究体系，涉及宏观、中观、海外、机构行为、政策五个重要部分。在本书中，我们将很多经济、金融理论放到固定收益投资研究情境中进行演绎和论述，并结合大量中国经济和债券市场最新的数据实例，详细阐述了上述五个方面包含的具体要素及其对固定收益证券价值的影响机制，进而形成了一系列具有较高可用性的研究方法和分析工具。除此之外，我们还以专题形式对城投债、可转换债、债券量化投资进行了深入探讨，从而呈现了一些特殊的固定收益投资研究逻辑和思想。由于专著篇幅有限，重点专题探讨会以二维码形式呈现，读者可以扫描二维码阅读相关内容。

本书能帮助相关领域的学者了解中国债券市场实情，获得丰富的研究选题思路和分析视角。本书也提供了很多新颖的、与中国经济和债券市场重要因素相关的代理指标及其测算方法，可被未来研究采用。同时，本书可作为一本从中国债券市场实务出发的实践指南，服务于有志从事固定收益投资研究的财经专业学生或接受过经济学、金融学训练的人士，使其了解课程中所学知识特别是固定收益相关知识如何在实践中加以应用，从而缩短其将所学转化为投资研究生产力的时滞。

本书的完成得到了中央高校基本科研业务费专著出版资金的资助，以及作者所在工作单位西南财经大学金融学院、融通基金管理有限公司和中国人民大学国际货币研究所的支持。三位作者发挥各自所长，紧密结合学术研究与投资研究，共同完成了本书的写作。招商证券银行业首席分析师廖志明，西部证券宏观首席分析师张静静，广发证券固定收益首席分析师刘郁，广发证券汽车行业首席分析师张乐，泰康资产管理有限公司宋庆佳，融通基金管理有限公司郭利燕、戴锐、成涛、刘心一、霍迪乔等业界资深专家通过合作研究对本书部分内容亦有贡献。西南财经大学金融学院的王正杰、周海涛、欧阳亚凌、陈文星、林晗钰、郑江锋、陈逸青、李锶怡、谭晓童、黄玮宗、赵雅敏、刘雯等同学和西南财经大学出版社陈何真璐老师也在本书的撰写、出版过程中给予了很大帮助。在此一并谨表谢意。

作者学识浅薄、水平有限，书中难免有不当之处，恳请学界和业界前辈、同仁斧正，并真诚地欢迎所有读者提出宝贵的意见。

作　者

2020 年 11 月 29 日

目　录

第一篇　"五位一体"固定收益研究体系

第二篇　重点专题探讨

第一篇

"五位一体"固定收益研究体系

第一章 搭建固定收益研究体系

基于多年来在固定收益领域的学术研究和实务工作经历，并结合中国债券市场方面的既有研究，我们搭建了如图1-1所示的"五位一体"固定收益研究体系。该体系包括宏观、中观、海外、机构行为、政策五个部分。下面先对这五个部分进行界定，进而介绍五个部分如何有机地结合起来为固定收益研究服务。

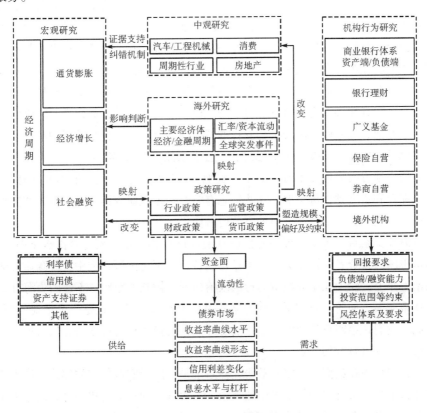

图1-1 "五位一体"的固定收益研究体系

固定收益证券的定价关键是市场利率水平，而宏观经济是利率研究的起点。没有对于宏观经济形势的基本判断就无法形成有效的利率预测。不过，宏观经济的范畴很广，增长问题、技术进步问题、福利问题、贫穷与长期发展问题都是宏观经济研究的重要课题，但这些对利率研究都不是最为紧要的。事实上，一年以内甚至是一个季度的经济运行情况才是影响利率最大的方面。因此，面向固定收益的宏观研究具体落脚点也应放在较高频、对于市场影响较大的经济数据上，其侧重点和研究方法与规范的宏观经济学研究有较大不同。当然，随着超大型资产配置机构的发展，投资者对长期问题的关注度也在上升，其研究兴趣也逐渐扩散到更为广泛的宏观经济学领域，但如何辨识当下经济运行的周期位置仍然是更重要的研究目标。在第二章中，我们将详细阐述固定收益研究下的宏观研究数据体系和分析方法。

不同于一般的产业研究，固定收益研究体系涉及的中观研究目的非常明确，就是给宏观研究提供补充、验证与纠错机制。中观研究通常会面向两类分析对象：第一类是对经济有支柱性作用的行业，比如房地产、汽车等；第二类是自身经济状况能折射出一些重要经济特征的行业，比如钢铁、锌等小品种金属。我们将在第三章从汽车、工程机械、消费、周期性行业和房地产五个重要行业入手介绍中观研究的关键要素。另外，还有一些中观层面的部类虽称不上是行业，但其在某些特殊背景下对于宏观研究意义非凡，比如地方政府融资平台。一方面，地方政府融资平台发行的城投债本就是信用债最重要的品种。截至 2019 年 10 月，城投债余额已经占到了同期信用债余额的 43.8%。另一方面，研究地方政府融资平台有助于了解地方政府的负债程度、资本开支意愿、政策配套和资金到位等情况。这些信息有时对于宏观研究结论有着重要的支撑作用。我们将在第七章展开对地方政府融资平台的分析。

海外要素对中国金融市场的影响力在 2018 年由于中美贸易摩擦迅速提高，但似乎国内投资者的注意力都集中在特朗普这个不可测因素或中美波澜诡谲的政治博弈上，较少在全球经济运行或政治格局上做长期跟踪。不过因为海外数据体系庞大，如何有效利用这些数据并提炼出有价值的信息是一个重要问题。对此，我们在第四章将介绍一套重要海外数据的指数化处理方法，从而提供一些海外研究可行的切入点。

机构行为在我们的固定收益研究体系下是仅次于宏观研究的部分。过去研究非常重视从市场的交易数据中捕捉很多买卖双方的行为趋势信息，但相关研究结论大多脱离实践中的交易逻辑，难以形成清晰、稳定的投资建议。对此，我们在第五章中提出了一种从商业银行这一债券市场资金来源出发考察机构行为的思路，强调通过分析商业银行在既有约束和激励下的资产负债行为来揭示债券市场上的机构行为。这种方法的好处是分析框架具有稳定性，且信息丰富性和分析准确性可以随着时间累积而提高。

对于中国债券市场而言，政策研究是必要的，原因主要有两点：第一，虽然政策是现实经济运行状况的投射，但直接分析政策对市场的作用可能面临内生性问题。在中国当前经济波动变小但中长期矛盾累积的背景下，政策决策中长期考量占比有所提升，同时随着政策从需求侧转向供给侧，一些政策的推出可能并不是针对总需求的逆周期调控，但依然对行情有所影响。第二，中国的金融体系正处于深刻变革和快速进步中，新的监管思路、工具层出不穷，这也要求政策研究不光要关注监管体系的产品，熟悉各种指标体系和监管条文，更重要的是通过分析监管体系本身形成对监管周期的判断。在第六章中，我们在行情复盘的基础上，探讨货币政策、财政政策、产业政策与监管政策对债券市场的影响。

接下来，我们在所构建的"五位一体"固定收益研究体系中阐述上述五个部分所扮演的角色及相互关系：宏观和机构行为研究是体系的核心；中观研究是宏观研究的基础和验证手段；海外研究的结论除了会影响宏观判断，同时也会影响政策判断；宏观经济运行状况是固定收益证券定价的逻辑基础，而逻辑的兑现终归要靠买卖实现，因此机构行为是行情实现的途径；政策既是上述研究的自然映射，也会加速、减缓或者改变上述领域的走向。

第二章 宏观研究

第一节 概述：辨识经济运行的周期位置

宏观经济基本面研究是利率研究的起点和"五位一体"固定收益研究体系的根基，而宏观研究的目标在于辨识当下经济运行的周期位置。

区别于股票研究对产业、政策、经济、公司等多元化广度信息的挖掘，固定收益研究体系相对完整且固定，投资者的宏观经济研究框架和相应关注的信息大体一致。那么如何在相近框架下通过研究更好地描述当下的经济现状及趋势，便是固定收益领域宏观研究致力于深度挖掘的方向。现有宏观研究中，大多存在"解构易、综合难"的问题。投资者习惯于将宏观经济运行的逻辑按照经济主体或部门拆分成投资、生产、消费、贸易等分项后逐一进行分析和预测，但将解构后得到的研究结论综合为对宏观经济运行整体判断的过程并不仅仅是"按权重加总"那么简单。只有明确经济运行的周期位置，抓住各阶段经济运行中的主要矛盾和核心变量，才能形成对经济现状及趋势的基本判断。

本章将对通货膨胀、经济增长、社会融资三个宏观经济研究的重要方面进行剖析，进而考察经济周期与市场周期的相关问题。

第二节 通货膨胀

通货膨胀在固定收益的宏观研究中有以下几方面重要的应用：①在传统大类资产配置的研究框架"美林时钟"中，通货膨胀与经济增长两个维度形成划分经济运行阶段和大类资产运行轨迹的重要标准，对于股票、债券等大类资产的预判均具有重要意义；②在经济周期位置的研究中，通货膨胀被认为是

"名义经济增长"中"名义价格"的代表,而名义国内生产总值(gross domestic product, GDP)增速的涨跌与债券收益率息息相关;③在对于债券市场至关重要的货币政策研究中,通货膨胀作为中央银行的重点政策目标之一,是中央银行制定货币政策与运用货币政策工具的重要考量。

过去研究考察了通货膨胀对固定收益证券和债券市场的影响。尚玉皇等① 发现,通货膨胀因子主要作用于债券收益率曲线的水平因子和长端。范龙振和张处② 则认为,市场利率综合反映了官方利率、货币供应量的增长率、通货膨胀率和实际消费的增长率。强静等③、郭娜和翟光宇④ 以及李成等⑤ 指出,中国政策基准利率的制定与通货膨胀高度相关。石柱鲜等⑥ 借助 VAR-ATSM 模型揭示,通货膨胀对不同期限利率产生正向影响,而对不同期限利差产生负向影响。根据尚玉皇和郑挺国⑦ 的研究,相较于货币政策指标,通货膨胀指标对短期利率波动率的贡献更大。

下面将对通货膨胀的概念、分类方式和通货膨胀预测相关研究进行介绍,提出短期高频预测模型、基于投入产出表的中期预测模型、年度走势预测模型三种通货膨胀的实务预测方法,并对生产者价格指数(producer price index, PPI)与消费者价格指数(consumer price index, CPI)的区别与联系、PPI 和 CPI 走势的分化、PPI 对 CPI 的影响路径等重要问题,以及猪肉、原油、粮食、医疗等重点分项展开分析。

一、通货膨胀的基本认识

(一) 通货膨胀的概念

通货膨胀是指流通中的货币数量超过经济实际需要而引起的货币贬值和物

---

① 尚玉皇,郑挺国,夏凯. 宏观因子与利率期限结构:基于混频 Nelson-Siegel 模型 [J]. 金融研究, 2015 (6): 14-29.

② 范龙振,张处. 中国债券市场债券风险溢酬的宏观因素影响分析 [J]. 管理科学学报, 2009, 12 (6): 116-124.

③ 强静,侯鑫,范龙振. 基准利率、预期通货膨胀率和市场利率期限结构的形成机制 [J]. 经济研究, 2018, 53 (4): 92-107.

④ 郭娜,翟光宇. 中国利率政策与房地产价格的互动关系研究 [J]. 经济评论, 2011 (3): 43-50.

⑤ 李成,王彬,马文涛. 资产价格、汇率波动与最优利率规则 [J]. 经济研究, 2010, 45 (3): 91-103.

⑥ 石柱鲜,孙皓,邓创. 中国主要宏观经济变量与利率期限结构的关系:基于 VAR-ATSM 模型的分析 [J]. 世界经济, 2008 (3): 53-59.

⑦ 尚玉皇,郑挺国. 短期利率波动测度与预测:基于混频宏观-短期利率模型 [J]. 金融研究, 2016 (11): 47-62.

价水平全面持续上涨。通货膨胀与一般物价上涨有着本质区别。一般物价上涨是指某个、某些商品因供求失衡使其价格暂时、局部、可逆的上涨，不会造成货币贬值。而通货膨胀则是能导致一国货币贬值的国内主要商品价格普遍、持续、不可逆的上涨。CPI 和 PPI 等指标从不同角度反映了通货膨胀的程度。

CPI 是居民购买的消费品（包括基本生活必需品及其他消费物品和服务）价格变动的相对数，能够揭示一定时期内居民消费价格水平的变动趋势和变动幅度。CPI 是分析宏观经济形势、制定宏观经济政策的重要依据，也是不变价 GDP 核算的重要基础。我国 CPI 生成采用的是抽样调查方法：首先抽选确定调查网点，之后按照"定人、定点、定时"的原则，直接派人到调查网点采集原始价格信息。调查网点包括食杂店、百货店、超市、便利店、专业市场、专卖店、购物中心、农贸市场及服务消费单位等。从调查频率来看，对一般性商品价格每月调查两次；而对于与居民生活密切相关、价格变动比较频繁的商品价格，每 5 天调查一次；由国家和地方统一定价的商品或相对稳定的商品价格，每月调查一次。CPI 调查商品目录由国家参考住户调查中的消费支出资料统一制定，每 5 年变动一次，目前覆盖 8 个大类、39 个中类、262 个基本分类、800 多种规格品。在实际使用中，除了国家统计局公布的 CPI 外，核心 CPI 和季节调整的 CPI 也时常被关注。核心 CPI 的编制剔除了食品和能源等价格可能受自然气候或国际政治经济因素影响出现剧烈波动的商品，因此与货币供应关系更为密切，可作为研判货币因素造成价格变动的重要指标。季节调整的 CPI 是剔除了季节因素后测算出的经季节调整月环比指数；由于消除了 CPI 数据序列中的季节性变动因素，季节调整的 CPI 更能反映出数据的内在趋势，月度数据也更具可比性。

PPI 是工业企业生产的工业产品第一次出售时价格变动的相对数，反映了一段时期内工业产品价格水平的变动趋势和幅度，也是计算工业增长速度和不变价 GDP 核算的重要基础。我国 PPI 的生成采取重点调查与典型调查相结合的调查方法：对于年主营业务收入 2 000 万元及以上的企业，采用重点调查方法；对于年主营业务收入 2 000 万元以下的企业，则采用典型调查方法。PPI 调查涉及全国 5 万余家工业企业。从调查频率来看，PPI 调查实行月报，每月 5 日和 20 日调查两次。国家根据国内工业企业产品的实际销售情况，选定了 11 000 多种工业代表产品，其中部分代表产品又选定了若干种规格品。

（二）通货膨胀预测的相关研究

对通货膨胀进行准确且快速的预测是中央银行制定货币政策的重要基础。学者们曾构建过多种通货膨胀预测模型，主要有三类。

第一类是单变量时间序列模型。Stock 和 Waston①发现自回归（autoregressive，AR）模型是表现最好的通货膨胀预测模型。近些年来，单变量时间序列模型在 AR 模型基础上扩展至更具一般性的差分整合移动平均自回归（autoregressive integrated moving average，ARIMA）模型。

第二类是向量自回归（vector autoregressive，VAR）模型。Uko 和 Nkoro②运用 VAR、ARIMA 等模型对尼日利亚的通货膨胀情况进行了预测，发现 VAR 模型在短期预测方面表现较好，但长期预测效果不理想。

第三类是最具有影响力的新凯恩斯主义菲利普斯曲线（new Keynesian Phillips curve，NKPC）模型。赵昕东③选取了适合我国的菲利普斯曲线模型，并利用中国 1982—2006 年的数据进行预测，发现 NKPC 模型能够较好地预测我国的通货膨胀。

通过比较 AR 模型、VAR 模型和 NKPC 模型的预测结果，可以发现：相较于 AR 模型和 NKPC 模型，VAR 模型的预测效果相对较差，且其长期预测效果更差。当预测期为四季度时，NKPC 模型和 ARIMA 模型的预测效果较好；而当预测期为八季度时，以 CPI 和广义货币增长率为变量的 VAR 模型预测效果较好。

除货币政策的制定者外，固定收益投资者同样十分重视对通货膨胀的预测。目前投资实务中使用的预测模型主要是短期高频预测模型、基于投入产出表的中期预测模型和年度走势预测模型。下面分别对这些预测模型进行介绍。

二、短期高频预测模型

（一）模型构建

第一步，将 CPI 食品分项按照国家统计局标准划分为粮食、油脂、肉禽类、水产品、蛋类、奶类、鲜菜、鲜果等品类，并分别为各品类选择相应的近月行业高频数据。所选取的高频数据可以是国家统计局、商务部、农业部或其他行业网站公布的日度或周度数据，应兼顾数据可得性、公布频率与预测精度等。

以 CPI 猪肉分项为例，展示高频数据选取的方法。与 CPI 猪肉分项对应的高频数据主要有北京市新发地农产品股份有限公司的后臀尖猪肉价格、全国外

① STOCK J H, WATSON M W. Forecasting inflation [J]. Journal of Monetary Economics, 1999 (2), 293–335.

② UKO A K, NKORO E. Inflation forecasts with ARIMA, vector autoregressive and error correction models in Nigeria [J]. European Journal of Economics, Finance & Administrative Science, 2012 (50): 71–87.

③ 赵昕东. 基于菲利普斯曲线的中国产出缺口估计 [J]. 世界经济, 2008 (1): 57–64.

三元生猪价格、猪肉平均批发价格、白条猪猪肉平均批发价格等。分别用2015—2019年上述月度高频数据对CPI猪肉分项环比进行回归，拟合优度分别是31.5%、21.0%、49.0%和56.0%，因此选择拟合优度最高的白条猪猪肉平均批发价格作为预测所需行业高频数据。

图2-1对比了使用白条猪猪肉平均批发价格拟合得到的CPI猪肉分项环比预测值和实际公布值。可以看出，高频数据具有较好的预测效果。但由于春季前后猪肉价格波动较大，相应月份预测出现偏差的概率增高。此外，在猪肉价格上涨或下跌较快时期，预测数据与国家统计局公布数据差异也较大。这可能是由于国家统计局进行了数据平滑的处理。例如，2019年3月，猪肉价格大幅上涨，CPI猪肉分项环比预测值月均上涨4%，而国家统计局公布的环比上涨仅1.2%，与实际感受不符。此外，2018年3月，环比预测值下跌11.2%，而实际公布值下跌8%；2015年7月，环比预测值上涨12.8%，实际公布值上涨9.8%。

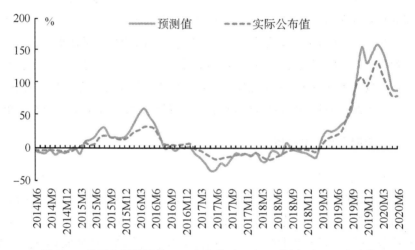

图2-1　基于高频数据的CPI猪肉分项环比预测值与实际公布值①

第二步，确定各品类在预测CPI食品分项时的权重。由于国家统计局对于CPI分项数据的采集来源和采集比例并不完全公开，因此直接运用历史公开的固定权重往往存在滞后性，与实际权重变动有差异。尤其是在结构分项的品种发生较大幅度价格波动的阶段，权重的偏差会放大整体通货膨胀预测的误差。例如，

---

① 由于本书中的数据分析图由软件自动生成，横轴中的年份及月份统一显示为"年份M月份"，如"2014M6"表示"2014年6月"；横轴中的年份及季度统一显示为"年份Q季度"，如"2014Q1"表示"2014年1季度"。全书同。

在 2019 年猪肉价格大幅上涨过程中，若锚定统计局公布的历史肉禽类权重，则会低估 CPI 的数据表现。对此，可使用基于回归的动态调整权重预测方法。

具体地，依照"就近原则"，将各品类在第一步中确定的近月高频行业数据对 CPI 食品分项环比回归，回归系数对应为各品类的拟合权重。对于预测而言，虽然无法提前预估实际公布数据的权重变动，但"就近原则"下的动态调整可以更敏感地捕捉近期数据中权重的变化，从而使预测值更贴近实际公布数据。经过测算，蔬菜、蛋类、肉禽类等是权重较大的品类，而水产品是小权重品类。

第三步，CPI 同比预测值可采用"翘尾+新涨价＝同比"的方法得到。其中，翘尾因素是商品价格较上年同期的涨幅中属于去年发生的部分，可由上年次月至上年 12 月环比连乘得到；新涨价因素是商品价格较上年同期涨幅中当年发生的部分，可由当年 1 月至当月环比连乘得到。

具体地，假设预测年份第 n 个月的 CPI 月同比预测值为 X_n、月环比为 Y_n（$n=1$，2，…，12），预测年份上一年第 n 个月 CPI 月环比为 Z_n，有

$$X_n = Z_{n+1} Z_{n+2} \cdots Z_{12} Y_1 Y_2 \cdots Y_n$$

其中，$Y = Y_1 Y_2 \cdots Y_n$ 为新涨价因素；Y_1、Y_2、…、Y_{n-1} 为统计局已公布的 CPI 月环比数据实际值；Y_n 为基于第一步中得到的分项各品类对应的高频行业数据和第二步中使用近月回归得到的各品类预测权重，加权平均计算出的第 n 月 CPI 食品分项环比；$Z = Z_{n+1} Z_{n+2} \cdots Z_{n+12}$ 为翘尾因素，是已知的。

至此，通过高频行业数据的选取和各品类权重的确认，在"翘尾+新涨价＝同比"的方法下可领先得到较为全面可靠的 CPI 预测值。

（二）模型分析

基于短期高频数据模型，使用真实数据对 CPI 食品分项环比进行预测并将其与实际公布值对比，如图 2-2 所示。同时，图 2-3 进一步展示了代表性品类的环比预测值与实际公布值对比。可以看出：①预测模型整体拟合效果较优。预测值和实际值的差异在每年 2 月和 3 月的偏离会增大，而蔬菜、肉禽类等占比较高的品类体现得更为明显，这与 CPI 猪肉分项的预测值与实际值对比类似。可能的原因为春节前后商品价格大幅波动，统计局采样和高频数据差异增大。因此在使用短期高频数据模型对春节前后月份进行预测时，需要关注预测模型的容错度。②虽然水产品等小权重品类的预测精度偏弱，但蔬菜、蛋类、肉禽类等权重较大品类的预测精度较好，这在整体上保证了模型预测是具备可信度和有效性的。③由于食品分项的高频数据可得性强，因此 CPI 食品分项的环比和同比预测值采取上述第一至三步便可获得，而 CPI 非食品分项的预测则一般通过历史上同月数据进行推测，主观成分较大。对此，可以使用下面将要展示的基于投入产出表的通货膨胀预测模型对 CPI 非食品分项进行预测。

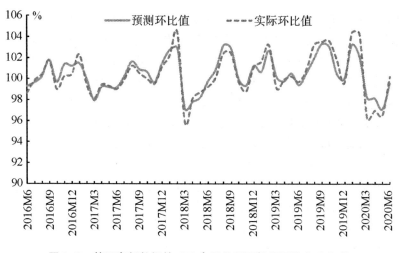

图 2-2 基于高频数据的 CPI 食品分项环比预测值与实际值

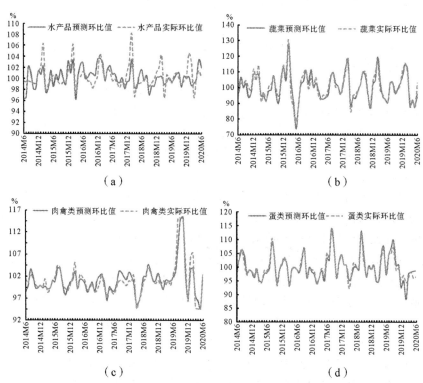

图 2-3 CPI 食品分项代表性品类环比预测值与实际值

三、基于投入产出表的中期预测模型

鉴于高频数据的可得性，市场对通货膨胀数据的预测一般局限在 CPI 食品分项上，而 CPI 非食品分项则一般通过历史上同月的环比数据进行推测，主观成分较大。此外，从投资的客观需要看，3 个月左右的中期通货膨胀判断是比较重要的，但当前中期通货膨胀预测却不尽如人意。高频数据的提前量达不到 3 个月，而投资者又不甘心使用长期判断中"相对模糊"的方法。

一些投资者尝试通过产业链传导的方法来实现中期通货膨胀的预测，但仍存在两方面的问题。第一，预测主要集中在某个品种，最有代表性的是对"原油对通货膨胀的影响"这类问题的预测。不过，如果重要品种的价格发生非一致方向变动，通货膨胀的变化趋势便难以明确。第二，数量化测算不够，通常展示的是一个比较模糊的方向性结论，不能给出具体的前瞻性指标。

为了解决上述问题，可以采用投入产出表进行测算。投入产出表是一个重要的结构经济分析工具，蕴含了经济部门之间的传导关系。借助投入产出表，可以定量计算一个门类产品的价格上涨对其他门类的影响；之后再根据 CPI 分项的权重，便能大概匡算出工业品价格上涨对于 CPI 的最终影响。此外，CPI 分项数据非常丰富，可对测算结果和分析逻辑做多层次的验证。

（一）基本假设

假设 n 个行业之间价格波动存在的关系可以表示为

$$\Delta P_k = (\Delta P_1\ \Delta P_2 \cdots \Delta P_{k-1}\ \Delta P_{k+1} \cdots \Delta P_n)_{1 \times (n-1)}$$

其中，ΔP_k 为行业 k 的价格变化；ΔP_1、ΔP_2、$\cdots$、ΔP_{k-1}、ΔP_{k+1}、$\cdots$、ΔP_n 则为其余 $n-1$ 个行业对行业 k 价格波动的反应程度。

之后引入 $n-1$ 个行业的投入产出表流量矩阵 A_{n-1}：

$$A_{n-1} = \begin{pmatrix} a_{11} & \cdots & a_{1,\,k-1} & a_{1,\,k+1} & \cdots & a_{1n} \\ \vdots & \ddots & \vdots & \vdots & \ddots & \vdots \\ a_{k-1,\,1} & \cdots & a_{k-1,\,k-1} & a_{k-1,\,k+1} & \cdots & a_{k-1,\,n} \\ a_{k+1,\,1} & \cdots & a_{k+1,\,k-1} & a_{k+1,\,k+1} & \cdots & a_{k+1,\,n} \\ \vdots & \ddots & \vdots & \vdots & \ddots & \vdots \\ a_{n1} & \cdots & a_{n,\,k-1} & a_{n,\,k+1} & \cdots & a_{n,\,n} \end{pmatrix}_{(n-1) \times (n-1)}$$

其中，a_{ij}（$i, j = 1, 2, \cdots, k-1, k+1, \cdots, n$）为行业 j 对行业 i 的供给（耗用）系数，供给系数是下游企业对中上游行业产品的需求（中上游行业对下游的供给），耗用系数是中下游企业对上游行业产品的需求（中下游行业对上游的

耗用）。

将价格波动关联矩阵与投入产出表流量矩阵相乘，得到行业 k 对各上游行业价格波动耗用系数的反应程度 A_k：

$$A_k = \Delta P_k A_{n-1} = (a_{k1}\ a_{k2} \cdots a_{k,\ k-1}\ a_{k,\ k+1} \cdots a_{kn})_{1 \times (n-1)}$$

需要注意的是，这个模型有两个比较强的假设：第一，成本全部传导，即上游能完全将成本转移给下游。第二，不同上游产品价格的变化是正交的（不相关）。这些假设有一定理想性，但同时也是进行验证的好角度。

（二）模型构建

第一步，以《中国统计年鉴—2017》中全国投入产出表为数据来源，将CPI 非食品分项中的主要细分行业与投入产出表中的行业进行对照和替换，以方便后续投入产出关系的计算。

第二步，将上述 CPI 非食品分项成分行业的对照行业以横向排列，计算每个行业在投入产出表中对应的耗用系数，并对耗用系数最高的五个上游行业进行纵向列示。表 2-1 给出了部分对照行业的五个最主要上游行业的耗用系数情况。

表 2-1　部分行业投入产出系数表

行业	农产品	林产品	畜牧产品	渔产品
与上游行业 1	肥料	农、林、牧、渔服务	农产品	饲料加工品
系数	0.125	0.054	0.277	0.171
与上游行业 2	精炼石油、核燃料加工品	精炼石油、核燃料加工品	饲料加工品	农产品
系数	0.051	0.048	0.259	0.137
与上游行业 3	基础化学原料	肥料	谷物磨制品	批发和零售
系数	0.045	0.041	0.063	0.041
与上游行业 4	电力、热力生产和供应	石油和天然气开采产品	批发和零售	精炼石油、核燃料加工品
系数	0.044	0.038	0.051	0.038
与上游行业 5	石油和天然气开采产品	批发和零售	肥料	货币金融和其他金融服务
系数	0.043	0.032	0.034	0.036

表 2-1（续）

行业	农、林、牧、渔服务	煤炭采选产品	石油和天然气开采产品	黑色金属矿采选产品
与上游行业 1	农产品	货币金融、其他金融服务	开采辅助服务和其他采矿产品	电力、热力生产和供应
系数	0.165	0.085	0.109	0.154
与上游行业 2	批发和零售	电力、热力生产和供应	电力、热力生产和供应	精炼石油、核燃料加工品
系数	0.061	0.074	0.074	0.091
与上游行业 3	饲料加工品	钢压延产品	钢压延产品	货币金融、其他金融服务
系数	0.06	0.07	0.063	0.075
与上游行业 4	精炼石油、核燃料加工品	商务服务	精炼石油、核燃料加工品	石油和天然气开采产品
系数	0.052	0.045	0.061	0.071
与上游行业 5	畜牧产品	批发和零售	货币金融、其他金融服务	煤炭采选产品
系数	0.049	0.042	0.044	0.062
行业	有色金属矿采选产品	非金属矿采选产品	开采辅助服务和其他采矿产品	谷物磨制品
与上游行业 1	电力、热力生产和供应	电力、热力生产和供应	钢压延产品	农产品
系数	0.137	0.114	0.098	0.719
与上游行业 2	精炼石油、核燃料加工品	精炼石油、核燃料加工品	精炼石油、核燃料加工品	肥料
系数	0.115	0.104	0.095	0.09
与上游行业 3	货币金融、其他金融服务	石油和天然气开采产品	采矿、冶金、建筑专用设备	批发和零售
系数	0.087	0.08	0.088	0.055
与上游行业 4	石油和天然气开采产品	货币金融、其他金融服务	电力、热力生产和供应	精炼石油、核燃料加工品
系数	0.087	0.078	0.085	0.047
与上游行业 5	煤炭采选产品	专用化学产品和炸药、火工、焰火产品	石油和天然气开采产品	货币金融、其他金融服务
系数	0.06	0.061	0.075	0.047

表 2-1（续）

行业	饲料加工品	植物油加工品	糖及糖制品	屠宰及肉类加工品
与上游行业 1	农产品	农产品	农产品	畜牧产品
系数	0.521	0.64	0.515	0.598
与上游行业 2	谷物磨制品	肥料	肥料	农产品
系数	0.091	0.08	0.064	0.201
与上游行业 3	渔产品	批发和零售	货币金融、其他金融服务	饲料加工品
系数	0.077	0.066	0.058	0.158
与上游行业 4	批发和零售	货币金融、其他金融服务	批发和零售	批发和零售
系数	0.077	0.052	0.055	0.123
与上游行业 5	植物油加工品	精炼石油、核燃料加工品	电力、热力生产和供应	谷物磨制品
系数	0.066	0.044	0.055	0.044

行业	水产加工品	蔬菜、水果、坚果和其他农副食品加工品	方便食品	
与上游行业 1	渔产品	农产品	农产品	
系数	0.588	0.530	0.375	
与上游行业 2	农产品	批发和零售	谷物磨制品	
系数	0.116	0.075	0.299	
与上游行业 3	饲料加工品	肥料	批发和零售	
系数	0.104	0.066	0.105	
与上游行业 4	批发和零售	植物油加工品	植物油加工品	
系数	0.086	0.057	0.069	
与上游行业 5	货币金融、其他金融服务	谷物磨制品	屠宰及肉类加工品	
系数	0.049	0.057	0.066	

第三步，运用相关系数法估算出 CPI 非食品各分项的权重占比，将其对照行业在表 2-1 中五个主要的上游行业耗用系数进行加权。需要注意的有两点：①有些非食品分项可能对应多个行业，比如交通车费一项，对应道路运输、水上运输和航空运输三个分项。简单将权重平均分配给这三个分项。②对照行业的上游行业存在重叠，比如石油和天然气开采产品是 8 个细分子行业的上游。

第四步，将加权后的耗用系数按照上游行业的分类进行加总，从而得到汇总后的 38 个上游行业系数，如表 2-2 所示。这些系数有比较明确的经济学意义，即在成本完全传递的情况下，上游行业的价格上涨 $X\%$，那么非食品 CPI 就上涨（系数×$X\%$）。从系数的排序上看，石油和天然气开采产品，农产品，电力、热力生产和供应，棉、化纤纺织及印染精加工品，有色金属及其合金和铸件、钢铁制品的影响较为居前，统计结果和实情比较吻合。在此基础上，可利用这些结果来构建前瞻指标。为简单起见，只选择排名在前 20 的行业。其中，批发零售，货币金融服务和商务服务处于流通环节，难以定义价格，暂不放入；电力、热力生产和供应行业的产品价格受严格管制，几乎没有波动，也暂不放入。

表 2-2　38 个上游行业系数

行业	系数	行业	系数
畜牧产品	0.015	皮革、毛皮、羽毛及其制品	0.004
船舶及相关装置	0.003	其他交通运输设备	0.004
电力、热力生产和供应	0.041	汽车零部件及配件	0.004
电线、电缆、光缆及电工器材	0.002	日用化学产品	0.007
电子元器件	0.002	商务服务	0.007
房地产	0.011	石油和天然气开采产品	0.135
钢压延产品	0.013	输配电及控制设备	0.003
合成材料	0.003	水利管理	0.003
化学纤维制品	0.003	塑料制品	0.005
货币金融和其他金融服务	0.078	铁路运输和城市轨道交通设备	0.003
基础化学原料	0.003	通信设备	0.001
金属制品	0.007	屠宰及肉类加工品	0.008
精炼石油和核燃料加工品	0.049	医药制品	0.015
酒精和酒	0.011	饮料和精制茶加工品	0.015
开采辅助服务和其他采矿产品	0.011	有色金属及其合金和铸件	0.013
煤炭采选产品	0.021	渔产品	0.011

表2-2(续)

行业	系数	行业	系数
棉、化纤纺织及印染精加工品	0.014	针织或钩针编织及其制品	0.002
农产品	0.045	专用化学产品和炸药、火工、焰火产品	0.002
批发和零售	0.073	装卸搬运和运输代理	0.003

第五步，构建前瞻指标。基本方法是从各行业选择具有领先性的代理变量，并结合计算得到的上游行业系数和代理变量变动幅度，构建满足中期预测目标的前瞻指标。至于各行业代理变量的选择，应在保证数据质量的前提下，尽量使用频率更高的周度数据，这样做的原因是：由于CPI的披露时间是每月中上旬，因此可在CPI非食品分项数据披露前多获得一个多月的数据；同时数据本身的前瞻性为判断提供了比较充分的支撑保证。但鉴于数据的可得性，无法做到每一个分类都找到与之匹配的高频数据。具体的变量选择如表2-3所示。

表2-3　各行业代理变量选择

行业	系数	代理变量	频率
石油和天然气开采产品	0.095	93号/97号汽油零售价，液化天然气LNG	周
农产品	0.034	食用农产品价格指数	周
精炼石油和核燃料加工品	0.017	一系列化工品价格（5种）	日
医药制品	0.015	中国成都中药材价格指数/三种诊疗费	月
棉、化纤纺织及印染加工品	0.014	中国纺织材料价格指数	周
有色金属及其合金和铸件	0.013	上期有色金属指数	日
钢压延产品	0.013	Mysteel price indices of China（中国钢铁价格指数）	日
饮料和精制茶加工品	0.011	婴幼儿奶粉和中老年奶粉价格	周
房地产	0.011	六地房地产房租指数	月
畜牧产品	0.009	平均价：猪/牛/羊	周
开采辅助服务和其他采矿产品	0.009	Mysteel iron ore price index of China（中国铁矿石价格指数）	日
酒精和酒	0.008	山东玉米酒精出厂价	日

表2-3(续)

行业	系数	代理变量	频率
日用化学产品	0.007	一系列化工品价格（5种）	日
金属制品	0.007	永康五金市场交易价格指数	月
煤炭采选产品	0.007	中国煤炭价格指数：全国综合	周

（三）模型分析

2012年6月—2020年6月前瞻指数与CPI非食品同比增长率序列的对比如图2-4所示。可以看出，所构建的前瞻指数确实存在一定的领先性。进一步使用格兰杰因果检验对前瞻指数和CPI非食品同比增长率两个序列的关系进行检验。二者在0.001的显著性水平下有明显因果关系。图2-4也表明，所编制的前瞻指标领先期大约2个月；若再加上高频数据本身1个月的领先性，基本能够实现3个月的中期通货膨胀的预判。

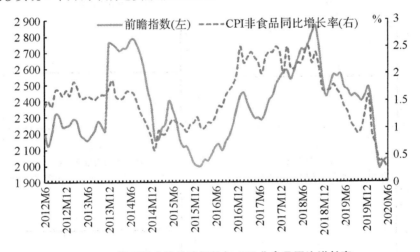

图2-4　模型构建的前瞻指数与CPI非食品同比增长率

对于CPI非食品的预测，这里没有采取测算CPI食品分项时用的短期高频预测模型，而是基于投入产出表构建中期预测模型，借助上中下游传导的耗用系数综合反馈非食品分项的价格变化。不过，基于前瞻指数预测出的CPI非食品环比增长率在3月多为上行，但实际公布数值则通常显示环比增长率下跌，预测出现偏误。根据图2-5，交通通信、生活用品及服务、教育文化和娱乐等分项在3月份的季节性环比增长率负值较为明显；衣着类3月环比增长率上升明显，居住、医药保健季节性不明显。这说明，基于投入产出表的方法在预测上中下游传导不灵敏且季节性规律较强的分项时可能存在偏误，在实际使用时应将其与季节性历史规律结合运用，以提高预测精度。

此外，基于投入产出表的预测模型尚有广阔的拓展空间。由于没有合理定义同比数据，批发零售、商务服务和金融服务三个重要行业的消耗系数并未放入模型，但这些行业的利润情况、活跃程度对于通货膨胀的影响也会十分显著。在未来优化模型时可对该部分予以考虑。

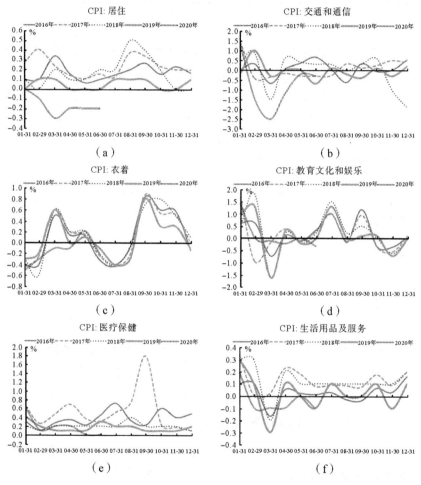

图 2-5 CPI 非食品部分品类环比增长率

扫描二维码
查看彩色大图

四、年度走势预测模型

投资者需要对全年的通货膨胀走势、节奏和中枢进行预测，以达到对通货膨胀的宏观背景以及货币政策面向通货膨胀的可能行为进行预判的目的。可以利用 CPI 月环比具有的月度和春节特点，构建一种预测 CPI 月同比年度走势的模型。

（一）模型构建

春节是中国人最大的节日，每逢春节来临人们会集中增加消费性支出，特别是对猪肉、鸡肉等肉禽类和蔬菜水果类等食品的消费，因而春节所在月份物价普遍偏高，对其当月 CPI 及其后一个月的 CPI 环比影响较大。而春节作为中国传统农历节日，其所处公历月份存在不确定性，为 1 月或 2 月。因此，在构建通货膨胀的年度预测模型时，必须基于春节所在公历月份的不同，将各年份分为 B、C 两类：B 类为春节在 1 月的年份集合，CPI 环比 1 月偏高、2 月偏低；C 类为春节在 2 月的年份集合，CPI 环比 1 月偏低、2 月偏高。

B 类年份的 CPI 月环比 Y_n 的预测值：

$$\widehat{Y_n} = \begin{cases} Y_n = \dfrac{\sum\limits_{k \in A \cap B} Y_{nk}}{N_k} & n = 1,\ 2,\ 3 \\[2em] \overline{Y_n} & n = 4,\ 5,\ \cdots,\ 12 \end{cases}$$

若预测的是属于春节在 2 月的 C 类年份，则 CPI 环比月均值 Y_n 的预测值为

$$\widehat{Y_n} = \begin{cases} Y_n = \dfrac{\sum\limits_{k \in A \cap C} Y_{nk}}{N_k} & n = 1,\ 2,\ 3 \\[2em] \overline{Y_n} & n = 4,\ 5,\ \cdots,\ 12 \end{cases}$$

上两式中，A 为所有已发生可参考的样本年份；B 为预测年份之前春节在 1 月的年份集合；C 为预测年份之前春节在 2 月的年份集合；k 为年份交集；n 为月份；N_k 为 B 或 C 中的年份数。

之后可计算 CPI 月同比 X_n 的预测值，由翘尾因素部分和环比新涨价因素部分连乘得到：

$$X_n = Z_{n+1}\ Z_{n+2} \cdots Z_{12}\ \widehat{Y_1}\ \widehat{Y_2} \cdots \widehat{Y_n}$$

其中，$Z = Z_{n+1} Z_{n+2} \cdots Z_{n+12}$ 为翘尾因素，是已知的，由上年次月至上年 12 月 CPI 环比连乘得到。

（二）模型分析

立足于 2019 年 10 月市场对于未来通货膨胀预期不断上升的时点，用该模型对 2019 年 10 月—2020 年 12 月的通货膨胀进行预测。同比增长率预测结果如图 2-6 所示。具体分析如下：①由于 2020 年春节为 1 月 25 日，因此预计通货膨胀高点应出现在 2020 年 1 月。②乐观假设猪肉价格在近期 56 元/千克的基础上每月平均再上涨 5%～10%，而原油价格也存在一定程度的共振上涨，CPI 月同比增长率在 2019 年四季度即可能突破 4%，并在 2020 年 1 月高点突破 5%。从实际数据来看，2020 年 1 月 CPI 达到 5.4% 的高位，验证了上述预测。

扫描二维码
查看彩色大图

图 2-6　基于年度走势预测模型的 2020 年通货膨胀预测

五、PPI 和 CPI 的区别与联系

（一）PPI 与 CPI 的区别

PPI 和 CPI 均是衡量通货膨胀程度的代表性指标，也是固定收益领域研究通货膨胀问题的核心。从中国 CPI 与 PPI 的统计构成来看，二者的产业口径和主要驱动力均有显著差别，使得 CPI 与 PPI 的走势时有分化。在产业口径方面，中国 CPI 构成可分为食品、非食品消费品和服务品三大类，涵盖了所有第一、二、三产业的价格信息；而中国 PPI 的构成则不同于很多发达国家，涵盖生产资料与生活资料两个大类，但并不直接包含第三产业（服务品）的价格信息。CPI 比 PPI 多出的服务品项目，是导致 CPI 与 PPI 走势时常分化的原因之一。

从主要驱动力来看，CPI 的波动主要受食品分项驱动，其中鲜菜和猪肉价格是最主要的波动来源。2012 年下半年以来，服务品价格对 CPI 的拉动作用显著增强，而非食品消费品对 CPI 的拉动作用却一直较为有限。对于 PPI 的主要驱动力而言，生产资料价格波动是引起 PPI 变化的主要原因，而生活资料价格较为平稳（如图 2-7 所示）。此外，根据图 2-8，生产资料下游价格变化对

PPI影响也有限。PPI主要受中上游石油和天然气开采业，黑色金属矿采业，煤炭开采和洗选业，石油加工、炼焦和核燃料工业，化学工业五大行业价格波动影响较大。由于CPI与PPI的重叠部分主要是CPI非食品消费品与PPI生活资料和下游行业，而重叠部分对CPI和PPI的驱动力都比较有限，使CPI与PPI走势并非完全一致。

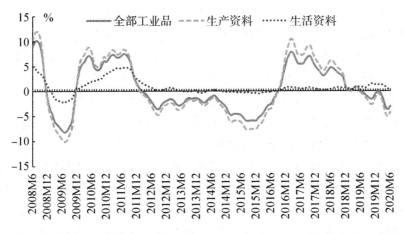

图2-7　全部工业品、生产资料和生活资料价格波动情况

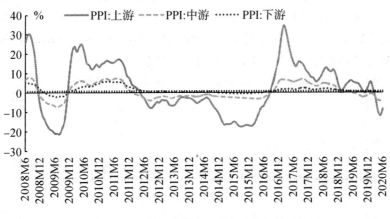

图2-8　PPI上游、中游和下游行业价格波动情况

（二）PPI与CPI的联系

在讨论通货膨胀问题的时候，很多投资者关注PPI向CPI的传导。但这一提法其实有失偏颇：①CPI和PPI并非完全割裂和独立，而是"你中有我，我中有你"的关系。PPI组成结构分为生产资料和生活资料，其中生活资料全部是构成CPI的分项；而CPI所反映的生活成本，又直接影响PPI中的人工成本。②逻辑上，工业品价格上涨带动终端消费价格上涨，从而实现PPI对CPI的传导。但PPI影响CPI并非单一通过产业链不断把成本向下游转嫁来实现，因此将CPI和PPI之间的关系描述为"联系"会更为严谨。事实上，PPI与CPI的联系可以分为"传导"和"重叠"两个层次。

从传导上看，PPI影响CPI的路径是"PPI生产资料→生活资料→CPI"：①PPI中生活资料工业品分为食品、衣着、一般日用品和耐用消费品，其中后三种通常以工业品为原料，同时影响CPI中以工业品为原料的消费品，其间是批发价和零售价的区别。批发价影响零售价，批发价通常稳定，而零售价波动较大。②PPI中食品生活资料工业品往往是以农副产品为原料，而CPI中食品通常为农副产品。农副产品价格上升会驱动PPI中食品生活资料工业品价格上涨，同步带来CPI中农副产品消费品价格上升。这条传导路径通畅，但由于生活资料工业品在PPI所占比例不到30%，传导效果一般。

"重叠"是指PPI中工业品出厂价和CPI中消费品价格具有共同的影响因素，因而这些影响因素的变化会同时驱动PPI和CPI。例如，国际原油价格上涨会同时推升CPI与PPI，对我国通货膨胀造成较强的全局影响；具体地，原油价格通过居住分项下的"水电燃料"和交通分项下的"交通工具用燃料"影响CPI的走势，也通过上游的"石油和天然气开采业"对PPI产生显著冲击。图2-9表明，PPI中石油和天然气开采业分项与CPI中交通工具用燃料分项的走势较为一致。图2-10还对比了PPI和CPI其他一些重叠项的走势，进一步证实了PPI和CPI在"重叠"层次上的联系。

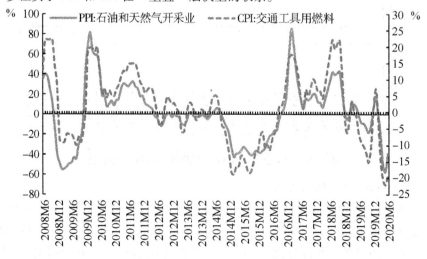

图2-9　石油和天然气开采业PPI与交通工具用燃料CPI同比增长率

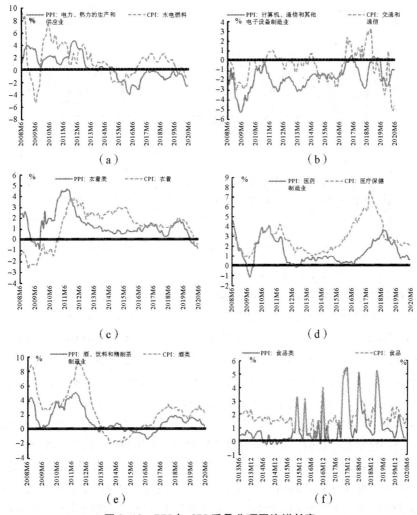

图 2-10　PPI 与 CPI 重叠分项同比增长率

六、历史周期中的 PPI 与 CPI

PPI 和 CPI 的变化，本质上是经济内部供给和需求动态出清在价格层面的体现。过去很长一段时间，中国总体上处于一个供给相对过剩的阶段。因而在传统周期下，经济的周期性波动主要由需求端驱动，而物价作为经济的滞后指标，相应表现出明显的周期性波动。图 2-11 表明，PPI、CPI 同比增长率与实际 GDP 增速走势大体类似，且一般滞后于经济表现 2 个季度左右。

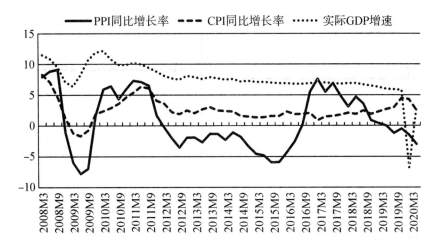

图 2-11　PPI、CPI 同比增长率与实际 GDP 增速

（一）供需驱动下 PPI 与 CPI 走势

PPI 和 CPI 走势均呈现周期性变化。PPI 周期性更明显，一般持续 3 年左右，从底部到顶部变化幅度一般在 10% 以上，且多数时候弱领先于 CPI，如 1998—2002 年、2002—2006 年两轮周期。PPI 弱领先于 CPI 的原因一方面是前文已经分析过的"PPI 生产资料→生活资料→CPI"传导路径，另一方面也与宏观政策传导有关。中国经济周期与政策变化相辅相成。一般而言，需求是经济出现周期性波动的主要驱动力，而宏观政策通过调节总需求来熨平经济波动。政府常常根据经济运行状况来调整货币政策、财政政策和重点行业需求政策。当经济增长过快时，政府会适度收紧银根、上调利率、减少财政刺激、加强房地产调控；而当经济出现明显下滑时，政府则会减少信贷约束、降准降息、扩大基建和房地产投资。相较于 CPI，宏观政策对 PPI 的影响更为直接，从而使 PPI 先于 CPI 变动。例如，每轮经济周期底部，宽松的货币政策和积极的财政政策实施后，投资增速回升，基建与房地产链条最先改善，处于生产端的工业品价格首先受益，推动 PPI 上涨。

不过，PPI 有时并不一定遵循"生产资料→生活资料"的自上而下传导路径，也可能是受需求扩张自下而上地推动，使 CPI 领先 PPI 变化。例如，2006 年 10 月—2008 年 10 月，伴随着宏观经济热度上升，下游工业品价格率先与 CPI 同步上涨，随后带动上游工业品价格从 2007 年 10 月开始持续上涨，并最后传导至中游工业品价格上，掀起了 PPI 的一轮上行周期。

此外，当政策推行强刺激令总需求急剧扩张时，CPI 与 PPI 还可能出现同步上涨。例如，2009 年 7 月—2011 年 7 月，在"四万亿"投资计划下，CPI

与 PPI 同步大幅反弹，且工业品价格上涨并未表现出产业链间依次传导的过程。由此可见，如果总需求扩张的脉冲效应较为猛烈，物价上涨也将是全局性且大幅度的。

（二）PPI 内部结构性走势分化

2012 年年初—2016 年年中，我国经历了改革开放以来最长的一段通货紧缩时期，时长接近 5 年，PPI 和 CPI 大部分时间呈现出低位震荡。其间，2014 年 8 月—2015 年 12 月，PPI 出现进一步较大幅度下滑，而 CPI 只是略有下降。这主要是由于 PPI 内部走势的分化。彼时上游工业品价格随国际大宗商品价格大幅下跌，带动整体 PPI 下降（如图 2-12 所示），但由此为中游行业带来成本节约。虽然中下游工业品由于需求低迷也表现出降价，但经企业价格决策的过滤后，上中下游工业品价格跌幅依次衰减。与 PPI 下游行业和生活资料联系紧密的 CPI 受到的影响也相应较小。当时 PPI 生产资料和生活资料出现的背离支持了这一点（如图 2-13 所示）。

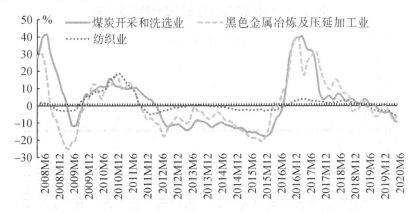

图 2-12　上游煤炭开采和洗选业、黑色金属冶炼及压延加工业、纺织业 PPI 同比增长率

2016 年年初之后，PPI 经历了快速冲顶阶段，仅 1 年半的时间便从底部上升 13% 左右。与以往不同，本轮 PPI 向 CPI 的传导并不通畅，对 CPI 的影响非常微弱。一个重要原因也在于 PPI 内部走势的分化。在彼时供给侧改革背景下，上游工业品价格因去产能政策力度较大，价格蹿升并直接带动整体 PPI 的迅速上涨，而中游工业品价格在上游成本提升下也出现了滞后且小幅回升；此外，2017 年，"2+26" 等环保政策密集出台，且第三、四批全国环保督查分别于 4 月和 8 月启动，环保限产进一步催生 PPI 生产资料中上游及部分中游工业品价格上涨，成为 2017 年下半年 PPI 持续超预期的重要原因之一。区别于需求驱动下的同涨同跌，本轮供给侧改革刺激下的 PPI 中上游生产资料价格上涨

并没有带来生活资料的明显价格波动，PPI 生产资料和生活资料背离（如图 2-13 所示），而 PPI 生活资料与 CPI 走势较一致（如图 2-14 所示）。

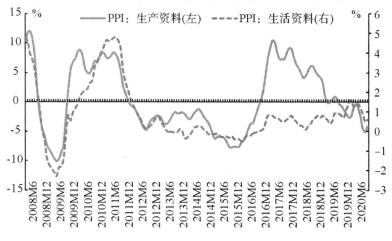

图 2-13　PPI 生产资料与生活资料同比增长率

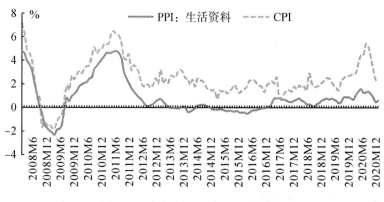

图 2-14　PPI 生活资料与 CPI 同比增长率

（三）CPI 内部结构性走势分化

2016 年年初 PPI 冲高的过程中，CPI 一直维持相对低位且波动较小。这除了由于 PPI 对 CPI 传导不畅外，还由于 CPI 内部结构性走势分化所带来的制衡与对冲，如图 2-15 所示。

2016—2017 年，在猪周期影响下猪肉价格和蔬菜成为 CPI 的重要拖累项，造成 CPI 食品分项一直处于低位。但同时，代表新兴消费的"娱乐教育文化用品及服务"和"医疗保健及个人服务"对 CPI 的拉动作用攀升。这反映出在经济转型期消费结构升级、供不应求的格局对服务品价格产生了显著的提升作用，从而使 CPI 非食品分项处于相对高位。

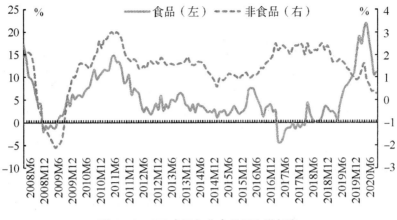

图 2-15　CPI 食品与非食品同比增长率

不过，CPI 医疗保健分项的超季节性上行主要是由医疗服务价格改革驱动，但随着医疗服务价格改革全面铺开并逐步完成，医疗服务价格增长也回归常态。2017 年 10 月，非食品分项中医疗保健价格环比增长率大幅回落，从 9 月的 1.8% 回落至 10 月的 0.2%，对 CPI 环比增长率拉动从 0.14% 降至 0.02%。在医疗服务价格回归稳态增长的过程中，其对 CPI 非食品分项的支撑逐渐减弱，CPI 非食品分项也出现高位回落。

（四）中游的特殊性

在多个 PPI 周期中，中游行业价格均体现出了滞后反应，主要原因在于：不同于上游行业企业利润对产成品价格的高敏感性特征，中游行业企业获取的是中间加工环节的利润，与产成品价格相关性较低，且中游行业相比下游行业的资本密集度又更高，因此中游行业企业利润对产能利用情况更为敏感。当下游行业需求扩张时，中游行业企业不必提价，通过提高产能利用率即可迅速谋得利润改善。

下面以钢铁行业为例，通过其对上下游的议价能力进一步说明中游的特殊性。钢铁行业的上游原材料主要为铁矿石、焦炭和废钢。而钢铁行业对上游，尤其是铁矿石的议价能力较弱，这是因为国内铁矿石价格跟随国际价格，而国际铁矿石供给方垄断程度较高，使得钢铁企业成为铁矿石价格的被动接受者。相对而言，钢铁行业对下游的议价能力稍强，这主要是由于钢铁需求分散，单一客户对其重要性有限，而且下游客户总成本中钢铁占比通常较低，使其对钢价并不敏感。对此，在钢材定价权强于成本定价权的情况下，成本对毛利率的影响相对较弱，下游需求量对利润的影响更重要。

七、重点分项研究

在传统通货膨胀研究框架中，投资者需要通过解构的分析方法，对通货膨胀中的重点分项品种的未来走势进行预判。此方法是基于各分项对于通货膨胀波动的贡献权重不同。下面以 CPI 中当下最受关注的猪肉、原油分项以及作为稳定基础的粮食、医疗保健分项做重点说明。

（一）猪肉分项

从供给端来看，影响猪肉价格波动的核心因素包括养殖周期（如图 2-16 所示）和疫情。生猪价格与供应量遵循"供给不足→猪价上涨→养殖规模扩大→供给过剩→猪价下跌→养殖规模缩减→供给不足"的规律，从而造成猪肉价格呈现明显的周期性波动。

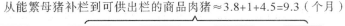

从能繁母猪补栏到可供出栏的商品肉猪≈3.8+1+4.5=9.3（个月）

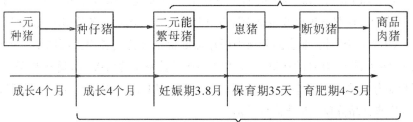

成长4个月　成长4个月　妊娠期3.8月　保育期35天　育肥期4~5月

从种仔猪补栏到最终可供出栏的商品肉猪≈4+3.8+1+4.5=13.3（个月）

图 2-16　生猪养殖周期

从需求端来看，猪肉消费具有十分明显的季节性特征。消费旺季主要有两个时段，一个是 7—9 月三个月，另一个是冬至到春节。春节后是淡季，低点出现在 3—5 月附近。7 月、8 月两月旺季有供给原因，向前推 6 个月为冬季，仔猪存活率低，而 7 月、8 月天气热，猪生长慢、死亡率高，运输损耗也偏高。

图 2-17 表明，我国最近十年共经历 4 轮猪周期，分别是 2006 年 5 月—2009 年 5 月、2009 年 6 月—2012 年 7 月、2012 年 8 月—2018 年 5 月，以及 2018 年 5 月之后由非洲猪瘟和环保政策影响下供给大幅收缩带来的"超级猪周期"。典型的猪周期是，能繁母猪存栏量持续下行，猪肉价格见底回升；在猪肉价格回升后，能繁母猪存栏量持续上行，最终带来价格下跌。

图 2-17　中国 22 个省市平均猪肉价格

可从三个视角对猪周期进行预判。

第一个视角是从供给端角度看存栏数据（如图 2-18 所示）。生猪存栏量和能繁母猪存栏量数据下滑，将对猪肉供给形成潜在约束。不过，2018 年以来，存栏数据和猪饲料主要原料豆粕等消费数据出现背离。可能的原因是，2019 年严格环保治理使得大量散养户退出，生猪养殖业产业形态向规模化转变，导致此阶段农业部的存栏数据存在失真。从市场第三方调研的样本点数据来看，实际生猪存栏量有所增加，也解释了豆粕销售的旺盛。存栏数据的失真也可从其与母猪屠宰量、实际猪肉产量的背离中得到侧面验证。受益于生产效率提升，尽管本轮猪周期中一直没有显著的补栏过程，但 2018 年的生猪出栏量、生猪定点屠宰量和猪肉产量同比增长率均出现回升。2019 年以来，在非洲猪瘟的负面影响下，表征猪肉价格供给端的生猪存栏量和能繁母猪存栏量增速持续负增长，这也不断助涨了市场对猪肉价格上涨周期时长和价格高点的预期。

第二个视角是养殖利润。对于生猪养殖而言，驱动和主导养殖户产能决策的关键是利润。利润越高，养殖户扩张产能的意愿越强，补栏越多，补栏速度越快。衡量养猪利润的两个主要指标是猪粮比和单位养殖利润。这两个指标的走势基本一致（如图 2-19 所示）。根据一般经验，当猪粮比在 6 左右时，生猪养殖基本处于盈亏平衡点；当猪粮比高于 6 时，生猪养殖业存在盈利空间，供给端更加积极，反之则供给收缩。

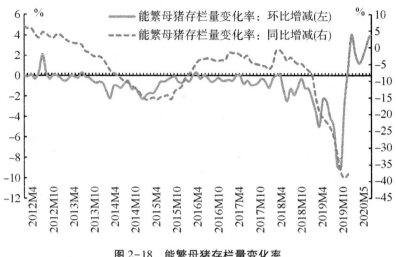

图2-18　能繁母猪存栏量变化率

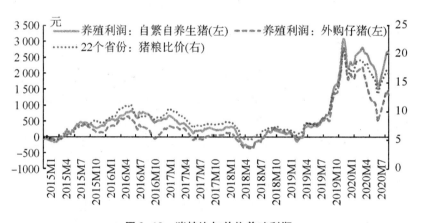

图2-19　猪粮比与单位养殖利润

第三个视角是环保政策。2016—2017年环保政策的重点为划定禁养区域并清理禁养区域内的猪场。2018年的重点则转为对现存可养殖区域内的猪场环保进行整治，不符合标准的猪场将被关闭或停产、罚款整顿。考虑到目前大量猪场与环评要求还存在较大差距，环保政策将带来去产能化，同时也会提升散户、规模户养殖成本，使其放缓扩张节奏。2019年猪肉价格上涨，除了受非洲猪瘟影响，还源于环保政策主导下"南猪北养"带来生猪存栏量的大幅度下降。

（二）原油分项

原油作为一种至关重要的大宗商品，不仅具有商品属性，还具有金融属性和政治属性，影响其价格走势的因素可谓错综复杂，如图 2-20 所示。

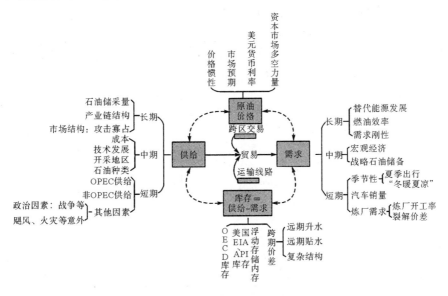

图 2-20 原油价格影响因素

与其他大宗商品一样，原油基本面的判断可以通过对其供给端和需求端的分析形成。需求端与全球经济走势影响下的总需求相关，投资者通常会结合国际能源署（International Energy Agency，IEA）和美国能源信息署（Energy Information Administration，EIA）公布的最新全球能源展望报告进行判断。需求端的影响在原油定价中相对平缓。在分析原油供给端时，投资者通常会根据页岩油的增产背景、石油输出国组织（Organization of the Petroleum Exporting Countries，OPEC）各国的减产协议前景与计划减产情况以及沙特阿拉伯等重点国家的石油供应开展研究，并结合未来地缘政治问题的可能变化进行分权重、分结构的原油供给判断，从而形成总量层面对全球原油供给端的预测。

在中国石油产业中，上游原油价格基本市场化，下游成品油价格则受到政府严格规制而调整滞后。2013 年 3 月 26 日，国家发展和改革委员会公布了完善后的国内成品油价格形成机制：调价周期由 22 个工作日缩短至 10 个工作日；取消挂靠国际市场油种平均价格波动 4% 的调价幅度限制。2016 年 1 月 13 日，国家发展和改革委员会发布通知，决定进一步完善成品油价格机制，设置调控上下限：国际市场油价高于每桶 130 美元时，汽、柴油最高零售价格不提或少提；低于 40 美元时，汽、柴油最高零售价格不降低；在 40~130 美元时，国内成品油价格根据一篮子原油平均价格变化率定期调整。这种成品油价格调控机制的半行政化，决定了原油对通货膨胀的传导并非完全通畅，而是有一定时滞和衰减。当然，这也有助于原油价格波动性的降低和通货膨胀的相对平稳。

原油价格对PPI的传导途径可从PPI中的"燃料动力类"具体分项了解。此外，原油价格也会通过纺织、钢铁、有色金属等其他行业间接传导到PPI。图2-21反映了原油价格对其他行业价格的影响系数。

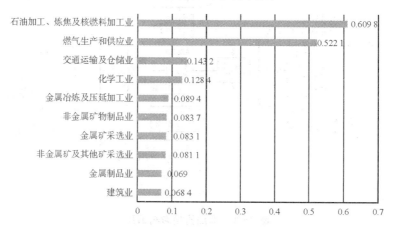

图2-21　原油价格对其他行业价格的影响系数

原油价格对于CPI的影响主要来自两方面：①原油价格可以直接影响CPI的相关能源项目，如汽油、柴油等各类燃油。②原油价格会对CPI非能源分项形成间接影响，如通过石油价格影响纺织品（服装）成本、通过汽油价格影响运输成本、通过农产品价格影响食品成本、通过其他燃料价格影响电力成本进而影响居住和服务业成本等。根据前面构建CPI非食品分项预测模型时投入产出表的耗用系数，石油与天然气开采产品耗用系数为0.095，位列第一，这也足以说明原油对非食品影响的重要性。若用最小二乘法考察国际原油价格与国内PPI和CPI的相关性可以发现，国际原油价格每上涨1%，约引起国内PPI上涨0.108%、CPI上涨0.03%。

（三）粮食分项

粮食价格对CPI的影响机制包括直接和间接两条路径。在直接路径方面，由于粮食分项是CPI统计核算的一部分，粮食价格波动会直接影响CPI的变动，这部分对CPI的环比增长率拉动大致在0.05%~0.3%。此外，粮食价格波动会通过价格传导机制对CPI产生间接影响：一方面，大米、小麦、玉米等粮食作物价格上升，会对整个农产品市场形成不稳定预期，带动其他农产品价格在短期内全面上涨；另一方面，粮食是其他诸多行业的原料投入品，粮食价格上升会导致淀粉、酒精等粮食深加工产品价格上涨，也会通过猪粮比等影响畜禽养殖利润，从而改变供给影响肉禽类价格。图 2-22 反映了 CPI 粮食分项同比增长率走势。

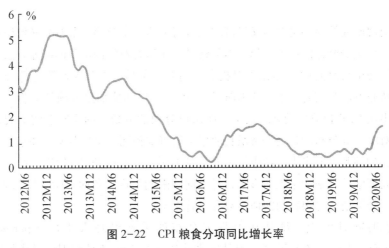

图 2-22　CPI 粮食分项同比增长率

（四）医疗保健分项

在分析通货膨胀时，投资者需要把握贡献其波动的主要分项来做趋势预判，而在不同时期，其他不贡献主要波动的分项也会成为造成阶段性扰动的主力。例如，2017 年 CPI 的正反馈大多来自非食品分项，而非食品分项中除原油等因素外，医疗改革引致的医疗保健分项的表现也是非常重要的支撑（如图 2-23 所示）。伴随着2018 年多项医疗改革政策落地，全国医疗服务价格保持平稳适度增长，医疗保健分项难以继续成为服务类 CPI 的领涨项目，再度成为增量变动更为平稳的部分。

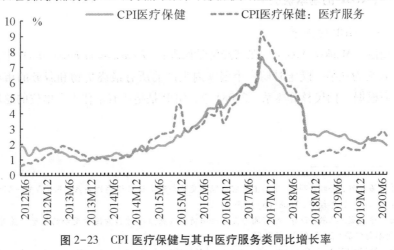

图 2-23　CPI 医疗保健与其中医疗服务类同比增长率

第三节　经济增长

宏观研究的核心是对名义经济增长进行分析。本章第二节对名义价格即通货膨胀相关研究方法做了介绍。本节将进一步探讨对经济增长的研究方法。

经济增长研究的关键在于对投资、消费、贸易、工业生产等各部分的解构，核心方法其实是对生产法 GDP 核算中工业增加值加总分项的分析，以及对支出法 GDP 核算中消费、投资、净出口分项的分析。固定收益的宏观研究需要对统计局公布的月度经济增长数据进行事前预测与事后分析，并基于对经济增长的预判了解未来债券市场可能受到的影响。石柱鲜等[1]指出，经济增长对不同期限的利率产生正向影响，对不同期限利差产生负向影响。徐九成等[2]发现，经济增长对银行间国债指数有显著影响。

在时间维度上，每月从上月末公布的采购经理人指数（purchasing manager's index，PMI）数据，到月中之前依次公布的贸易数据、通货膨胀数据、经济增长数据，以及下旬公布的工业企业效益数据，串联起了经济增长研究的主线。此外，在固定收益投资实务中，更有价值的工作是基于上述数据做中期维度的预判，以相对领先的视角给予投资"半步或一步"的先行优势。本节将对经济增长研究中 GDP、工业增加值、固定资产投资、进出口贸易的预测和分析方法进行介绍。

一、GDP 的基本认识

（一）GDP 的概念

曼昆（Mankiw N.G.）[3] 在《经济学原理》（*Principles of Economics*）中，将 GDP 定义为在某一既定时期一个国家内生产的所有最终货物和服务的市场价值。而根据《国民核算体系（2008）》，GDP 是指所有常住生产单位的总增加

---

① 石柱鲜，孙皓，邓创. 中国主要宏观经济变量与利率期限结构的关系：基于 VAR-ATSM 模型的分析 [J]. 世界经济，2008（3）：53-59.

② 徐九成，徐敏，范镕. 银行间与交易所国债指数收益率对影响因素变动的敏感性差异研究 [J]. 金融与经济，2015（10）：75-80.

③ MANKIW N G. Principles of economics [M]. 5th ed. South-western Cengage Learning, 2011.

值加上不包括在产值估值中的部分产品税减去产品补贴的总和①。GDP 也等于居民生产单位分配的初级收入之和②。上面三种表述分别给出了 GDP 的三种表现形式，即价值形式、产品形式和收入形式。我国在最新修订的《中国国民经济核算体系（2016）》中将 GDP 定义为，所有常住单位在一定时期内生产活动的最终成果③。

GDP 具有多种理论价值，是众多学术研究的对象。同时，GDP 也是政府了解经济运行态势、实施经济管理的重要工具。在已有的许多生产总量指标中，没有比 GDP 更能综合反映经济增长数量的。不过，GDP 也存在一些缺陷。当对 GDP 的追求一旦脱离了其他指标，将会演变成过度的"GDP 崇拜"，即狂热地追求 GDP 增长率，而忽视了经济增长结构和质量等重要问题。

（二）名义 GDP 和实际 GDP

名义 GDP 是指用现期价格衡量的全部最终产品的市场价值。名义 GDP 的增加可能是由于价格上升，也可能是由于产品与服务实际产量增加。由此可见，名义 GDP 并非衡量经济福利的完美指标，无法确切反映出经济可以在多大程度上满足家庭、企业和政府的需求。如果产量没有变化而价格翻倍，那么名义 GDP 也将翻倍；但若将其形容为经济满足需求的能力翻倍，就会产生误会，因为所生产的每一种产品与服务的数量没变。对此，经济学家使用实际 GDP 来避免价格变动带来的影响。实际 GDP 是用一组不变价格衡量的产品与服务价值，关注价格不变而数量变化时产出的变动。

根据名义 GDP 和实际 GDP 还可以得到另一个统计指标——GDP 平减指数，其等于名义 GDP 与实际 GDP 之比。借助 GDP 平减指数的定义能把名义 GDP 分为两个部分：一部分衡量产量，即实际 GDP；另一部分衡量价格，即 GDP 平减指数。GDP 平减指数不仅包含消费和服务领域，还包含生产和投资领域，衡量了全社会商品和劳务的价格变化，能反映社会总体物价水平的变化，因而其在全面准确衡量通货膨胀方面具有优势。不断完善名义 GDP 和实际 GDP 核算，提高 GDP 平减指数的数据质量是十分有必要的④。

---

① United Nations. System of national accounts 2008 [S]. European Communities, International Monetary Fund, Organization for Economic Co-operation and Development, United Nations and World Bank, 2009.

② 许宪春. 准确理解中国的收入、消费和投资 [J]. 中国社会科学, 2013 (2): 4-24.

③ 国家统计局国民经济核算司. 中国国民经济核算体系（2016）[M]. 北京: 中国统计出版社, 2017.

④ 苏乃芳, 李宏瑾, 张怀清. 有关 GDP 平减指数的再认识 [J]. 经济学动态, 2016 (5): 62-73.

（三）GDP 指标的实际运用

在固定收益投资中，GDP 属于投资者在投资决策时运用的宏观经济总量层面指标。但由于 GDP 按季度公布的频率偏低及其公布时间的滞后性，投资者对其关注度集中在两方面：一是政府每年两会期间给出的 GDP 增长目标区间和政策定调，二是 GDP 表现较前期数据的趋势变化及其与市场预期的差异。

近年来 GDP 增速波动幅度减弱明显，且从曲线形态来看，其周期性弱化明显。这给通过 GDP 寻找当前宏观经济所处位置带来了许多困难。一些投资者认为，中国经济的周期性出现钝化甚至正在消失。为了更好地运用 GDP 指标指导债券市场投资，应注意以下问题：

第一，需要区分实际 GDP 和名义 GDP 增速。从图 2-24 中可见，实际GDP 增速数据 2012 年之后整体缓慢下行，波动区间狭窄，趋势性明显强于周期性；而从叠加名义价格因素影响的名义 GDP 增速来看，其周期性波动仍然存在。对于固定收益投资而言，名义价格和实际增长因素均是影响债券市场走势的重要基本面指标，且用 10 年期国开债①收益率反映的债券市场走势与名义 GDP 增速相关性较强（如图 2-25 所示）。因此在运用 GDP 进行分析时，名义 GDP 和实际 GDP 均是需要被考量的指标。

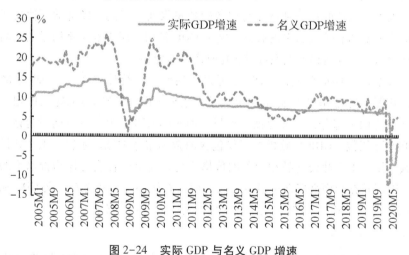

图 2-24　实际 GDP 与名义 GDP 增速

---

①　国开债就是国家开发银行开发金融业务所发行的金融债券。

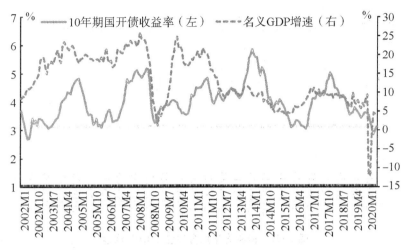

图 2-25　10 年期国开债收益率与名义 GDP 增速

第二，为了改善 GDP 数据频次过低和相对滞后的问题，可以采用两种方法：①用月度 CPI 和 PPI 数据拟合 GDP 平减指数，将非季月的 GDP 用上一季度公布数据代替。季月数据更新后，生成名义 GDP 的月度拟合值。图 2-26 反映了 CPI、PPI 同比增长率与拟合生成的名义 GDP 的增速走势。②用月度 CPI 和 PPI 数据拟合 GDP 平减指数，以月度工业增加值增速作为 GDP 的月度代表指标，进行名义 GDP 增速的拟合。根据图 2-27，两种方法对于总量经济走势的拟合基本一致。此外，在 GDP 平减指数的拟合中，CPI 和 PPI 在回归分析中的权重大致为 6∶4 或 7∶3。据此加权拟合后，所得数据与季度公布的 GDP 平减指数较为一致。

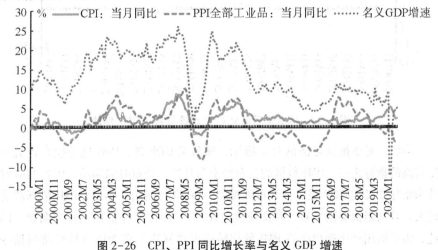

图 2-26　CPI、PPI 同比增长率与名义 GDP 增速

图 2-27　两种方法拟合的名义 GDP 增速

第三，为了更好地衡量 GDP 数据所反馈的经济周期位置，可以先将名义 GDP 增速进行标准化，即用名义 GDP 增速减去均值再除以标准差，之后利用标准化后的数据进行加权平均，便可确认 GDP 增速当下的位置。图 2-28 表明，标准化后名义 GDP 增速与名义 GDP 增速表现周期性基本一致，但标准化后名义 GDP 增速对于边际变化的捕捉更加敏感。

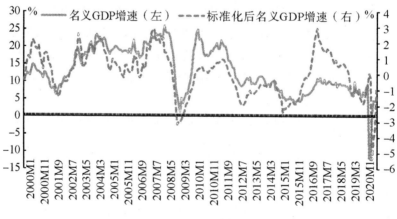

图 2-28　标准化后名义 GDP 增速与名义 GDP 增速

第四，对于衡量经济的总量指标，除名义 GDP 外，PMI 也是投资者关注度较高的指标之一。PMI 数据的公布频率为月度且公布时间靠前，因此其时效性和指导意义较 GDP 更显著，可以配合 GDP 进行使用。不过，PMI 数据波动较大，且从指标编制来看，其即使经过处理，"环比"特征仍然较为明显。因此，需要运用环比迭代法将 PMI 数据转换为"同比"概念以反馈经济周期变动。图 2-29 表明，经环比迭代法处理后的 PMI 同比增长率（财新中国 PMI 同比增长率）与拟合的名义 GDP 增速对总量经济周期位置和趋势的反馈一致，对投资判断具有有效性。

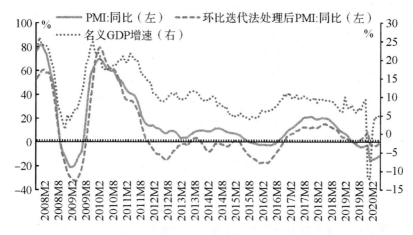

图 2-29　PMI 同比增长率、环比迭代法处理后的 PMI 同比增长率与名义 GDP 增速

二、工业增加值的预测方法

（一）工业增加值的概念

根据《工业增加值统计试行方案》，工业增加值又称工业附加值，反映了工业企业在报告期内以货币形式表现的工业生产经营活动的社会最终成果，是进行国民经济核算的一项基础指标。

工业增加值可以采用生产法和收入法两种方法核算，目前以生产法为主，收入法作为补充。生产法下的工业增加值是指，工业企业一定时期内生产的产品和提供的劳务价值（工业总产出）中，扣除在生产过程中消耗或转移的物质产品和外购劳务价值（工业中间投入）后的余额，再加上应交增值税。其中，工业总产出包括本期生产成品价值、对外加工费收入、自制半成品及在制品期末期初差额；工业中间投入是指本期用于工业生产活动而一次性消耗的外购原材料、燃料、动力及其他实物产品和对外支付的服务费用；增值税是企业所创造的新增价值的一部分，属于增加值范畴，因此应将本期应交增值税计入工业增加值中。

收入法是从新增加价值的分配角度出发计算工业增加值。该方法把工业增加值划分为固定资产折旧、劳动者报酬、生产税净值、营业盈余四个部分。其中，固定资产折旧是指在固定资产使用寿命内，按照确定的方法对应计折旧额进行系统分摊；劳动者报酬是指劳动者从事生产活动而从生产单位得到的各种工匠报酬，包括货币工资、实物报酬、社会保险三种基本形式；生产税净值是指工业企业本期经营活动中所征收的各项税金、附加费和规费扣除生产补贴后的净额；营业盈余是指本期生产者的增加值超过雇员报酬、固定资本消耗及间接税净额后的余额。

（二）工业增加值与 GDP

工业增加值与 GDP 都是衡量国家经济发展的总量层面重要指标，并且工业增加值对 GDP 有重要的贡献作用。在生产法核算 GDP 中，GDP 等于第一、二、三产业增加值总和，而第二产业增加值等于工业增加值加上建筑业增加值。

2019 年，世界各国工业增加值平均约占 GDP 的 25.45%，而我国这一比重高达 38.97%，工业依然是我国经济发展道路上的重点。近年来工业增加值与 GDP 增速呈现同向变动的特点。不过，当前工业增加值核算中存在 GDP 核算与工业统计中工业增加值核算方法不统一、年度与季度核算方法不统一、省级与全国核算方法不统一等矛盾，因此在分析时可能出现数据衔接问题。

（三）工业增加值预测的相关研究

目前，已经有众多学者对工业增加值的预测展开研究。刘静思和何跃[1]使用组合预测模型对工业增加值进行了中长期预测：首先运用相似复合体模型进行建模，其次运用具有最优停止法则的自回归方法和非线性的曲线估计方法建立单一模型，最后用基于误差平方和最小的多元线性回归模型方法对各种单一模型的预测值进行组合，得到最优模型。徐智勇等[2]基于支持向量机技术，通过微分进化算法选取参数，建立一种从历史数据到未来数据的映射，进而实现对工业增加值的预测。危黎黎和向书坚[3]基于季节时变平滑转换自回归（SEATV-STAR）模型，运用非线性检验策略对工业增加值季度增长率波动进行了预测。韩兆洲和肖峰[4]以月度工业增加值增速为样本，分别建立霍尔特-温特乘法模型、霍尔特-温特加法模型和霍尔特-温特无季节模型，再根据平

---

① 刘静思，何跃. 基于组合预测模型的工业增加值中长期预测方法研究［J］. 工业技术经济，2008（2）：42-43.

② 徐智勇，孙林岩，郭雪松. 基于支持向量机的中国工业增加值预测研究［J］. 运筹与管理，2008（3）：88-92.

③ 危黎黎，向书坚. 我国工业增加值季节波动非线性研究：基于 SEATV-STAR 模型［J］. 中国管理科学，2016，24（4）：10-18.

④ 韩兆洲，肖峰. 我国工业增加值的波动与预测研究［J］. 统计与决策，2014（14）：125-127.

均绝对百分比误差最小的原则，选出最适合上述指标的指数平滑模型，从而对未来各月的工业增加值增速进行预测。

相较于学术研究中通过模型和参数选择对工业增加值进行历史拟合与未来预测，固定收益投资实务更强调对工业增加值中短期趋势的预判以及对其结构和行业层面特征的解析。下面对工业增加值反馈出的各经济部门表现进行研究，并提出一种工业增加值预测方法。

（四）"四部类"结构化分析法

首先，对工业增加值数据进行"四部类"解构，将工业部门划分为大消费、工业中间品、工业产成品和采矿四类行业。其中，大消费类主要是与居民生活息息相关的大众消费品，包括食品、饮料等；工业中间品类是工业生产链条中的中间品，包括工业金属、原材料等；工业产成品类为工业生产链条中的各类产成品，与出口关系密切；采矿类是工业生产所需的重要原料来源或能源。此外，还有少量行业不符合上述类别特征，且在经济体量中占比较小，因此可将这些行业列入其他行业而不参与"四部类"分析。具体行业划分如表2-4所示。

表2-4　行业划分

大消费类	工业中间品类	工业产成品类	采矿类	其他
农副食品加工业	石油加工、炼焦及核燃料加工业	纺织业	煤炭开采和洗选业	医药制造业
食品制造业	化学原料及化学制品制造业	纺织服装、服饰业	石油和天然气开采业	废弃资源综合利用业
酒、饮料和精制茶制造业	化学纤维制造业	皮革、毛皮、羽毛及其制品和制鞋业	黑色金属矿采选业	金属制品、机械和设备修理业
烟草制品业	橡胶和塑料制品业	通用设备制造业	有色金属矿采选业	电力、热力的生产和供应业
木材加工及木、竹、藤、棕、草制品业	非金属矿物制品业	专用设备制造业	非金属矿采选业	燃气生产和供应业
家具制造业	黑色金属冶炼及压延加工业	铁路、船舶、航空航天和其他运输设备制造业	开采辅助活动	水的生产和供应业

表2-4(续)

大消费类	工业中间品类	工业产成品类	采矿类	其他
造纸及纸制品业	有色金属冶炼及压延加工业	电气机械及器材制造业	其他采矿业	
印刷和记录媒介的复制业	金属制品业	计算机、通信和其他电子设备制造业		
文教、工美、体育和娱乐用品制造业		仪器仪表制造业		
汽车制造业		其他制造业		

　　这种分类包含产业链上、中、下游的维度，可以观察经济利益在产业链上的流动。同时，四类行业的驱动因素会有所分化，这对于投资者理解和预判工业生产的趋势有很大帮助。需要注意的是，分类中将纺织服装、服饰划分为工业产品类而非大消费类，主要是因为此类产品对海外需求的依存度高于对国内需求，汇率对其有很大影响，而汇率是工业产成品分析的重点。

　　从数据可得性层面来看，工业增加值数据存在一些局限性。国家统计局对外公布的是分行业的月度累计同比增长率数据，而绝对值只在年度工业企业年鉴中披露，倘若无法获得月度分行业工业增加值的绝对数，就无法按照上文所述的研究逻辑对工业增加值数据做分类解构。为了解决这一问题，可以假设工业增加值结构在一年内基本保持稳定，从而用上一年度数据中各部类增加值占比来代替当年月度数据中各部类占比进行分析。表2-5表明，各年工业增加值结构差异相对不大。因此，在前述假设中，用前一年各部类增加值占比作为其当年占比权重的做法存在合理性。但如果认为月度权重占比和前一年度权重占比一致，还要求各行业工业生产的季节性类似，这是略强的假设。不过，根据表2-5，大消费类、工业中间品类、工业产成品类和采矿类占比分别在21%、31%、34%和5%左右，具有一定差异，因此季节性相似假设对结构化分析的影响相对较小。此外，为了尽量减少影响，分析时不仅可以运用当月同比增长率数据进行分析，也可对比累计同比增长率数据。越到一年的中后期，季节相似性假设带来的影响越小。

表 2-5　各部类在工业增加值中占比　　　　　　单位:%

年份	大消费类	工业中间品类	工业产成品类	采矿类
2011	20.74	30.90	33.16	6.13
2012	21.21	30.81	34.10	6.15
2013	21.13	30.59	33.56	5.98
2014	21.27	30.79	33.67	5.76
2015	21.21	30.81	34.10	5.55
2016	21.53	31.06	34.21	4.98

　　为了验证上述方法的有效性,将基于"四部类"相关行业数据加权拟合成的当月同比增长率和累计同比增长率预测值与实际披露的工业增加值增速相比较,同时还加入"四部类"等权算数平均拟合成的增速预测值进行对比,结果如图 2-30 和图 2-31 所示。可以看出,"四部类"预测增速与工业增加值实际披露增速有非常接近的走势,且累计同比增长率的拟合效果好于当月同比增长率。此外,从三项累计同比增长率的对比来看,从 2018 年开始,"四部类"加权方法预测值与等权算数平均预测值、工业增加值实际增速的分化增大,且系统性低于实际增速。这可能与工业增加值内部行业权重的调整或"四部类"之外其他行业波动的增大有关。

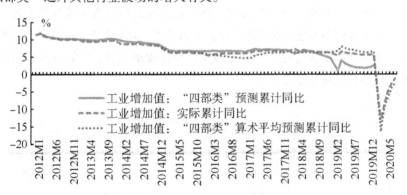

图 2-30　工业增加值实际累计同比增长率
与用"四部类"行业增速预测累计同比增长率

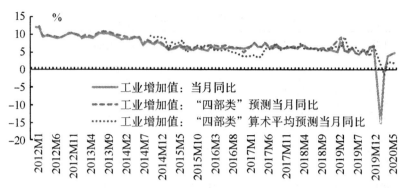

图 2-31　工业增加值实际当月同比增长率与用"四部类"行业增速预测当月同比增长率

根据图 2-32，从结构来看，大消费类增速与总体工业增加值增速基本一致，而工业产成品类和工业中间品类增速均在 2017—2018 年呈现出与工业增加值增速分化的特征。分化走势在一定程度上可由统计数据的幸存者偏差来解释。图 2-33 表明，2017 年国家统计局公布的规模以上工业企业主营业务收入和利润累计同比增长率数据，与利用其公布的主营业务收入和利润绝对数计算的同比增长率之间背离逐渐加大。这是因为国家统计局每年会对规模以上工业企业的样本进行调整，而在供给侧改革对落后产能淘汰以及部分产业集中度提升的影响下，工业企业统计数据中的规模以上企业数量发生了较为显著的变动，而幸存下来且纳入统计的工业企业由于承接了原属于被淘汰企业的订单，因此在可比口径下的产出数据表现更好。供给侧改革过程中涉及的煤炭、钢铁、非金属等行业多包含在工业产成品类和工业中间品类中，导致这两部类增速与工业增加值增速分化。2019 年以来，分化逐渐收敛，可能与供给侧改革后统计样本数量逐步稳定有关。

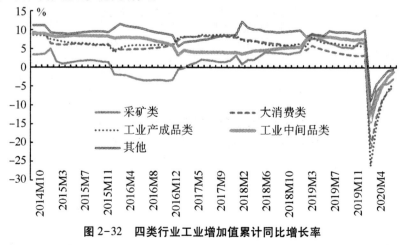

图 2-32　四类行业工业增加值累计同比增长率

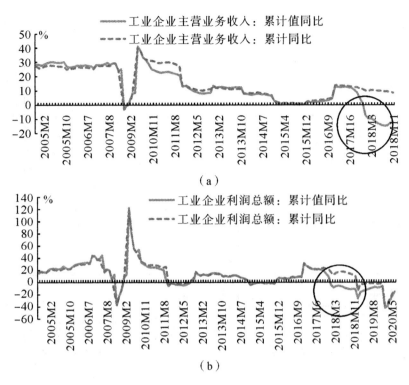

图 2-33　工业企业主营业务收入、利润总额同比增长率

在进行"四部类"结构化分析时，等权算数平均分析法需要与加权行业分析预测方法结合使用，以更好地把握工业增加值中行业和板块的变化特征。按照"四部类"来观察工业增加值的结构特征，从图 2-34 可以发现：①2016年和 2017 年大消费类行业表现持续上升，与终端需求改善相一致。②2017—2018 年，四部类出现分化局面，尤其是 2018 年呈"两升两降"结构。其宏观背景为，在供给侧改革对相关行业利润的提振下，整体行业景气度分化，即中上游表现更好，而下游受到挤压表现偏差。③2019 年，四部类呈现共振下行的一致走势，与整体宏观经济景气度的持续走弱相一致。从绝对位置而言，大消费类增速已下行较长时间和较大幅度，而工业产成品类、工业中间品类和采矿类增速 2019 年以来开启高位后下行，且仍具备周期性下行的空间和可能性。"四部类"结构分析法为投资者把握宏观经济走势提供了新的视角。

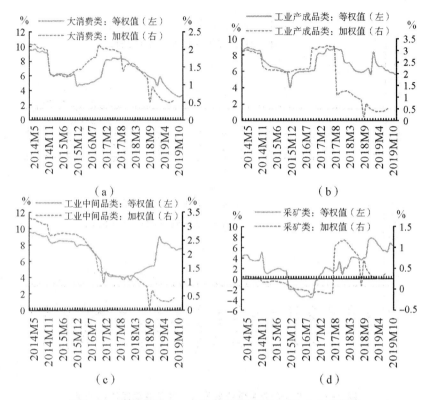

图 2-34 四部类行业工业增加值等权平均值与加权平均值

（五）工业增加值的结构化预测方法

由于工业增加值存在结构及行业逻辑特征的分化，投资者可以分别对各关键部类进行预测，进而综合形成对整体工业增加值的判断。

对于大消费类而言，可采用消费相关宏观预测方法，并结合汽车等重点权重行业趋势、宏观消费政策松紧、城镇居民可支配收入对消费的影响进行方向和幅度上的预测。工业产成品类的增长趋势取决于海外需求和国内需求，可用出口交货值、人民币有效汇率、PMI 新订单分项、基建地产等进行预测。对工业中间品类进行预测主要考虑投资需求和价值链分配，投资需求与固定资产投资尤其是建设安装投资的关系比较密切，而采掘业与原材料行业的 PPI 剪刀差则可反映价值链的分配格局。

三、固定资产投资的分析方法

（一）固定资产投资的概念

固定资产是指为生产商品、提供劳务、出租、经营或管理而持有，使用期限在一年以上的房屋及建筑物、机器、机械、运输工具以及其他与生产、经营、管理有关的设备、器具、工具等。固定资产投资是以货币形式表现的建造和购置固定资产的经济活动，是社会增加固定资产、扩大生产规模、发展国民经济的重要手段，也是优化产业结构的重要途径。

按资金来源，固定资产投资可来自国家预算内资金、国内贷款、外资、自筹和其他资金；按资金去向，固定资产投资可分为基本建设投资（以下简称"基建投资"）、房地产投资、制造业投资和其他投资；按产业结构，固定资产投资可分为第一、第二和第三产业固定资产投资，其中绝大部分都投向工业特别是重工业。

（二）固定资产投资对经济增长的影响

过去研究表明，美国的固定资产投资与 GDP 增速之间具有显著正相关关系[1]。但 Orazio 等[2]对欧盟一些国家的分析则指出，经济增长可强烈刺激固定资产投资增长，而固定资产投资增长对经济增长影响却为负。也有学者认为，固定资产投资增长与经济增长之间相互独立，不存在因果关系[3]。

国内学者发现，我国的固定资产投资对经济增长有显著的促进作用[4]，不过二者之间呈现倒"U"形关系，即存在最优规模[5]。也有学者通过格兰杰检验发现，我国固定资产投资和经济增长之间存在瞬时格兰杰因果关系，且二者关系在经济周期中具有非对称性，在经济波动阶段，固定资产投资对经济增长有单向影响[6]。

（三）固定资产投资的组成部分

在固定收益宏观研究中，固定资产投资通常被分为制造业投资、基建投资和房地产投资三个方面进行考察。

制造业是指按照市场要求，通过制造过程，将物料、能源、设备、工具、

① DE LONG J B, SUMMERS L H. Equipment investment and economic growth [J]. Quarterly Journal of Economics, 1992 (2): 445-502.

② ATTANASIO O P, PICCI L, SCORCU A E. Saving, growth, and investment: a macroeconomic analysis using a panel of countries [J]. Review of Economics and Statistics, 2000 (2): 182-211.

③ DELLAS H, KOUBI V. Industrial employment, investment equipment, and economic growth [J]. Economic Development and Cultural Change, 2001 (4), 867-881.

④ 邱冬阳，彭青青，赵盼. 创新驱动发展战略下固定资产投资结构与经济增长的关系研究 [J]. 改革，2020 (3): 85-97.

⑤ 李献国，董杨. 基础设施投资规模与经济增长：基于 1993—2014 年东、中、西部省级面板数据分析 [J]. 宏观经济研究，2017 (8): 86-93.

⑥ 刘金全，于惠春. 我国固定资产投资和经济增长之间影响关系的实证分析 [J]. 统计研究，2002 (1): 26-29.

资金、技术、信息和人力等资源转化为可供使用和利用的大型工具、工业品与生活消费产品的行业。制造业投资是在相关领域为了建造、购置或更新生产性和非生产性固定资产而进行的经济活动。制造业投资具有以下特点：①高度的顺周期特性。例如，2019 年制造业投资低位增长，主要受经济下行的抑制①。②制造业投资具有较强的波动性，反映了企业家综合判断当前宏观经济背景、企业运行情况、行业竞争格局变迁等多种因素后做出的经济行为，其波动性主要源于产品供给与需求在时间、空间上的错配②。③制造业投资还受房地产投资、出口和基础设施投资的影响③。④制造业投资具有行业分化大的特点，因此制造业投资结构深刻影响着制造业投资效用以及经济发展④。

基建投资是指以扩大生产能力或工程效益为主要目的的工程建设及有关工作的投资，在我国经济发展中有着举足轻重的作用。长期以来，我国基建市场的运作模式都以政府出资、施工单位参与投标和建设的传统模式为主。随着近年来基建项目的逐渐增加、投入规模的不断扩大，政府资金承受的压力日益增加，而其他渠道的资本开始在基建领域扮演越来越重要的角色，以"建设—移交""建设—运营—移交"以及相关衍生形式参与到基建领域的投资和运营中。过去很多研究都考察了基建投资对经济增长的影响。根据 Diamond⑤的研究，用于社会领域的基建支出与经济增长具有显著正相关关系。Easterly 和 Rebelo⑥发现，政府的公共交通、通信和教育投资与经济增长正相关。我国学者也通过实证研究指出，无论是短期还是长期，基建投资对我国经济增长都起着重要作用⑦。王宏⑧则认为，财政基建支出对 GDP 的影响小于 GDP 对基建支出的影响，原因在于我国过多支持了竞争性、经营性和生产性基建项目，但对公益性、基础性和非生产性基建项目投资不足，而基建投资过大将会抑制居民消费率的提高，不利于经济增长。事实上，虽然基建投资一直被作为逆周期调节

① 高瑞东，赵格格. 制造业投资下滑原因几何 [J]. 中国金融，2019 (7)：59-60.

② 张博. 制造业投资反弹的动力、制约因素与展望 [J]. 中国发展观察，2019 (3)：54-57.

③ 许召元. 从固定资产投资"新常态"看当前宏观经济形势 [J]. 发展研究，2016 (1)：20-26.

④ 谭成文. 当前我国制造业投资形势分析 [J]. 宏观经济管理，2015 (10)：11-13.

⑤ DIAMOND J. Government expenditure and economic growth：An empirical investigation [M]. International Monetary Fund, Fiscal Affairs Department, 1989.

⑥ EASTERLY W, REBELO S. Fiscal policy and economic growth：An empirical investigation [J]. Journal of Monetary Economics, 1993 (32)：417-458.

⑦ 刘藏. 居民消费、基本建设投资与 GDP 关系的实证分析 [J]. 统计与信息论坛，2005 (5)：79-82.

⑧ 王宏. 我国 GDP 增长中基本建设投资的贡献分析 [J]. 求是学刊，2010 (4)：49-53.

的主要手段之一，但学者们近年来对于通过促基建以稳增长的调控方式存在较多顾虑，尤其是担心促进基建投资演变成"大水漫灌"式的强刺激，进而给中国经济带来新的后遗症①。

房地产投资是指房地产开发企业用于土地购置、土地开发工程、房屋建设工程的投资。根据 Green②的研究，房地产投资的增加对美国 GDP 增长具有显著影响，并且引导了美国经济周期。沈悦和刘洪玉③、梁云芳等④指出，房地产投资的冲击对中国经济增长具有影响。Harris 和 Arku⑤、范德胜和李凌竹⑥发现，房地产投资对其他固定资产投资存在一定的带动效应。而 Coulson 和 Kim⑦则认为，房地产投资能通过影响消费进而对 GDP 产生影响。进一步地，黄忠华等⑧指出，房地产投资对经济增长的影响依赖于区域的经济发展水平。崔广亮和高铁梅⑨发现，城市房地产投资与城市产出存在倒"U"形曲线关系，即城市产出会随房地产投资的提高而增加，直至房地产投资边际收益为 0 后，又随房地产投资的提高呈现减小趋势。根据景刚和王立国⑩的研究，房地产投资对经济增长的影响在经济相对发达的东部和中部地区较大，且 2008 年后该影响在东部地区变化不大，在中部地区明显变大，而在西部地区逐渐变小。

（四）制造业投资分析

根据图 2-35，在三大类固定资产投资中，制造业投资占比第一，且其波

① 石锦建，刘康一. 中国基建投资的高质量发展：误区、潜力与建议 [J]. 金融理论与实践，2019（5）：39-42.

② GREEN R K. Follow the leader: how changes in residential and non-residential investment predict changes in GDP [J]. Real Estate Economics, 1997（2）：253-270.

③ 沈悦，刘洪玉. 住宅价格与经济基本面：1995—2002 年中国 14 城市的实证研究 [J]. 经济研究，2004（6）：78-86.

④ 梁云芳，高铁梅，贺书平. 房地产市场与国民经济协调发展的实证分析 [J]. 中国社会科学，2006（3），74-84.

⑤ HARRIS R, ARKU G. Housing and economic development: The evolution of an idea since 1945 [J]. Habitat International, 2006（4）：1007-1017.

⑥ 范德胜，李凌竹. 房地产投资对其他固定资产投资的综合效应研究：基于我国省级面板数据的实证分析 [J]. 金融评论，2019（4）：95-113.

⑦ COULSON N E, KIM M S. Residential investment, non-residential investment and GDP [J]. Real Estate Economics, 2000（2）：233-247.

⑧ 黄忠华，吴次芳，杜雪君. 房地产投资与经济增长：全国及区域层面的面板数据分析 [J]. 财贸经济，2008（8）：56-60.

⑨ 崔广亮，高铁梅. 房地产投资、居民消费与城市经济增长 [J]. 系统工程理论与实践，2020（7）：1655-1670.

⑩ 景刚，王立国. 房地产投资对中国经济增长影响效应研究：基于 31 省市面板数据 [J]. 投资研究，2019（4）：80-92.

动对固定资产投资的影响很大。此外，对于固定资产投资分析而言，制造业投资的结构分析方法非常典型，下面将重点对其进行介绍。而房地产投资和基建投资有其相对独特的分析逻辑，之后中观研究部分会有所涉及。

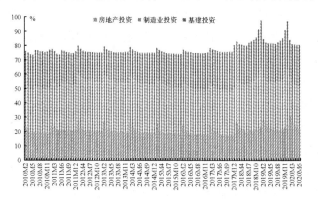

扫描二维码
查看彩色大图

图 2-35　制造业、房地产和基础设施建设投资占总投资比重

近年来，制造业投资的宏观与微观层面在感官上出现较大差异。例如，2017 年，制造业上市公司、各细分行业等微观层面数据一片繁荣，公司盈利、行业收入等均得到快速改善；但同时，宏观层面的投资数据表现却非常惨淡。此外，2018 年以来，国家统计局不再公布制造业投资和基建投资的累计值数据，仅公布累计同比数据，这为进行宏观研究时获取基础信息增加了困难。为此，下面对制造业企业真实状况和统计数据调整纠偏两个重要问题进行分析。

首先获取有关制造业投资的三个维度数据：①国家统计局公布的宏观层面工业企业投资分行业数据。②微观层面制造业上市公司资本性支出数据和投资现金流数据。③微观层面债券发行人口径的制造业企业投资净现金流数据。这三个维度数据的行业分类比对如表 2-6 所示。

表 2-6　制造业投资三维数据行业分类对比

工业企业行业分类	上市公司行业分类	发行人行业分类
纺织业	纺织服装	纺织服装
纺织服装、服饰业		
皮革、毛皮、羽毛及其制品和制鞋业		
木材加工及木、竹、藤、棕、草制品业		

表2-6(续)

工业企业行业分类	上市公司行业分类	发行人行业分类
黑色金属冶炼及压延加工业	钢铁	钢铁
	采掘	煤炭
有色金属冶炼及压延加工业	有色金属	有色金属
非金属矿物制品业		
金属制品业		
家具制造业	建筑装饰	建筑建材
	建筑材料	
汽车制造业	汽车	汽车
通用设备制造业	机械设备	机械设备
专用设备制造业		
农副食品加工业	食品饮料	食品饮料
食品制造业		
酒、饮料和精制茶制造业		
烟草制品业		
化学原料及化学制品制造业	化工	化工
化学纤维制造业		
橡胶和塑料制品业		
石油加工、炼焦及核燃料加工业		燃气
		石油
医药制造业	医药生物	医药
造纸及纸制品业	轻工制造	造纸
印刷业和记录媒介的复制	家用电器	家电
文教、工美、体育和娱乐用品制造业		
计算机、通信和其他电子设备制造业		
仪器仪表制造业		
电气机械及器材制造业	电气设备	

表2-6(续)

工业企业行业分类	上市公司行业分类	发行人行业分类
铁路、船舶、航空航天和其他运输设备制造业	交通运输	航空
		公交
		航运

注：表中空白为没有对应行业分类。

各子行业的工业企业口径和上市公司口径的制造业投资情况对比如表2-7所示，总结来看：①2017年之前，上市公司数据与国家统计局公布的工业企业数据一致性较强，但由于投资性现金流流量计入和国家统计局数据时点报送的统计方法不同，可能存在领先或滞后的关系变动。②上市公司数据与工业企业数据的一致性在2016年下半年开始被打破，多个行业出现数据背离，其中汽车、食品饮料、化工、电气设备的数据背离较为明显，且这几个均为对制造业投资贡献较大的行业。③微观上市公司口径数据多数表现出资本开支上行的特点，而工业企业口径数据仍增速下行或者持平。这一数据上的分歧也是部分投资者质疑宏观制造业投资数据真实性，以及预判未来制造业投资会上行的主要依据。

表2-7　工业企业与上市公司的制造业投资数据对比

子行业	2017年之前对比	2017年及之后对比
纺织服装	较具备一致性	上市公司-，工业企业↓
采掘（黑色）	较具备一致性	上市公司↑，工业企业-
有色金属	较具备一致性	上市公司高位↓，工业企业-
建筑装饰	较具备一致性	上市公司小幅↑，工业企业-
汽车	较具备一致性	上市公司↑，工业企业↓
机械设备	具备一定一致性，工业企业领先上市公司，上市公司波动大于工业企业	上市公司↑，工业企业-
食品饮料	较具备一致性	上市公司↑，工业企业↓
化工	较具备一致性	上市公司↑，工业企业↓
医药生物	较具备一致性	上市公司-，工业企业↓
轻工制造（造纸等）	一致性较强，上市公司略领先	上市公司↑，工业企业↑

表2-7(续)

子行业	2017 年之前对比	2017 年及之后对比
电气设备	较具备一致性	上市公司↑，工业企业↓
交通运输	关系不明确，一致性不强	上市公司-，工业企业↓

注：表中↑、↓和-分别表示上涨、下降和持平。

各子行业的工业企业口径和债券发行人口径的制造业投资情况对比如表2-8所示，总结来看：①2017 年之前，债券发行人数据和国家统计局公布的工业企业数据在历史回溯当中也存在一定程度的一致性，但部分行业的一致性略弱。这与发债企业的业务类型多样，存在干扰有关。②2017 年及之后，各行业的债券发行人数据显示投资性现金流净额上行居多，与工业企业数据也存在背离。

表 2-8　债券发行人与工业企业的制造业投资数据对比

子行业	2017 年之前对比	2017 年及之后对比
纺织服装	较具备一致性，发行人略微领先 3~6 个月	发行人↓，工业企业↑
采掘（黑色）	具备一定一致性，略弱	发行人↓，工业企业-
有色金属	较具备一致性	发行人↑，工业企业↓
建筑装饰	较具备一致性	发行人小幅↑，工业企业-
汽车	较具备一致性	发行人-，工业企业↓
机械设备	具备一定一致性，略弱	发行人高位↓，工业企业-
食品饮料	较具备一致性	发行人↑，工业企业↓
化工	较具备一致性	发行人↑，工业企业↓
医药生物	具备一定一致性，略弱	发行人小幅↓，工业企业↓
轻工制造（造纸等）	较具备一致性	发行人↓，工业企业↑
电气设备	（数据缺失）	（数据缺失）
交通运输	具备一定一致性，略弱	发行人↑，工业企业↓

注：表中↑、↓和-分别表示上涨、下降和持平。

通过三个维度数据的对比，可以总结出在对制造业投资进行分析时的一些关键问题：①宏观层面工业企业数据与上市公司或债券发行人数据在大部分时期表现出一致性，说明三个维度数据互相支持并且验证具有一定有效性。②2017 年之后，微观层面上市公司或债券发行人数据均与宏观层面工业企业数据相背离，说明制造业投资数据在统计上存在失真问题。③供给侧和非供给侧行业均存在数据背离情况，说明供给侧改革并非造成数据背离的主要原因。④由制造业投资数据问题推测，固定资产投资数据也存在一定的统计问题。

事实上，2017 年之后，官方公布的制造业投资累计同比增长率与用公布的制造业投资累计数计算出的同比增长率出现了较大分化。考虑到投资数据本没有工业统计规上和规下的问题，且这种分化与上述宏微观数据背离出现的时间基本一致，合理推测制造业投资数据可能部分存在基期修正。主要原因为：①用官方公布的制造业投资绝对数计算的当月同比增长率与用基数调整法计算的当月同比增长率并没有很大的差别。②在 2017 年年初，制造业投资同比增长率并没有呈现与往年类似的季节性规律。年初制造业投资同比增长率往往处于相对高位，但 2017 年年初的制造业投资增速却较低，在年中甚至滑落至 2% 左右的水平，而在年末快速上升。如果基数的调整是追溯至 2016 年年末，那么这意味着 2017 年前半年的时间中，制造业投资增速都是用一个"扎实"的 2017 年数据比上一个"可能存在虚增"的 2016 年数据，投资增速的数据显示结果自然偏低；而进入 2018 年，统计上又回归到用"扎实"的 2018 年数据去比同样"扎实"的 2017 年数据，则累计同比增长率自然出现回升。统计数据的基期调整也在一定程度上解释了宏微观数据的背离。从 2018 年事后数据来回溯，上述基于多维度数据对比的合理推论得到验证。

五、进出口数据的预测方法

（一）进出口的概念

进口是指向非本国居民或企业购买所需的原材料、产品、服务，目的是获得更低成本的生产投入或谋求本国缺乏产品、服务的垄断利润。进口额为一定时期内一国从国外向国内进口商品的总金额，按到岸价格统计。

出口是指向非本国居民或企业提供其所需的原材料、产品、服务，目的是扩大生产规模、延长产品的生命周期。出口额为一定时期内一国从国内向国外出口商品的总金额，按离岸价格统计。

进出口总额是实际进出一国关境的商品总金额。而净出口额则是一国在一定时期内出口额与进口额之间的差额。当出口大于进口，差额称为顺差，反之则为逆差，因此净出口额又被称为贸易差额或贸易余额。

进出口对债券市场存在影响。例如，李晓峰和朱九锦[1]研究发现，我国出口额占进口额比例与名义利率之间存在长期协整关系，且为负相关。卢遵华[2]则指出，净出口对我国债券市场价格走势具有单向引导关系。

（二）进出口对经济增长的影响

20世纪30年代凯恩斯主义的追随者提出了对外贸易乘数理论，即由于对外贸易收入而增加的该部门消费，会通过国民经济的产业链增加其他相关部门的收入和消费，最终对国民经济的增长和国民收入的上涨产生倍增效果。学者们就进出口对经济增长的影响进行了深入研究。

在出口对经济增长的影响方面，Feder[3]、McNab和Moore[4]指出，出口对经济增长有正向作用。杨全发和舒元[5]、吴振宇和沈利生[6]、范柏乃等[7]、张兵兵[8]证实了出口给中国经济增长带来的积极影响。进一步地，Kavoussi[9]、Ram[10]的研究发现，出口有利于一国加快资本积累速度和提高技术水平，实现规模经济，继而推动经济增长。根据陈泽星[11]的研究，发达国家出口对GDP的贡献率低于发展中国家出口对GDP的贡献率。林毅夫和李勇军[12]则认为，出口

① 李晓峰，朱九锦. 中国进出口额与利率变动的关系：基于交易费用的一个解释 [J]. 财经研究，2009，35（4）：15-24.

② 卢遵华. 我国债券市场价格波动的均衡与因果分析 [J]. 证券市场导报，2006（2）：74-77.

③ FEDER G. On exports and economic growth [J]. Journal of Development Economics，1983（1-2）：59-73.

④ MCNAB R M，MOORE R E. Trade policy，export expansion，human capital and growth [J]. Journal of International Trade & Economic Development，1998（2）：237-256.

⑤ 杨全发，舒元. 中国出口贸易对经济增长的影响 [J]. 世界经济与政治，1998（8）：54-58.

⑥ 吴振宇，沈利生. 中国对外贸易对GDP贡献的经验分析 [J]. 世界经济，2004（2）：13-20.

⑦ 范柏乃，毛晓苦，王双. 中国出口贸易对经济增长贡献率的实证研究：1952—2003年 [J]. 国际贸易问题，2005（8）：5-9.

⑧ 张兵兵. 进出口贸易与经济增长的协动性关系研究：基于1952—2011年中国数据的经验分析 [J]. 国际贸易问题，2013（4）：51-61.

⑨ KAVOUSSI R M. Export expansion and economic growth：Further empirical evidence [J]. Journal of Development Economics，1984（1）：241-250.

⑩ RAM R. Exports and economic growth：Some additional evidence [J]. Economic Development and Cultural Change，1985，33（2）：415-425.

⑪ 陈泽星. 投入产出法：出口对本国GDP贡献率计算方法研究 [J]. 国际贸易，2001（3）：15-18.

⑫ 林毅夫，李勇军. 出口与中国经济增长：需求导向的分析 [J]. 经济学（季刊），2003（4）：779-794.

增长不仅能够直接推动经济增长，还对消费、投资造成影响，从而间接促进经济增长。

在进口对经济增长的影响方面，陈家勤[①]、蒋燕和胡日东[②]、孙敬水[③]的研究发现，进口贸易对我国经济增长有显著促进作用。刘晓鹏[④]认为，进口虽然不会直接对 GDP 总额产生正向促进作用，但是大量先进设备和技术的进口会促进全要素生产率提高，进而提高 GDP 增长率。贺骁和廖维琳[⑤]指出，我国高新技术产品进口贸易可以促进经济增长，并且进口作用大于出口。徐光耀[⑥]也发现，扩大先进技术、关键设备以及国内短缺能源、原材料的进口，促进进口多元化，将更加有利于我国国内生产总值的增长。根据吴振宇和沈利生[⑦]的研究，进口能从供给角度对经济系统产生贡献，而且进口商品的不同结构对 GDP 的贡献不一样。裴长洪[⑧]则提出，进口贸易结构变化与经济增长之间存在显著正向关联，优化进口贸易结构是改善经济供给面的重要内容。

也有学者指出，外贸对经济增长的拉动作用，可以通过出口与进口的差额来实现。贾金思[⑨]认为，因为进口是对国内需求的一种满足，实现的是外国生产和提供的最终产品价值，因此必须对冲，所剩的才是本国生产和提供的最终产品价值。刘晓鹏[⑩]发现，净出口额与 GDP 高度正相关。张世晴和陈文政[⑪]则指出，净出口额与 GDP 是单向格兰杰因果关系，即 GDP 的增长会带来净出口额的增长。

（三）进出口数据的分析方法

出口数据的领先指标主要有两类。一类是统计时间上的领先指标，如 PMI

① 陈家勤. 适度增加进口的几点思考 [J]. 国际贸易问题, 1997 (1): 3-5.

② 蒋燕, 胡日东. 我国进口贸易与经济增长的计量分析 [J]. 对外经济贸易大学学报（国际商务版）, 2005 (4): 10-14.

③ 孙敬水. 进口贸易对我国经济增长贡献的实证分析 [J]. 国际经贸探索, 2007 (1): 13-18.

④ 刘晓鹏. 协整分析与误差修正模型：我国对外贸易与经济增长的实证研究 [J]. 南开经济研究, 2001 (5): 53-56.

⑤ 贺骁, 廖维琳. 高新技术产品进出口贸易对经济增长的作用 [J]. 国际贸易问题, 2004 (5): 13-16.

⑥ 徐光耀. 我国进口贸易结构与经济增长的相关性分析 [J]. 国际贸易问题, 2007 (2): 3-7.

⑦ 吴振宇, 沈利生. 中国对外贸易对 GDP 贡献的经验分析 [J]. 世界经济, 2004 (2): 13-20.

⑧ 裴长洪. 进口贸易结构与经济增长：规律与启示 [J]. 经济研究, 2013 (7): 4-19.

⑨ 贾金思. 论外贸进出口对经济增长的作用 [J]. 财贸经济, 1998 (6): 30-33.

⑩ 刘晓鹏. 我国进出口与经济增长的实证分析：从增长率看外贸对经济增长的促进作用 [J]. 当代经济科学, 2001, 23 (3): 43-48.

⑪ 张世晴, 陈文政. 进出口贸易拉动 GDP 增长的 HP 滤波分析及协整检验：基于 1978—2007 年我国数据的分析 [J]. 国际贸易问题, 2010 (2): 10-14.

新出口订单指数、美国供应管理协会（the institute for supply management, ISM）制造业 PMI 新订单指数、外贸出口先导指数、出口经理人指数等。这类指标通常在滞后 3 个月的情况下与出口增速显著相关，可借以对未来 3 个月的出口情况进行预测。图 2-36、图 2-37 分别反映了中国 PMI 新出口订单指数、欧美制造业 PMI 与出口累计同比增长率情况。另一类是大宗商品价格高频数据，如美国商品调查局（commodity research bureau, CRB）现货指数等。根据图 2-38，CRB 现货指数领先出口累计同比增长率 2 个月左右。

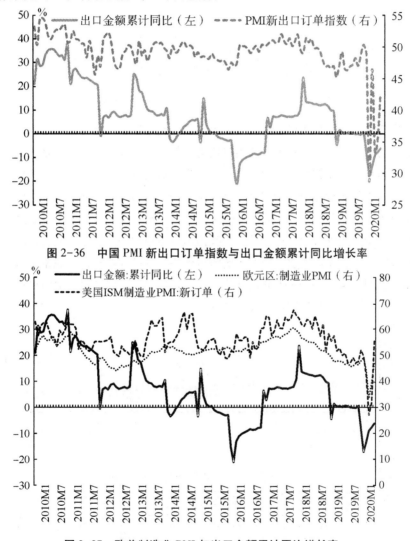

图 2-36　中国 PMI 新出口订单指数与出口金额累计同比增长率

图 2-37　欧美制造业 PMI 与出口金额累计同比增长率

图2-38 CRB现货指数与出口金额累计同比增长率

出口数据的同步指标主要也有两类：一类是中国台湾地区和韩国等生产型经济体的出口增速，与我国大陆出口增速走势的一致性较强，原因是三处出口产品贸易竞争力比较接近，因此出口呈现出类似的变化趋势，如图2-39所示。另一类是中国航运景气动向指数（China shipping composite index，CSCI）、中国出口集装箱运价指数（China containerized freight index，CCFI）和上海出口集装箱运价指数等海运价格指数，与我国出口增速的一致性也较显著，原因是出口货物大多走海运通道，因此各类海运价格指数的涨跌提供了观察出口热度的窗口。图2-40、图2-41分别反映了中国航运景气动向指数、中国出口集装箱运价指数与出口累计同比增长率情况。

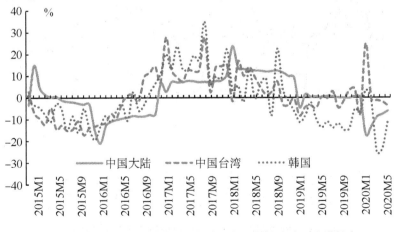

图2-39 中国大陆、中国台湾、韩国出口金额累计同比增长率

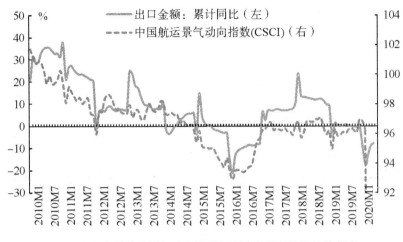

图 2-40　中国航运景气动向指数与出口金额累计同比增长率

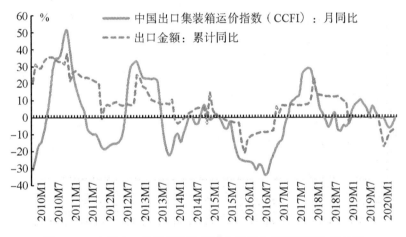

图 2-41　中国出口集装箱运价指数与出口金额累计同比增长率

进口数据统计时间上的领先指标主要包括 PMI 采购量指数和 PMI 生产指数。图 2-42、图 2-43 分别反映了这两个指数与进口累计同比增长率情况。

图 2-42　PMI 采购量指数与进口金额累计同比增长率

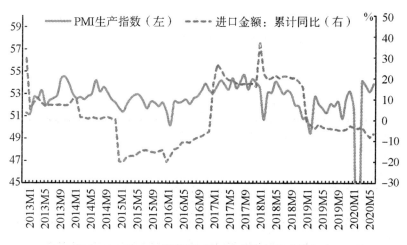

图 2-43　PMI 生产指数与进口金额累计同比增长率

进口数据的同步指标主要是波罗的海干散货指数（Baltic dry index，BDI）和中国进口干散货运价指数（China import dry bulk freight index，CDFI）。BDI能反映全球生产及大宗商品需求情况。由于中国是全球最主要的大宗商品进口国之一，其进口在一定程度上与 BDI 共振，如图 2-44 所示。中国进口干散货运价指数是在 BDI 基础上结合中国市场特点编制的，更加贴近中国航运市场运行情况，因而也可被用作进口数据的同步指标。图 2-45 反映了中国进口干散货运价指数与进口累计同比增长率情况。

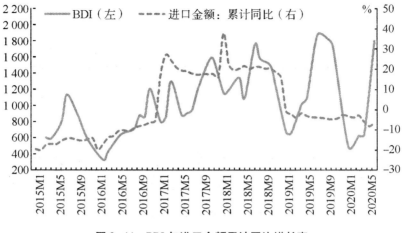

图 2-44　BDI 与进口金额累计同比增长率

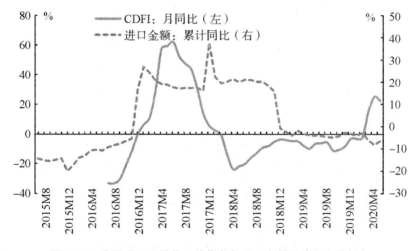

图 2-45　中国进口干散货运价指数与进口金额累计同比增长率

　　除此之外，投资者还可将进出口数据与生产、投资等多维度宏观数据中贸易部门占比进行综合分析，以更深入地评估外向型企业及贸易部门对总量经济的贡献情况。例如，2018 年中美贸易摩擦对经济的负面影响不仅单一反馈在进出口数据中，出口交货值走势相较工业增加值的负向拖累（如图 2-46 所示）、外商及港澳台商投资企业工业增加值明显走弱（如图 2-47 所示）等也均对其有所反馈。

图 2-46　出口交货值增速

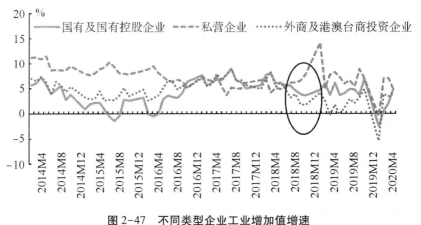

图 2-47　不同类型企业工业增加值增速

（四）进出口数据的预测模型

进出口贸易是一个多影响因素、多层次、多目标的复杂系统。交易双方处于不同的国家或地区，其在交易过程中需面临不同的制度、惯例、政策、经济形态以及烦琐的中间环节。交易双方的成交量通常较大，商品交付中可能会遇到海关政策调整、运输仓储事故等各种风险。此外，除交易双方当事人，进出口贸易还涉及商检、运输、保险、金融、港口和海关等部门以及各种中间商和代理商。进出口贸易在信息、状态、结构等方面都具有一定不确定性。

固定收益投资者需要进行月度进出口数据的预测，这可通过构建回归预测模型来实现。不过，模型构建的难度在于，进出口不像投资、通货膨胀等拥有关联性强、观测性好的高频指标，且数据单月波动非常大，影响因素众多。

过去的研究考察了一些影响进出口的因素，可用于构建预测模型。Zhang[①]、冼国明等[②]研究发现，FDI对中国出口贸易存在影响。安辉和黄万阳[③]指出，人民币汇率水平及其波动显著影响中美出口贸易和中日进口贸易。谷宇和高铁梅[④]进一步发现，从长期看，人民币汇率波动对进口和出口的影响有显著不同，对进口表现为正向冲击，而对出口表现为负向冲击；从短期看，人民币汇率波动对进口和出口都表现为负向冲击，但对进口的冲击效应稍大。吴长凤等[⑤]研究了国内生产总值、工业生产指数、人民币兑美元的间接汇率三个宏观经济因素对中国进出口贸易的影响。白冰[⑥]认为，GDP、人民币对美元年平均汇价、实际利用外资额、对外经济合作完成额是影响中国进出口贸易总额的四个因素。

1. 进口预测模型构建

我国进口产品中，原材料和工业制成品占比较高，消费资料占比相对较低。以生产资料为主的进口结构意味着进口主要取决于国内生产需求。根据经济学理论，国民（收入）产出提升会带动国内生产和消费的增加，对生产资料和消费资料的进口也随之增加。考虑到国民（收入）产出这类指标往往为季度或年度数据，数据频率较低，可选取工业增加值增速来反映国内生产需求，同时加入制造业PMI以反映国内制造业生产景气状况。国内消费需求可用社会零售总额增速衡量。由于随着进口产品相对于国内产品的价格优势增强，进口也会增加，因此国内外产品相对价格、人民币汇率是影响进口的因素。进口同时还受到基数效应的影响。据此，可建立如下的进口预测模型：

$$IM_t = \alpha + \beta_1 IND_{t-1} + \beta_2 PMI_t + \beta_3 CON_{t-1} + \beta_4 P_t + \beta_5 EXCH_t + \beta_6 IM_{t-12} + u_t$$

其中，IM_t 为目标月进口同比增长率；IND_{t-1} 为前一月工业增加值同比增长率，选择前月值是因为工业增加值官方发布时间滞后于同期进口数据；PMI_t 为当月制造业PMI；CON_{t-1} 为前一月的社会零售总额增速；P_t 为当月国内外产品相对价格，等于出口价格总指数与进口价格总指数之比；$EXCH_t$ 为当月人民币有效汇率指数；IM_{t-12} 为上一年同期进口同比增长率；u_t 为残差。

① ZHANG K H. Foreign direct investment in China：1978-2002 [J]. Asian Economic and Political，2003（8）：1-18.

② 冼国明，严兵，张岸元. 中国出口与外商在华直接投资：1983—2000年数据的计量研究 [J]. 南开经济研究，2003（1）：45-48.

③ 安辉，黄万阳. 人民币汇率水平和波动对国际贸易的影响：基于中美和中日贸易的实证研究 [J]. 金融研究，2009（10）：83-93.

④ 谷宇，高铁梅. 人民币汇率波动性对中国进出口影响的分析 [J]. 世界经济，2007（10）：49-57.

⑤ 吴长凤，巩馥洲，周宏. 影响我国进出口贸易的宏观经济因素分析 [J]. 统计研究，2012（5）：23-26.

⑥ 白冰. 中国进出口贸易总额的影响因素分析 [J]. 当代经理人，2006（21）：189-190.

基于2010—2019年的数据进行逐步回归分析，剔除不显著指标后的回归结果如表2-9所示。

表2-9　进口预测模型回归结果

变量	IM
IND	1.604 1 *** (0.303 1)
PMI	1.847 3 *** (0.485 0)
CON	1.853 2 *** (0.365 4)
IM	−0.259 9 *** (0.365 4)
常数项	−127.064 9 *** (0.055 6)
样本量	147
调整 R^2	0.532 3

注：括号中为标准误；*** $p<0.01$。

模型的调整 R^2 等于0.532 3，拟合效果较好，且各项自变量的回归系数较为显著。可借以构建进口预测模型：

$$IM_t = -127.06 + 1.60 IND_{t-1} + 1.85 PMI_t + 1.85 CON_{t-1} - 0.26 IM_{t-12} + u_t$$

图2-48将基于上述模型得到的预测值与实际值进行对比。可以发现，预测值与实际值走势基本一致，因此可用该模型来判断进口同比增长率的变化方向。

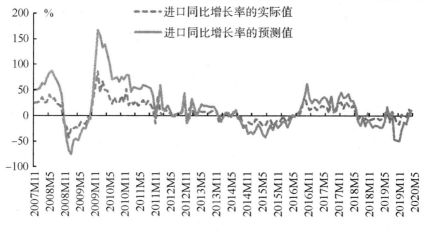

图2-48　进口同比增长率预测值与实际值

2. 出口预测模型构建

我国出口产品中，机械和运输设备等工业制成品以及以杂项制品为代表的消费资料占比较高，原材料出口占比较低。由于美国、欧洲、日本等发达经济体是我国最主要的出口目的地，因而这些经济体需求情况对我国出口起到至关重要的作用。对此，可使用摩根大通全球制造业 PMI 来反映全球经济景气度，并辅以美国、欧洲等典型发达经济体的生产指数和个人消费增速综合判断国外需求。此外，人民币兑美元汇率、基数效应也会在一定程度上影响出口状况。据此，建立出口预测模型如下：

$$EX_t = \alpha + \beta_1\ GBPMI_t + \beta_2\ EXP_{USt} + \beta_3\ PROD_{USt} + \beta_4\ PROD_{EUt} + \beta_5\ EXCH_t + \beta_6\ EX_{t-12} + u_t$$

其中，EX_t 为目标月出口同比增长率；$GBPMI_t$ 为全球摩根大通制造业 PMI；EXP_{USt} 为美国个人消费支出同比增长率；$PROD_{USt}$ 为美国生产指数同比增长率；$PROD_{EUt}$ 为欧盟生产指数同比增长率；$EXCH_t$ 为人民币兑美元汇率指数；EX_{t-12} 为上一年同期出口同比增长率；u_t 为残差。

基于 2010—2019 年的数据进行逐步回归分析，剔除不显著指标后的回归结果如表 2-10 所示。

表 2-10　出口预测模型回归结果

变量	EX
GBPMI	1. 830 9 *** (0. 599 1)
EXP_{us}	3. 022 2 *** (0. 395 6)
EXCH	−11 396 * (0. 065 2)
常数项	−91. 354 3 *** (31. 129 0)
样本量	96
调整 R^2	0. 515 2

注：括号中为标准误；* $p<0.1$，*** $p<0.01$。

模型的调整 R^2 等于 0. 515 2，拟合效果较好，且各项自变量的回归系数较为显著。可借以构建出口预测模型：

$$EX_t = -91.35 + 1.83\ GBPMI_t + 3.02\ EXP_{USt} - 0.11\ EXCH_{t-12} + u_t$$

图 2-49 将基于上述模型得到的预测值与实际值进行对比。可以发现，预

测值与实际值在大部分时候走势基本一致，因此可用该模型来判断出口同比增长率的变化方向。

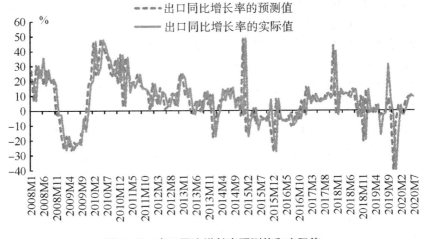

图 2-49　出口同比增长率预测值和实际值

第四节　社会融资

若要探讨社会融资在宏观研究中如何定位，需要回归到社会融资对债券收益率的影响路径是什么的问题上。根据图 2-50 给出的债券收益率分析框架，从本质上来讲，债券收益率是价格因素，取决于债券市场资金的供需双方。债券市场的资金供给源头由中央银行决定，因此资金供给方面的分析针对的是中央银行货币政策表述和货币政策行为；而资金需求即经济主体的实际融资需求（通常用社会融资规模反映），连通了宏观经济基本面和债券市场收益率走势之间的关系。此外，中央银行货币政策代表的供给端和实体融资需求代表的需求端之间也存在相互影响，有着政策传导、信用派生等相关关系。

许多证据表明，以社会融资规模作为官方数据衡量的实体融资情况，较经济运行的拐点和债券市场牛熊转换的拐点具备领先性。这一领先性对于市场的重要意义在 2018 年年初开启的债券牛市判断中显露无遗，也使投资者对其关注度日益增强。

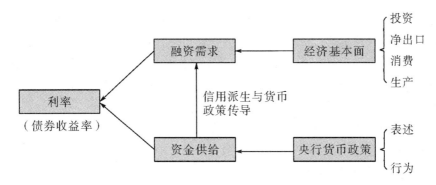

图 2-50　债券收益率分析框架

一、社会融资的基本认识

(一) 社会融资的概念

社会融资是指一定时期（月、季或年）内实体经济主体（企业和个人）从金融体系获得的资金总额。这里的金融体系是整体金融的概念：从机构上看，包括银行、证券、保险等金融机构；从市场上看，包括信贷市场、债券市场、股票市场、保险市场、中间业务市场等；从地域上看，是实体经济主体从境内金融体系获得的资金总额。

相较于信贷，社会融资纳入了更加广泛、多元的融资渠道，因而能全面反映金融与经济的关系以及金融对实体经济的资金支持。2009 年后，社会融资已取代信贷成为更有效的中介目标和监测指标。不过，随着经济和金融形势的变化，当前社会融资口径出现越来越多的遗漏项目，使其对实体经济和金融市场的指导性变差。为了能够获得更为全面的总信用度量指标，中央银行从 2018 年起不断拓展社会融资指标的内涵和外延：2018 年 7 月起，中央银行将"存款类金融机构资产支持证券"和"贷款核销"纳入社会融资规模统计；2018 年 9 月起，"地方政府专项债券"被纳入；2019 年 9 月起，"交易所企业资产支持证券"被纳入；2020 年 1 月 16 日，"国债"和"地方政府一般债券"被纳入。

(二) 社会融资相关研究

自 2010 年中国人民银行提出社会融资概念以来，众多学者从不同角度对社会融资概念及其规模数据进行了研究。在概念界定方面，盛松成[1]阐述了社会融资的概念、内涵及其统计指标的构成，认为货币政策能有效影响和调控社会融资规模，而社会融资规模对经济增长等宏观经济指标也能产生较大影响。

---

① 盛松成. 社会融资规模概念的理论基础与国际经验 [J]. 中国金融, 2011（8）: 41-43.

之后，盛松成①论证了社会融资规模与货币政策传导的关系，进而揭示了社会融资规模的理论基础。在此基础上，盛松成和谢洁玉②的研究表明，社会融资规模增量是优于新增人民币贷款的中介目标或监测指标，且与 M2 相互印证、相互补充。周先平等③的研究则认为，社会融资规模是比 M1、M2、银行间同业拆借利率、贷款等更优的货币政策中介目标。

在社会融资规模与实体经济的关系方面，郭丽虹等④的研究表明，社会融资规模对实体经济发展有显著正向影响，不过社会融资规模的增长只有保持在一个合理水平内才更有利于实体经济的发展；从融资结构来看，银行短期贷款、中长期贷款和股票融资的增加对实体经济发展的影响显著为正，但票据融资对实体经济发展有负向影响，债券融资的影响则不显著。盛松成⑤指出，社会融资规模是一个全面反映金融与经济关系的总量指标，与货币政策主要操作目标（基础货币、利率）相关性密切，并存在明显的先行关系。徐国祥和郑雯⑥在构建中国金融状况指数时，发现社会融资规模越大，实体经济通过金融活动融到的资金越多，生产活动越活跃，产品市场的供给越多；采用社会融资规模构建的金融状况指数对其他宏观经济指标有先导作用。

在研究社会融资规模与 M2 的关系方面，很多学者发现社会融资规模与 M2 增速大体一致，二者具有较高相关性。但 2017 年后，社会融资规模与 M2 增速出现背离。一些研究对此进行了分析。盛松成⑦认为，M2 增速下降反映了金融部门去杠杆取得成效，是前几年高增长后向合理水平的回归，而社会融资规模增速保持平稳则表明金融对实体经济的资金支持并未减弱，实体经济流动性没有过多受到金融去杠杆的影响。刘金全和艾昕⑧指出，社会融资规模对

① 盛松成. 社会融资规模与货币政策传导 [J]. 金融研究，2012（10）：1-14.

② 盛松成，谢洁玉. 社会融资规模与货币政策传导：基于信用渠道的中介目标选择 [J]. 中国社会科学，2016（12）：60-82.

③ 周先平，冀志斌，李标. 社会融资规模适合作为货币政策中间目标吗？[J]. 数量经济技术经济研究，2013（10）：79-93.

④ 郭丽虹，张祥建，徐龙炳. 社会融资规模和融资结构对实体经济的影响研究 [J]. 国际金融研究，2014（6）：66-74.

⑤ 盛松成. 一个全面反映金融与经济关系的总量指标：写在社会融资规模指标建立三周年之际 [J]. 中国金融，2013（22）：34-37.

⑥ 徐国祥，郑雯. 中国金融状况指数的构建及预测能力研究 [J]. 统计研究，2013（8）：17-24.

⑦ 盛松成. 社融与 M2 增速背离看金融去杠杆 [J]. 中国金融，2017（21）：22-24.

⑧ 刘金全，艾昕. 新常态下社会融资规模与 M2 背离对实体经济的影响机制分析 [J]. 当代经济科学，2018（5）：21-27.

实体经济的短期正向冲击强度较大且持续期较长，而其中长期正向冲击强度较弱且存在持续下滑态势；实体经济对 M2 的短期冲击响应则为微弱正向波动；社会融资规模与 M2 增速的背离实质上是货币政策传导机制受阻的表现，会对实体经济发展产生不良冲击；对此，在制定宏观经济政策时应兼顾社会融资规模指标，并采取适度宽松的定向调控政策，避免二者背离趋势的进一步扩大。

二、广义信贷的基本认识

（一）广义信贷的概念

广义信贷是社会融资中的核心部分。根据巴塞尔委员会《各国监管当局实施逆周期资本缓冲指引》[1]，广义信贷有别于狭义的银行贷款，是指境内私人非金融部门的全部债务余额，包括境内和境外主体对境内私人非金融部门发放的贷款、债务证券及其他债务融资工具。从构成上看，广义信贷包括了银行贷款（狭义信贷）和债务证券两大类金融工具；从机构上看，广义信贷的资金提供方包括非金融公司、金融公司、广义政府、住户、为住户服务的非营利机构和国外部门，而资金融入方主要包括境内非金融部门，即非金融公司、广义政府、住户和为住户服务的非营利机构。

（二）广义信贷相关研究

2008 年金融危机后，广义信贷成为实施逆周期调控的重要指标，相关研究不断深入。王铭利[2]发现，广义信贷是中国货币政策传导的重要路径。王晓芳和谢贤君[3]的研究表明，通过引入广义信贷，信贷规模波动对资本充足率的敏感程度下降，而对存款准备金率的反应程度显著上升，这表明货币政策对信贷变动的影响力度增强。根据战明华和应诚炜[4]的研究，在存在金融摩擦和放松利率管制的条件下，紧缩性货币政策通过广义信贷渠道对经济所产生的金融加速器效应不是被弱化，而是被加强。

---

① Basel Committee on Banking Supervisors. Position paper on a countercyclical capital buffer [EB/OL]. [2020-04-21]. http：//www. c-ebs. org/getdoc/715bc0f9-7af9-47d9-98a8-778a4d20a880/CEBS-position-paper-on-a-countercyclical-capital-b. aspx.

② 王铭利. 影子银行、信贷传导与货币政策有效性：一个基于微观视角的研究 [J]. 中国软科学，2015（4）：173-182.

③ 王晓芳，谢贤君. 广义信贷、资本充足率与货币政策稳健性 [J]. 经济与管理，2018（3）：40-43.

④ 战明华，应诚炜. 利率市场化改革、企业产权异质与货币政策广义信贷渠道的效应 [J]. 经济研究，2015，50（9）：114-126.

一些学者考察了广义信贷与金融风险的相关性。钱崇秀等[1]的研究表明，广义信贷调整是我国商业银行防范期限错配引发流动性风险的重要策略。根据闫先东等[2]的研究，相对于经济增长、物价、房地产价格、金融压力、流动性等指标，广义信贷具有一定的先行性，其缺口变化有助于衡量系统性风险的整体状况。李文泓和罗猛[3]指出，实施宏观审慎监管时，广义信贷比银行贷款、社会融资规模和货币供应量能更好地反映金融体系的杠杆程度，增加广义信贷监管范畴能够降低系统性金融风险。武沛璋[4]发现，巴塞尔委员会推荐的"广义信贷余额/GDP"适合作为逆周期资本缓冲的挂钩变量，可用于判断我国系统性风险积累程度。

还有研究利用广义信贷构建金融周期。例如，朱太辉和黄海晶[5]根据中国经济金融体系的制度特征和发展实践，选择广义信贷、广义信贷与 GDP 之比等作为金融周期的构建指标，进而对中国金融周期进行了实证分析。

三、社会融资周期的宽与高

图 2-51 反映了 2005 年以来中国社会融资规模增速情况，从中可以看出：①2008 年之后，每一轮社会融资规模增速的周期底部拐点不断下移，且社会融资规模增速的周期顶部也不断下移。②从顶底分别的串联线来看，底部的下移相对平缓，更符合线性规律，2018 年的社会融资规模增速探底过程相对和缓；而顶部的下移从陡峭向平缓转换，波幅有所熨平。③社会融资规模增速周期的宽度（周期时长）有所拉长。

可以从宏观视角进行简要分析：①社会融资规模增速周期的宽度和高度的决定因素有所不同，而高度又取决于底部和顶部两个位置。②社会融资规模增速周期的底部更多反馈经济运行的客观规律，如经济与融资、融资与就业、经济结构的演进等。社会融资规模增速底部的类线性下移可能意味着，伴随经济结构的缓慢转变，经济增长所需的融资量有所下移，因此引发经济探底所对应的社会融资规模增速底部也有所下移。同时，该形态也反映了政府对于经济下

① 钱崇秀，邓凤娟，许林.商业银行期限错配缺口与流动性调整策略选择 [J].国际金融研究，2020 (8)：66-76.

② 闫先东，刘珂，曾宪冬，等.广义信贷研究 [J].上海金融，2019 (4)：1-16.

③ 李文泓，罗猛.巴塞尔委员会逆周期资本框架在我国银行业的实证分析 [J].国际金融研究，2011 (6)：81-87.

④ 武沛璋.逆周期资本缓冲挂钩变量选择研究：基于金融周期的实证分析 [J].投资研究，2020 (8)：39-57.

⑤ 朱太辉，黄海晶.中国金融周期：指标、方法和实证 [J].金融研究，2018，462 (12)：55-71.

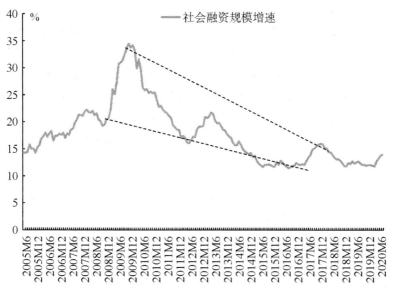

图 2-51　社会融资规模增速

行的容忍度在过去十多年间未发生显著改变，因此社会融资规模增速底与底连线的斜率未发生显著的加速度变化，社会融资规模增速下探到一定水平所引发的就业、社会稳定等问题的政府底线与前期相比仍然较为一致。③社会融资规模增速周期高度的顶部更多反馈经济运行中政策的主观能动性选择，即政府托起社会融资所用的政策工具是什么、加哪个部门的杠杆、政策力度如何等。④社会融资规模增速周期的宽度更多地反馈政策主观能动性受客观规律的制约空间有多大，包括积极稳增长政策与系统性风险的平衡、各部门加杠杆的制约等。政策工具发挥效用的时滞以及政策可用的工具空间大小决定了社会融资规模增速周期的宽度。近年来社会融资规模增速周期变宽，还可能与中国经济体量扩大、融资对经济传导效率边际下降的背景有关。

四、信贷脉冲与社会融资规模滚动值同比增长率

（一）信贷脉冲

信贷脉冲（credit impulse）是迈克尔·比格斯等①在 2008 年提出的概念，是指新增信贷占 GDP 比重的变动。信贷脉冲关注的是信贷增量的变化，具有明确的经济学含义。具体地，经济中的支出（尤其是投资支出）在很大程度上依赖于新增信贷，而以 GDP 作为分母是出于标准化考虑，即同样的信贷增

---

①　BIGGS M, MAYER T, PICK A. Credit and economic recovery［R］. DNB Working Paper, 2009.

量在不同经济体量下对经济的影响不同。

根据图 2-52 和图 2-53，从美国和欧元区的信贷脉冲数据来看，美国 2000 年以来信贷脉冲与实际 GDP 同比增长率的相关系数为 0.51，和滞后 1、2 个季度实际 GDP 同比增长率的相关系数分别为 0.54、0.47；欧元区 2000 年以来信贷脉冲与实际 GDP 同比增长率的相关系数为 0.56，与滞后 1、2 个季度实际 GDP 同比增长率的相关系数分别为 0.48、0.30。这说明信贷脉冲对 GDP 具有显著影响。

图 2-52　美国信贷脉冲和实际 GDP 同比增长率

图 2-53　欧元区信贷脉冲和实际 GDP 同比增长率

在中国，信贷脉冲的使用并不多见，主要依赖于高盛构建的中国信贷脉冲指数。根据图 2-54，中国的信贷脉冲指数与 GDP 的相关性远没有欧美强，也不及中国信贷增速与 GDP 的相关性，且 GDP 滞后信贷脉冲的时间偏长。主要原因在于，欧美经济中私人部门比重大，私人部门的信贷脉冲一旦上升，也就意味着支出活动增强和经济上行；而中国的广义政府部门（含国有企业）力量相对更强，获取信贷的能力也更强，且其肩负着稳定经济发展（对冲经济波动）的职能，因此往往是在经济面临显著下滑压力的时候才增加信贷投放和扩大支出。除此之外，中国另一个获取信贷（表外融资）能力较强的部门是房地产企业，也在很大程度上受到宏观调控。广义政府和房地产两个部门的信贷脉冲上升后，固定资产投资上行，但并不足以立刻令整个经济回暖，仍需要一定时间传导到就业、居民收入和消费层面。

图 2-54　中国广义信贷脉冲与名义 GDP 增速

（二）社会融资规模增速、信贷脉冲指数与社会融资规模滚动值同比增长率的对比

信贷脉冲是指新增信贷占 GDP 比重的变动，可用高盛中国信贷脉冲指数衡量。社会融资规模增速是社会融资规模的同比增长率。社会融资规模滚动值同比增长率是社会融资月度增量的 12 个月移动平均同比增长率。根据图 2-55，三者中社会融资规模滚动值同比增长率的波动幅度最大，其次为信贷脉冲指数，社会融资规模增速的波动幅度最小。

2008 年至今，社会融资规模增速的高点逐渐下行明显。这主要是因为伴随着经济体量增大，单位经济增量需要撬动的融资体量扩大。此外，政策可用空间缩窄也是一个原因。信贷脉冲指数和社会融资规模滚动值同比增长率的高低点虽在每一轮周期有所差异，但整体呈现相对均值回归的特征。这表明信贷脉冲指数和社会融资规模滚动值对于信贷边际变化的衡量更直接、敏感。此外，社会融资规模滚动值同比增长率数据频度为月度，因而其适用于拐点和长维度分析。

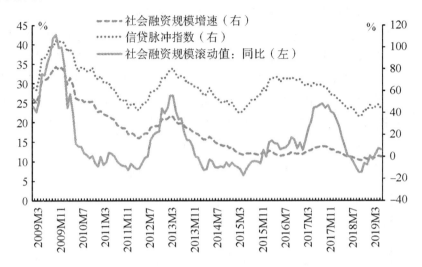

图 2-55　社会融资规模增速、信贷脉冲指数与社会融资规模滚动值同比增长率

（三）社会融资规模滚动值同比增长率对经济的领先性

社会融资规模滚动值同比增长率对于 PMI 同比增长率、发电量、PPI、库存同比增长率均存在领先性：①根据图 2-56 和图 2-57，社会融资规模滚动值同比增长率领先 PMI 同比增长率衡量的经济周期 6 个月左右，领先发电量累计同比增长率 6 个月左右，拟合性偏好。②根据图 2-58，社会融资规模滚动值同比增长率同样领先 PPI 同比增长率约 6 个月左右。从 PPI 和社会融资规模滚动值同比增长率的对比还可以看出，在 2013—2015 年产能过剩时代，PPI 的波动弹性明显小于社会融资规模滚动值同比增长率，而在供给侧改革后的 2017—2019 年其波动弹性又大幅高于社会融资规模滚动值同比增长率。这说明，虽然社会融资规模滚动值同比增长率对于边际变化的衡量更直接、敏感和有效，可用于判断周期位置、方向和拐点，但其无法对变化幅度做准确说明，因而与当下经济周期的个性化特征更为相关。③根据图 2-59，社会融资规模滚动值同比增长率领先库存同比增长率16~18个月左右。

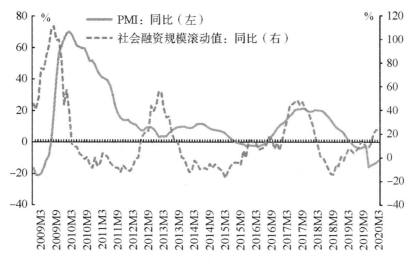

图 2-56　社会融资规模滚动值同比增长率与 PMI 同比增长率

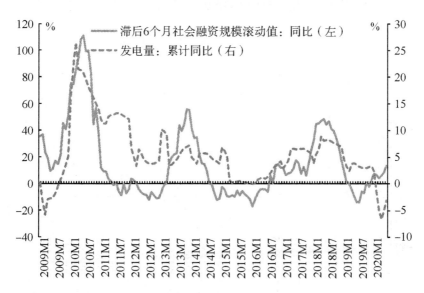

图 2-57　滞后 6 个月社会融资规模滚动值同比增长率与发电量累计同比增长率

图 2-58　滞后 6 个月社会融资规模滚动值同比增长率与 PPI 同比增长率

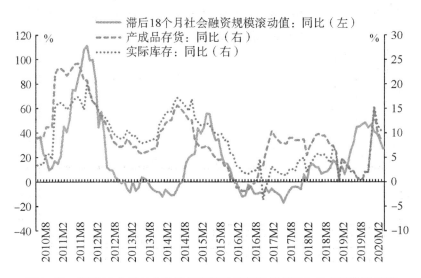

图 2-59　滞后 18 个月社会融资规模滚动值同比增长率与库存同比增长率

　　根据图 2-60 和图 2-61，社会融资规模滚动值同比增长率在 2015 年之前对房地产投资和房价具有较好的领先性，但之后其领先性显著降低。这主要是因为，"因城施策"和各种限制性、行政性政策改变了房地产行业原本运行规律的时滞和传导形式。

图 2-60　滞后 6 个月社会融资规模滚动值同比增长率
与房地产开发投资完成额同比增长率

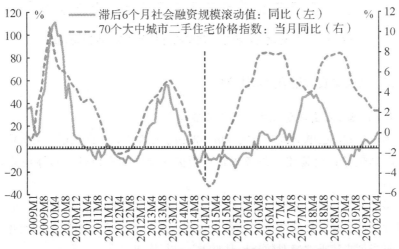

图 2-61　滞后 6 个月社会融资规模滚动值同比增长率
与二手住宅价格指数同比增长率

图 2-62 将社会融资规模滚动值同比增长率和同样作为有效经济领先指标的 M1 同比增长率进行对比。可以发现，二者走势在 2015 年前相对同步。而这一同步性在 2015 年之后也发生了一些变化，即 M1 同比增长率的拐点更为领先，波动幅度也更大。这背后的原因是，2015—2016 年非标准债务飞速发展，同期 M1 同比增长率也相应拉升；2017 年监管趋严，表外融资受限，企业活期存款下降；2018 年监管文件集中落地，非标准债务业务收缩，企业活期存款进一步下降；2019 年以来，社会融资规模滚动值同比增长率代表的信贷

力量扩张与 M1 同比增长率始终低位徘徊的状况形成背离，这揭示了当下传导不畅和信用派生不畅的固有问题，同时也反馈了社会融资规模滚动值同比增长率所表征的融资驱动对经济带动不足且时滞延长。

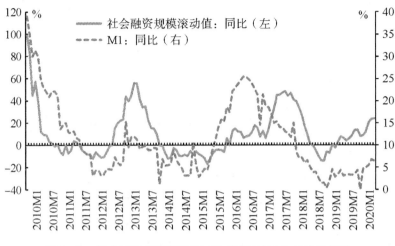

图 2-62　社会融资规模滚动值同比增长率与 M1 同比增长率

五、社会融资数据的指示性分析

（一）基于社会融资数据的投资策略构建

为了检验社会融资数据对债券市场的指示性作用，下面根据社会融资数据建立一套债券投资策略，并考察其在历史周期中的有效性。具体构建方法如下：

第一，社会融资由于其内含信贷等指标的季节性也具有季节性浮动特征，并且除了社会融资规模增速，投资者也很关注社会融资绝对数值的变化。因此，投资策略基于"绝对数环比对照法"进行构建。

第二，为降低历史数值中异常高低值的影响，将环比的对照项选为历史均值，并使用"过去两年平均"和"过去三年平均"两种方法进行处理。

第三，买卖点判断逻辑的预处理。若当月社会融资值高于过去两年或三年平均值，则设置卖点判断逻辑数为 1，否则为 0；若当月社会融资值低于过去两年或三年平均值，则设置买点判断逻辑数为 1，否则为 0。

第四，根据社会融资相对历史环比均值的连续状态选定买卖点。将过去 3 个月的买点判断逻辑数值相加，若显示 3（连续 3 个月均为 1），则代表连续 3 个月社会融资数值低于历史均值，输出"买"的提示，否则不提示；将过去 3

个月的卖点判断逻辑数值相加，若显示 3（连续 3 个月均为 1），则代表连续 3 个月社会融资数值高于历史均值，输出"卖"的提示，否则不提示。若要适当放松买卖点选定标准，可将条件改为"连续 2 个月社会融资数值低于或高于历史均值"。结合环比对照项可设置为两年或三年历史均值，能形成四种策略方法，如表 2-11 所示。其中，对于买卖点判定，方法一最为严格，方法四则最松，而方法二和方法三松紧各有侧重。

表 2-11　四种策略方法

持续期条件	均值对比对象 为三年均值	均值对比对象 为两年均值
连续 3 个月提示 1（相加为 3）	方法一	方法三
连续 2 个月提示 1（相加为 2）	方法二	方法四

第五，买卖具体日期的选择。社会融资为月度数据，因此为了降低回测复杂度，统一将买卖日期定为月度的 15 日；若存在节假日情况，则顺延至 15 日后的最近交易日。策略在执行时遵循的原则是，不做预测且不根据预测做判断，唯一的交易规则是根据买卖提示信号操作。其他需要注意的是，某月社会融资数据公布后形成的策略指示是在次月 15 日左右进行操作，这是数据公布的时点性决定的。

（二）策略回测检验

在进行策略回测检验时，将上面第五步给出的买卖日期区间内收益和实际债券市场牛熊周期进行比对，并重点考察三个问题：策略是否有效（债券市场行情与策略回测区间是否存在重合）、策略有效程度如何（获取收益在债券市场牛熊市中的占比）、策略有无误判（策略失效情况）。

策略回测检验从 2005 年开始，选择用 10 年期国债收益率来考察交易期间涨跌状况，同时以 10 年期国债收益率高低点划分中国债券市场牛熊阶段，如图 2-63 所示。之后以表格形式分时间段按月标注四种策略方法各自给出的买卖提示，进而明确具体买卖操作点，具体呈现上：①表格中时间列用深灰色表示债券牛市，浅灰色表示债券熊市。②买卖点都用粗字体表示。

2005 年 2 月—2006 年 4 月的策略回测情况如表 2-12 所示。在本轮债券牛市中，收益率下行 191 BP（basis point，基点）。借助方法一和方法三的提示，可赚取 66 BP，占阶段行情的 35%，策略有效但会错失前期收益率的快速下行，且卖点提示略滞后于牛熊市切换拐点 1~2 个月；方法二和方法四提示下，可赚 110 BP，占比阶段下行收益率的 57%，策略有效且有效性强于方法一和方法三，主要原因在于买卖点提示更早，能覆盖更多牛市区间，且卖出时点提示更及时。

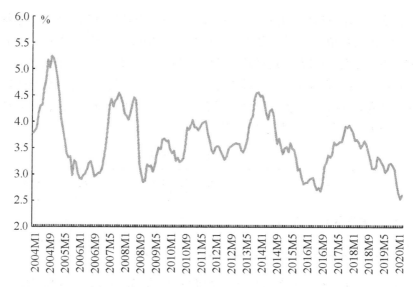

图 2-63　10 年期国债月度收益率

表 2-12　2005 年 2 月—2006 年 4 月策略回测情况

时间	方法一	方法二	方法三	方法四	收益率/%
2005 年 2 月	卖	卖	卖	卖	4.76
2005 年 3 月		卖		卖	4.58
2005 年 4 月		买		买	4.03
2005 年 5 月	买	买	买	买	3.98
2005 年 6 月		买		买	3.61
2005 年 7 月		买		买	3.24
2005 年 8 月		买		买	3.32
2005 年 9 月		买		买	3.27
2005 年 10 月		买		买	3.02
2005 年 11 月		卖		卖	3.30
2005 年 12 月		买		买	3.21
2006 年 1 月		卖		卖	3.03
2006 年 2 月		卖		卖	2.89
2006 年 3 月	卖	卖	卖	卖	2.91
2006 年 4 月	卖	卖	卖	卖	2.95

2006 年 4 月—2008 年 2 月的策略情况回测如表 2-13 所示。在本轮债券市场熊市中，策略信号一直提示卖出，是有效的。社会融资规模增速持续高于前期历史均值。

表 2-13　2006 年 4 月—2008 年 2 月策略回测情况

时间	方法一	方法二	方法三	方法四	收益率/%
2006 年 4 月	卖	卖	卖	卖	2.95
2006 年 5 月	卖	卖	卖	卖	3.03
2006 年 6 月		卖		卖	3.10
2006 年 7 月		卖		卖	3.24
2006 年 8 月		卖		卖	3.24
2006 年 9 月		卖		卖	3.17
2006 年 10 月		卖		卖	2.96
2006 年 11 月		卖		卖	2.97
2006 年 12 月	卖	卖	卖	卖	3.04
2007 年 1 月	卖	卖	卖	卖	3.02
2007 年 2 月	卖	卖	卖	卖	3.14
2007 年 3 月	卖	卖	卖	卖	3.28
2007 年 4 月	卖	卖	卖	卖	3.53
2007 年 5 月	卖	卖	卖	卖	3.78
2007 年 6 月	卖	卖	卖	卖	4.31
2007 年 7 月	卖	卖	卖	卖	4.45
2007 年 8 月	卖	卖	卖	卖	4.35
2007 年 9 月	卖	卖	卖	卖	4.49
2007 年 10 月	卖	卖	卖	卖	4.37
2007 年 11 月	卖	卖	卖	卖	4.60
2007 年 12 月	卖	卖	卖	卖	4.43
2008 年 1 月	卖	卖	卖	卖	4.40
2008 年 2 月	卖	卖	卖	卖	4.17

2007 年 12 月—2008 年 12 月的策略回测情况如表 2-14 所示。债券市场演

绎出收益率下行 366 BP 的大牛市行情，但全年策略信号一直提示卖出，据此进行投资会完全错过牛市。究其原因，2008 年虽然各月社会融资数据持续高增，但由于经济本身进入危机时期，宽信用政策无法及时、有效对冲经济剧烈下行，债券大牛市出现。事实上，这也是基于社会融资数据的投资策略唯一一次重大误判，表明在大危机模式的非常规情景下，宽信用对冲无效或滞后有效，在对社会融资进行分析时需谨慎。此外，需要注意一个细节，2008 年方法一和方法三并非持续提示卖出信号，而是存在阶段性空白。

表 2-14　2007 年 11 月—2008 年 12 月策略回测情况

时间	方法一	方法二	方法三	方法四	收益率/%
2007 年 12 月	卖	卖	卖	卖	4.43
2008 年 1 月	卖	卖	卖	卖	4.40
2008 年 2 月	卖	卖	卖	卖	4.17
2008 年 3 月		卖		卖	4.15
2008 年 4 月		卖		卖	4.03
2008 年 5 月		卖		卖	4.16
2008 年 6 月	卖	卖	卖	卖	4.32
2008 年 7 月	卖	卖	卖	卖	4.43
2008 年 8 月		卖		卖	4.44
2008 年 9 月		卖		卖	3.80
2008 年 10 月		卖		买	3.13
2008 年 11 月		卖		卖	2.95
2008 年 12 月		卖		卖	2.92

2009 年 1 月—2010 年 1 月的策略回测情况如表 2-15 所示。宽信用继续大幅发力，"四万亿"刺激计划的影响逐渐显现，投资增速迅速提升，债券市场熊市出现。而当年，策略信号仍然提示卖出，具备有效性。

表 2-15　2009 年 1 月—2010 年 1 月策略回测情况

时间	方法一	方法二	方法三	方法四	收益率/%
2009 年 1 月	卖	卖	卖	卖	2.96
2009 年 2 月	卖	卖	卖	卖	3.15

表2-15(续)

时间	方法一	方法二	方法三	方法四	收益率/%
2009 年 3 月	卖	卖	卖	卖	3.15
2009 年 4 月		卖		卖	3.20
2009 年 5 月		卖		卖	3.03
2009 年 6 月		卖		卖	3.17
2009 年 7 月	卖	卖	卖	卖	3.39
2009 年 8 月	卖	卖	卖	卖	3.52
2009 年 9 月	卖	卖	卖	卖	3.46
2009 年 10 月	卖	卖	卖	卖	3.69
2009 年 11 月	卖	卖	卖	卖	3.69
2009 年 12 月	卖	卖	卖	卖	3.63
2010 年 1 月	卖	卖	卖	卖	3.69

2010 年 2 月—2011 年 2 月的策略回测情况如表 2-16 所示。策略继续提示卖出信号，虽在时间维度上错失了 2010 年大半年的牛市，但仍可认为其具备一定有效性。这是因为该轮牛市时间虽长，却非常波折，且获利幅度较小，收益率仅下行 22 BP；而在 2010 年 9 月开启的债券熊市中，收益率却大幅上行 73 BP。

表 2-16　2010 年 2 月—2011 年 2 月策略回测情况

时间	方法一	方法二	方法三	方法四	收益率/%
2010 年 2 月	卖	卖	卖	卖	3.49
2010 年 3 月		卖		卖	3.44
2010 年 4 月		卖		卖	3.50
2010 年 5 月		卖		卖	3.27
2010 年 6 月		卖		卖	3.33
2010 年 7 月		卖		卖	3.18
2010 年 8 月		卖		卖	3.25
2010 年 9 月	卖	卖	卖	卖	3.33
2010 年 10 月	卖	卖	卖	卖	3.43

表2-16（续）

时间	方法一	方法二	方法三	方法四	收益率/%
2010 年 11 月	卖	卖	卖	卖	3.93
2010 年 12 月	卖	卖	卖	卖	3.82
2011 年 1 月	卖	卖	卖	卖	3.92
2011 年 2 月		卖		卖	4.05

2011 年 3 月—2012 年 10 月的策略回测情况如表 2-17 所示。本轮债券牛市时间虽然长，但收益率下降幅度为 62 BP，相对普通。在本轮牛市中，方法一、方法三与方法二、方法四的提示出现分化。方法一和方法三的提示有效，能赚取 60 BP，占阶段行情的 98%，具备有效性：买点提示虽错过了 5 个月牛市阶段，但该阶段收益率下行幅度不大，且买点提示优于牛市起点；卖点提示滞后一个月，较为及时。方法二和方法四的提示更多是把握了波段性行情：方法二把握住了收益率下行 32 BP 和下行 6 BP 的两段行情，合计占阶段行情的 61%，且卖点提示很及时；方法四把握住了一个收益率下行波段，赚取 37 BP，占阶段行情的 61%，较为有效，但卖点提示较早。总结来看，四种策略方法在本轮行情中虽有分化，但均没有误判。

表 2-17　2011 年 3 月—2012 年 10 月策略回测情况

时间	方法一	方法二	方法三	方法四	收益率/%
2011 年 3 月		卖		卖	3.88
2011 年 4 月		卖		卖	3.87
2011 年 5 月		卖		卖	3.84
2011 年 6 月		卖		买	3.97
2011 年 7 月	买	买	买	买	3.92
2011 年 8 月		买		买	3.94
2011 年 9 月		买		买	4.05
2011 年 10 月		卖		卖	3.77
2011 年 11 月		卖		买	3.62
2011 年 12 月		卖		卖	3.48
2012 年 1 月		卖		买	3.42

表2-17(续)

时间	方法一	方法二	方法三	方法四	收益率/%
2012 年 2 月		卖		卖	3.53
2012 年 3 月		卖		卖	3.55
2012 年 4 月		卖		卖	3.53
2012 年 5 月		买		卖	3.40
2012 年 6 月		买		卖	3.40
2012 年 7 月	卖	卖	卖	卖	3.28
2012 年 8 月	卖	卖	卖	卖	3.33
2012 年 9 月	卖	卖	卖	卖	3.55
2012 年 10 月	卖	卖	卖	卖	3.48

2012 年 8 月—2014 年 1 月的策略回测情况如表 2-18 所示。2012 年 8 月起，策略信号一直提示卖出，成功避开收益率上行 130 BP 左右的债券熊市。但需要注意的是，从 2013 年 6 月起，前期连续的卖出信号有所停止，转化为空信号，仅在 2013 年 9 月再次提示卖出。事实上，2013 年 1—6 月债券市场行情仍然是经济增长低迷驱动的，与社会融资判断方法背后内在逻辑一致，因此卖出信号提示准确。而下半年债券市场经历了"钱荒"事件带来的超预期冲击，这一相对独立的冲击式政策因素是出现空信号提示的原因，反映了非常规情景假设下的行情演绎。从另一个视角来看，策略在该阶段并未提示买入，所以仍具备有效性，但其指示作用及其中的逻辑需与前面的阶段相区分。

表 2-18　2012 年 8 月—2014 年 1 月策略回测情况

时间	方法一	方法二	方法三	方法四	收益率/%
2012 年 8 月	卖	卖	卖	卖	3.33
2012 年 9 月	卖	卖	卖	卖	3.55
2012 年 10 月	卖	卖	卖	卖	3.48
2012 年 11 月	卖	卖	卖	卖	3.53
2012 年 12 月	卖	卖	卖	卖	3.58
2013 年 1 月	卖	卖	卖	卖	3.60
2013 年 2 月	卖	卖	卖	卖	3.59

表2-18（续）

时间	方法一	方法二	方法三	方法四	收益率/%
2013 年 3 月	卖	卖	卖	卖	3.59
2013 年 4 月	卖	卖	卖	卖	3.42
2013 年 5 月	卖	卖	卖		3.42
2013 年 6 月		卖		卖	3.47
2013 年 7 月		卖		卖	3.61
2013 年 8 月		卖		卖	3.95
2013 年 9 月	卖	卖	卖	卖	4.12
2013 年 10 月		卖		卖	4.08
2013 年 11 月		卖		卖	4.55
2013 年 12 月		买		买	4.55
2014 年 1 月		卖		卖	4.58

2014 年 2 月—2016 年 10 月的策略回测情况如表 2-19 所示。债券市场再次走出了收益率下行 179 BP 的大牛市。在这一轮行情当中，策略的四种方法再次显现了提示上的分化。方法一和方法三的信号在 2014 年 9 月才提示买入，错失了 2014 年 2—9 月收益率下行 27 BP 左右的行情，但卖点判断准确，共计赚取 99 BP，占阶段行情的 55%，基本有效。需要注意的是，2014 年 3 月政策提出稳增长，而彼时货币政策仍在紧缩环境中，直到下半年经济下行确定才开启了这轮债券大牛市，因此策略虽提示时间偏晚了，但方向预判准确，若能结合其他宏观信息判断更早买入将获得更丰厚的回报。方法二和方法四再次显现了把握阶段性波段的提示特征。方法二第一次提示买入时点是 2014 年 9 月，略早于方法一和方法三，卖点提示也较早，共把握住了三次收益率下行波段，分别赚取 73 BP、25 BP 和 17 BP，共计占阶段行情的 64%，有效性较好；不过，方法二在 2015 年 5—8 月首次出现波段性操作的亏损，亏损 12 BP，虽然幅度不大，但值得关注。方法四第一次买入时点提示为 2014 年 3 月，买点提示非常好，优于方法一、方法二和方法三，共把握住四次波段机会，分别赚取 43 BP、73 BP、30 BP、23 BP，共计占阶段行情的 95%，有效性非常好；卖点提示为 2016 年 10 月，时点精准，且略早于方法一和方法三。2015 年方法二和法四提示的买卖信号转向频繁，8 月连续出现两个卖出信号后又出现买入信号，波段操作较多，但社会融资判断方法的本质决定其更适合非短期的趋势性

行情（至少2~3个月），这导致首次误判的出现。

表2-19 2014年2月—2016年10月策略回测情况

时间	方法一	方法二	方法三	方法四	收益率/%
2014 年 2 月		卖		买	4.48
2014 年 3 月		卖		买	4.49
2014 年 4 月		卖		买	4.40
2014 年 5 月		卖		卖	4.18
2014 年 6 月	卖	卖	卖	卖	4.06
2014 年 7 月		卖		卖	4.17
2014 年 8 月		买		买	4.21
2014 年 9 月	买	买	买	买	4.26
2014 年 10 月	买	买	买	买	3.84
2014 年 11 月	买	买	买	买	3.65
2014 年 12 月		卖		买	3.77
2015 年 1 月		卖		买	3.53
2015 年 2 月		卖		卖	3.35
2015 年 3 月		卖		买	3.53
2015 年 4 月		买		买	3.59
2015 年 5 月	买	买	买	买	3.39
2015 年 6 月		买		买	3.64
2015 年 7 月		卖		卖	3.53
2015 年 8 月		卖		卖	3.51
2015 年 9 月		买		卖	3.32
2015 年 10 月		买		买	3.08
2015 年 11 月		买		买	3.14
2015 年 12 月		买		买	3.02
2016 年 1 月		卖		卖	2.75
2016 年 2 月		卖		卖	2.83
2016 年 3 月		卖		卖	2.83
2016 年 4 月		买		买	2.93
2016 年 5 月		买		买	2.93
2016 年 6 月	买	买	买	买	2.96

表2-19(续)

时间	方法一	方法二	方法三	方法四	收益率/%
2016 年 7 月	买	买	买	买	2.83
2016 年 8 月		卖		买	2.65
2016 年 9 月		卖		卖	2.76
2016 年 10 月	卖	卖	卖	卖	2.70

2016 年 11 月—2017 年 11 月的策略回测情况如表 2-20 所示。四种方法在本轮熊市阶段均持续提示卖出，策略有效。这也为以下分析逻辑提供了支持：表面上看，2017 年是监管政策左右了行情演绎，但其实质仍然是融资向好下的经济向好；监管政策预期虽然会对债券市场形成冲击，但其实效未及时传导至经济动能本身，因此债券市场并未脱离基本面逻辑框架，只是市场预期和现实在不断冲突中发生转变。

表 2-20   2016 年 11 月—2017 年 11 月策略回测情况

时间	方法一	方法二	方法三	方法四	收益率/%
2016 年 11 月	卖	卖	卖	卖	2.86
2016 年 12 月		卖		卖	3.28
2017 年 1 月		卖		卖	3.25
2017 年 2 月		卖		卖	3.39
2017 年 3 月	卖	卖	卖	卖	3.34
2017 年 4 月	卖	卖	卖	卖	3.36
2017 年 5 月	卖	卖	卖	卖	3.62
2017 年 6 月	卖	卖	卖	卖	3.55
2017 年 7 月	卖	卖	卖	卖	3.56
2017 年 8 月	卖	卖	卖	卖	3.59
2017 年 9 月	卖	卖	卖	卖	3.60
2017 年 10 月	卖	卖	卖	卖	3.71
2017 年 11 月	卖	卖	卖	卖	3.94
2017 年 12 月		卖		卖	3.90

2018 年 1 月—2020 年 2 月的策略回测情况如表 2-21 所示。本轮债券牛市

可以划分为两个阶段：第一个阶段为 2018 年 1 月—2019 年 2 月，收益率下行 90 BP 左右的趋势性牛市；第二阶段为 2019 年 2 月—2020 年 2 月，收益率下行 29 BP 的震荡波动牛市。从策略信号提示来看，方法一、方法三和方法二、方法四再次出现分化。方法一和方法三在 2018 年 10 月开始连续 3 个月提示买点，共赚取 50 BP，占阶段行情的 46.7%；缺点在于未能捕捉到 2018 年年初至 10 月的收益率下行行情。原因主要在于，2018 年开始的债券牛市行情中，除 2018 年 10—12 月，其余月份社会融资始终未达方法一、方法三中连续 3 个月低于历史均值的标准，仅出现连续 2 个月社会融资数值低于历史均值的情况。不过，与 2008 年类似，方法一和方法三的阶段性无效并非体现在"牛市中持续提示卖出"的错判，而是提示空信号。另外，与 2014—2016 年的债券大牛市行情类似，方法一和方法三提示时间均偏晚，但方向预判准确。

方法二和方法四在本轮债券牛市中也频繁交错提示买卖信号。方法二共把握住四次波段机会，其中两次赚取 31 BP 和 5 BP，两次亏损 2 BP 和 24 BP，整体收益为 10 BP，策略效果不佳；方法四共提示三次波段操作机会，三次均为盈利状态，共赚取 45 BP，占阶段行情的 42%，策略效果尚可。方法二和方法四的共同点在于 2019 年 5 月后便持续显示卖出信号，没有给出波段操作提示，而实际债券行情在此之后存在波段操作的获利机会；不同点在于，策略标准更为宽松的方法二在回测中出现 50% 的亏损概率，但方法四依然保持了 100% 的提示后盈利概率。与 2015 年 5—8 月出现首次波段性操作亏损的情况类似，方法二在本轮行情中也出现亏损，并且买卖提示信号交替频繁，这再次说明社会融资判断方法更适合非短期的趋势行情，而方法二设定的买卖点标准更为宽松也在一定程度上提高了错判概率。

表 2-21　2018 年 1 月—2020 年 2 月策略回测情况

时间	方法一	方法二	方法三	方法四	收益率/%
2018 年 1 月		卖		买	3.96
2018 年 2 月		卖		买	3.87
2018 年 3 月		卖		买	3.83
2018 年 4 月		卖		卖	3.66
2018 年 5 月		买		买	3.71
2018 年 6 月		买		买	3.61
2018 年 7 月		买		买	3.48

表2-21（续）

时间	方法一	方法二	方法三	方法四	收益率/%
2018 年 8 月		卖		买	3.58
2018 年 9 月		卖		买	3.63
2018 年 10 月	**买**	**买**	**买**	买	3.59
2018 年 11 月	买	买	买	买	3.39
2018 年 12 月	买	买	买	买	3.37
2019 年 1 月		卖		买	3.14
2019 年 2 月		**买**		买	3.08
2019 年 3 月		卖		卖	3.14
2019 年 4 月		**买**		**买**	3.37
2019 年 5 月		卖		卖	3.28
2019 年 6 月		卖		卖	3.23
2019 年 7 月		卖		卖	3.18
2019 年 8 月		卖		卖	3.01
2019 年 9 月		卖		卖	3.09
2019 年 10 月		卖		卖	3.17
2019 年 11 月		卖		卖	3.24
2019 年 12 月		卖		卖	3.19
2020 年 1 月	卖	卖	卖	卖	3.09
2020 年 2 月					2.89

（三）策略回测检验总结

第一，社会融资是有效的指示数据，而基于社会融资数据的投资策略在历史回测中胜率非常高。策略仅出现过一次重大误判，即 2008 年一直提示卖出信号，而债券市场实际走出了收益率下行 366 BP 的大牛市。这表明，大危机的非常规情形下，宽信用对冲无效或滞后有效，社会融资指示作用的有效性存疑。

第二，策略在 2006 年 4 月—2011 年年初的 5 年时间里均未有明确的买入信号提示，但这并不能否认策略的有效性。一方面，这 5 年间的大小熊市中，策略均持续提示卖出信号，有效避免了熊市收益率上行的损失。另一方面，策略不提示买入信号，并不代表全都给出的是卖出信号，例如2008年策略的无效性并非体现为"在牛市中持续提示卖出"，策略所给出的阶段性空信号本身也值得投资者思考。除此之外，策略信号提示在2006年6—11月、2009年4—6月以及2010年3—8月三段时间也出现明显空白。这三个时段债券市场表现为收益率小幅波动而非大型行情，社会融资增减则未形成连续性趋势。

第三，方法一和方法三对于买卖时点的提示几乎没有差异。这说明，即便有单月极值出现，策略也具备一定有效性；同时也说明了，社会融资出现大幅波动的可能性较小，临近月份存在可比性和特征相似性，这可能与社会融资数据的政策属性相对较强有关。

第四，方法二、方法四区别于方法一、方法三的特征是对大趋势中阶段性波段的把握。四种方法给予了偏好波段操作或偏好趋势操作的投资者不同的选择。不过，虽然四种方法存在一定差异，但它们在买卖拐点的判断上都体现出了高胜率的特征。需要注意的是，方法二在买卖信号频繁切换的行情演绎中存在小概率误判的可能，这或与其策略标准偏宽松有关；相比而言，方法四在波段操作中胜率更好。

第五，由于方法二和方法四仅要求社会融资数值连续2个月低于历史均值，因此其买卖点提示是连续的。可以恰当利用方法二、方法四与方法一、方法三的这一区别进行买卖判断：当方法一和方法三提示买卖信号，而方法二和方法四并未在连续信号中出现反向时，可强化买卖判断；当方法一和方法三出现空信号时，可根据方法二和方法四的连续信号中是否有反向给予买卖行为继续或终止的信心。例如，在2013年下半年"钱荒"事件影响下债券市场出现与之前分析框架不同的情况，而彼时方法一和方法三出现空信号，但方法二和方法四提示的卖出信号未曾中断，可借此避开下半阶段的债券熊市。又例如，2016年11月—2017年12月市场一致预期频频出现误判，而彼时方法二和方法四的卖出信号也未曾反向。

第五节　经济周期与市场周期

周期研究是传统宏观经济研究中的一个重要流派。从短期的基钦周期到中期的朱格拉周期，再到更长期的库兹涅茨周期和康波周期，均是周期研究方法领域的宝藏。固定收益投资中的周期研究也具有重要意义，全球朱格拉周期共振下的运行位置、短期库存周期在去库与补库切换中的运行位置、资产配置周期下债券市场的运行位置等都是对固定收益投资非常有价值的问题。

在中国经济从高速增长到逐步降速、GDP 相对平坦化的过程中，有不少投资者认为中国经济问题目前更多表现在结构上，传统的周期研究方法已部分失效或不再适用。但事实上，经济周期的研究方法对于经济预判仍然具备重要意义，而且秉持"周期"的思维并以"周期运行位置"的视角去考察经济各部门未来"大概率"方向，有助于提升固定收益研究的效率。

本节将通过介绍基于广谱利率和流动性的投资时钟、库存周期的应用方法、股债相对价值周期和利率中枢走势决定因素来说明周期研究对于固定收益投资的重要性，并提出对把握当前宏观经济、债券市场所处周期位置的关键观察指标和分析思路。

一、基于广谱利率和流动性的投资时钟[①]

（一）投资时钟理论

投资必须遵循经济周期。目前对基于宏观经济状况的投资策略理论已经有了较为深入的框架性研究，其中最有代表性的是美林集团的投资时钟理论。2004 年 11 月 10 日，美林证券发表了名为"The Investment Clock：Making Money from Macro"（《投资时钟：从宏观上赚钱》）的报告[②]，其核心观点是根据经济增长趋势和通货膨胀趋势，将经济周期划分为复苏、过热、滞胀、衰退四个阶段，进而根据不同的经济阶段特征选择不同的资产配置策略。

美林的投资时钟理论对于发达资本市场具有开创性的指导意义，在中国市场的应用却很有局限性[③]。虽然通货膨胀率和中国股市指数的相关性较高，但通货膨胀的周期过长，且拐点往往滞后于资本市场周期，应用于投资实践的价值有限。同时，中国缺乏失业率的可靠数据，因而很难获得准确的产出缺口指标，更无法利用这一指标指导投资。因此，建立适用于中国资本市场实际情况的投资时钟理论十分有必要。

中国的经济周期更多是发轫于信贷投放的投资周期而非消费周期，这已是学界和实务界的共识。因此，用实际资金价格来预判投资进而把握经济强弱走势在中国更具实际意义。下面将在美林时钟理论的基础上，利用企业生产面临

---

① 该部分已发表于《宏观经济研究》2018 年第 9 期。

② CREETHAM T，HARTNETT M. The investment clock：Making money from macro［R］. Merrill Lynch Special Report，2004.

③ 王健辉，田昕明，杨为敩. 基于广谱利率和流动性的投资时钟理论［J］. 宏观经济研究，2018（9）：30-42.

的真实资金成本（考虑产品价格）的广谱利率和流动性状况，构建更适用于中国的投资时钟理论，并分析其对固定收益投资的指导作用。

（二）基于广谱利率的固定收益投资时钟

广谱利率反映了央票利率、基准利率以及银行间同业拆借利率等广谱市场上的一系列、多种类利率，内涵是全社会进行生产投资时面临的真实资金成本[①]。这里使用企业债发行利率减去 PPI 同比增长率来构建月度广谱利率指标。选择企业债发行利率是因为其具有 2000 年以来的月度数据，数据时间周期较长、频率较高，有助于发现经济趋势变化。而将价格因素 PPI 也用于构建广谱利率，主要有以下原因：①假设企业融资进行生产，那么融资成本等于企业贷款利率，产品处于存货周期的成本是产品的价格跌幅（如价格上涨则对于企业来讲是收益），因此企业贷款利率减去 PPI 同比增长率可以反映企业进行生产的真实成本。以往的研究往往忽略了价格因素，因而无法很好地衡量企业真实的资金使用成本。不过，PPI 变化的趋势性很强，幅度很大，其影响甚至超过实际利率本身的影响，在具体研究中应重视这个效应。②不同行业的产品价格变化不同，利用 PPI 的分项数据可以构建分行业的广谱利率指标，用以判断各行业中企业未来经营状况的变化，进而指导投资。③产品价格的波动远比贷款利率的波动要大，此时价格成为企业未来经营活动的决定性因素，可以利用市场上较为高频的价格数据作为分析依据。事实上，在固定收益实务层面，很多投资者早就对产品价格给予重视，建立了定期覆盖的研究体系，只是并未上升到理论层面。

受基准利率传导影响，企业债发行利率与国债收益率通常同向变动；而 PPI 增长率下滑则意味着实体经济对上游产品需求不足，经济预期转弱，资金流向债券市场，国债收益率趋弱。图 2-64 反映了广谱利率与 3 年、5 年和 10 年期国债收益率的走势对比。从数据上看，金融危机外的大多数年份，广谱利率与国债收益率变动方向基本相反，说明大类资产配置引起的资产价格变动占主导地位。

---

① 高善文，高伟栋. 经济稳定，通货膨胀见顶：3 季度宏观经济数据评论 [R]. 2011.

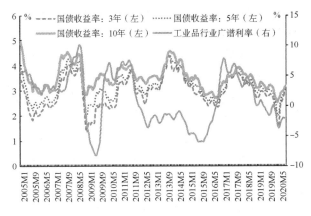

扫描二维码
查看彩色大图

图 2-64　工业品行业广谱利率与国债收益率

用格兰杰因果检验来分析广谱利率与国债收益率之间的关系。广谱利率与国债收益率数据均通过平稳性检验。表 2-22 表明，广谱利率与中长期国债收益率关系较强。这可能是因为中长期国债收益率反映了对经济周期所处阶段的判断和大类资产配置目标，也可能受到企业债发行多为中长期的影响。

表 2-22　国债收益率与广谱利率的格兰杰因果检验结果

工业品行业广谱利率	格兰杰因果检验
3 年期国债收益率	−1.61
5 年期国债收益率	−1.70[*]
10 年期国债收益率	−3.30[***]

注：[***] 和 [*] 分别表示 1% 和 10% 的显著性水平。

（三）基于流动性的固定收益投资时钟

流动性是判断资金供给面的标准，其一方面影响着获取资金的难易程度，另一方面也影响着市场对于无风险利率的判断和风险偏好的水平。中国各种资本品的价格都具有鲜明的资金驱动特征，因此把流动性纳入研究框架具有现实意义。这里选择货币市场工具中交易量最高的 7 天质押式回购利率（R007）的月加权均值来衡量债券市场流动。需要说明的是，虽然广谱利率和流动性指标都是某种资金的价格数据，但广谱利率强调影响企业投资决策的成本，而流动性则强调金融机构用于配置金融资产的资金松紧状况。监管层也会对二者区别对待。如中央银行在 2014 年一季度的货币政策执行报告中表示，"要根据各阶段流动性供求特点合理把握公开市场操作方向、力度和节奏，搭配使用短期流动性调节工具（short-term liquidity operations，SLO）适时适度进行流动性双向调节，实现银行体系流动性的平稳运行"，同时也提出"有效发挥信贷政策支持再贷款的引导作用，支持金融机构扩大'三农'和小微企业信贷投放，包括支农再贷款和支小再贷款，通过优惠利率降低实体经济融资成本"。

图 2-65 反映了流动性指标与 3 年、5 年和 10 年期国债收益率的走势对比。

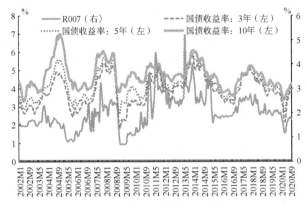

扫描二维码
查看彩色大图

图 2-65　流动性指标（R007）与国债收益率

用格兰杰因果检验来分析流动性与国债收益率之间的关系。流动性和国债收益率数据均通过平稳性检验。表 2-23 表明，国债收益率与流动性的关系密切。这说明流动性对固定收益资产的走势预期有较强引导性。

表 2-23　国债收益率与流动性的格兰杰因果检验结果

七天回购利率	格兰杰因果检验
3 年期国债收益率	12.99 ***
5 年期国债收益率	9.61 ***
10 年期国债收益率	4.52 ***

注：*** 表示 1% 的显著性水平。

结合上述分析可知，当广谱利率处于高位或者有向上趋势时，如果流动性状况比较宽松，此时可以配置债券，但需要回避特定行业的信用风险；如果此时流动性状况也比较差，就应以配置短期货币市场工具为主。

二、库存周期的应用方法

固定收益领域的宏观研究侧重于对经济 3~6 个月走势的判断，而库存周期是经常被运用的基础性工具。

（一）库存周期的概念

库存指为了最终销售而准备的原材料、中间品以及产成品，是一个存量概念，也是企业资产的重要组成部分。从宏观层面来看，库存等于供给减去需求的差额，因此库存周期能反映经济的短期波动。

库存周期是一个量价变化过程，价格和库存量共同决定库存周期，涉及被动去库存、主动补库存、被动补库存和主动去库存四个阶段，分别对应复苏、繁荣、滞胀和衰退四个经济周期，如表2-24所示。具体来讲：①被动去库存通常发生在经济边际转暖时期，需求回升，而企业库存来不及反应，从而随销售增加而被动下降，价格表现为低位企稳回升。②在主动补库存阶段，经济明显转暖，需求上升，价格上涨，企业预计未来有更多需求，于是主动去增加库存。③被动补库存通常发生在经济开始边际变差的时候，需求下降，但企业还来不及收缩生产，销售下滑导致库存被动增加，价格表现为高位回落。④在主动去库存阶段，经济明显变差，需求已确认下降，价格转为下跌，企业预期消极，主动削减库存。

表 2-24　库存周期下的指标变动

库存周期阶段	供给	需求	库存	价格表现
被动去库存	↓	↑	↓	↑
主动补库存	↑	↑	↑	↑
被动补库存	↑	↓	↑	↓
主动去库存	↓	↓	↓	↓

从库存周期与经济增长周期之间的关系来看，二者并非简单的线性关系，而是大致存在以下三种逻辑：①经济增长驱动补库存。库存变化是对需求变化正向且滞后的反馈。需求扩张导致当期经济增速上升，同时激励企业加库存，但由于企业生产计划的调整存在一定黏性，上述反馈可能具有一定的滞后性。②补库存支撑当期经济增长。库存变化是当期需求变化的动因。企业补库存为当期提供额外的需求，从而支撑当期经济增长；去库存则不利于当期需求扩张和经济增长。③当前的补库存透支未来增长空间。当前库存变化是供给变化的原因。假如总需求维持不变，企业当前的补库存恰恰提前透支了未来生产增长的空间；企业去库存则反之。

（二）库存周期的跟踪与应用

对库存周期进行跟踪和判定时需要注意以下三点：

第一，区分名义库存和实际库存的概念及运用场景。投资者经常使用的库存数据"工业企业的产成品存货"是"根据会计'产成品'科目的借方余额填报"的。也就是说，国家统计局公布的"产成品存货累计增长"是一个名义变量，其中包含了工业品价格变动因素，剔除价格变动影响后可以得到真实的工业企业库存。

站在研究经济增长的角度，投资者关心的是库存实际增速。从理论上讲，库存实际增速的回升才真正反映企业的库存回补。一个简单的方法是观察库存名义增速和PPI增速的差值。根据图2-66，在大多数时候，库存的名义增速领先其实际增速1~6个月。这是因为PPI增速通常快于库存的实际增速。在工业品价格刚刚进入新一轮上涨周期时，企业其实并没有开始补库存，只是工业品价格的上涨使得库存的名义增速先于其实际增速出现回升。

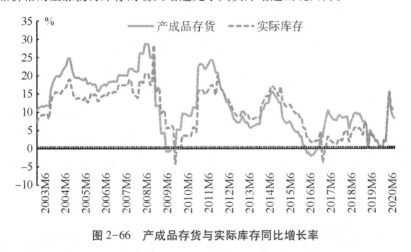

图2-66　产成品存货与实际库存同比增长率

第二，合理运用PMI数据中对库存周期的衡量指标。国家统计局公布的"工业企业产成品存货"虽然是较好的衡量库存周期的数据，但其具有时效性方面的缺点，即某月数据常常于下月末公布，因而在指导投资上存在时滞。对此，可运用PMI的两个分项指标——产成品存货和原材料存货，作为库存周期衡量的辅助观察指标。

需要注意的是，PMI是一个调查指标，其更多体现环比和扩散的概念，而库存周期的衡量更需要体现绝对的、同比的概念，因此可以通过处理将PMI分项指标转换为同比或者移动平均的形式，用以观察绝对的周期位置分位数和相对的边际斜率变化。同时，对原材料库存和产成品库存做差，可以衡量工业企业主动补库存的意愿，作为短期经济活性的辅助判断指标。图2-67反映了PMI产成品库存、原材料库存及二者之差的走势情况。

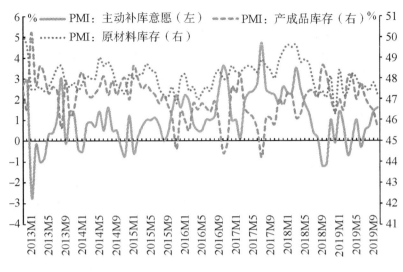

图 2-67　PMI 库存相关指标同比增长率

第三，库存周期作为短期经济活性的衡量指标，其具备均值回归的可运用规律。如前所述，整体库存周期和企业库存行为的衡量可以划分为主动补库存、主动去库存、被动补库存和被动去库存四个阶段。单一行业处于哪个阶段对宏观经济综合判断可参考性很小，更值得关注的是多数行业处于哪个阶段、将会步入哪个阶段。对此，可将每个时期处于四个库存周期阶段的行业数占比进行统计，如图 2-68 所示。

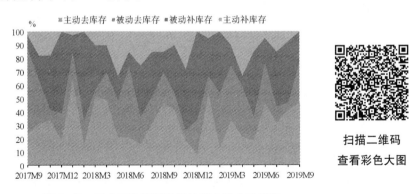

扫描二维码
查看彩色大图

图 2-68　四个库存周期阶段的行业数占比变化

主动去库存和被动补库存对于经济相对偏负面和消极，而主动补库存和被动去库存对于经济则相对偏利好和积极，因此可进一步考察库存积极部分和消极部分占比的变化，如图 2-69 所示。从图中可以看到，库存积极部分和消极部分具备均值回归的可运用规律。

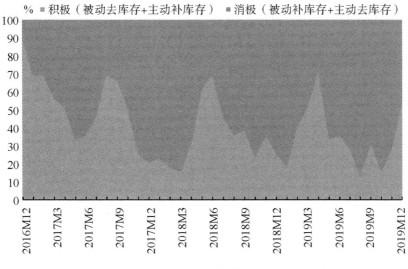

图 2-69　消极和积极库存周期阶段的行业数占比变化

三、股债相对价值的周期性分析

下面立足股票与债券之间相关关系的研究，探讨股债相对价值的变化规律。此处选取 10 年期国开债收益率这一交易和配置均有参与的灵敏指标作为债券市场涨跌的代理变量，选取上证综指（上海证券综合指数）作为股票市场涨跌的代理变量。为避免市场交易的非理性因素影响结论，从日度、月度、年度三个时间维度进行对比分析。

（一）股债相关性的规律

根据图 2-70，股债之间的反向变动关系明显。表 2-25 进一步统计了 2002—2018 年的股债变动情况，可以发现：①股债反向变动的概率多在 50%～60%，占比最高，符合常识中的反向变动规律；②同涨和同跌占比在 25% 左右，说明股债反向也没有常识中那么高频和绝对；③时间维度的长短选择对结论判断影响不大；④运用中债综合净价指数和中债信用债净价指数替代 10 年期国开债收益率衡量债券市场涨跌，基本结论不变，且股债同向变动的比重有所提高。这可能表明，信用债和股票在某些阶段（如信用从紧到宽）的受益逻辑有一致性。

图 2-70 上证综指与 10 年期国开债收益率

表 2-25　股债变动方向的历史回溯　　　　　　单位:%

股债变动方向的历史回溯（以 10 年期国开债收益率衡量债券市场涨跌）			
频度	同涨	同跌	反向
日度	22.1	25.9	52.0
月度	22.7	19.3	58.0
年度	23.5	23.5	52.9
股债变动方向的历史回溯（以中债综合净价指数衡量债券市场涨跌）			
频度	同涨	同跌	反向
日度	25.8	25.6	48.6
月度	23.2	19.3	57.5
年度	29.4	23.5	47.1
股债变动方向的历史回溯（以中债信用债净价指数衡量债券市场涨跌）			
频度	同涨	同跌	反向
日度	25.9	23.8	50.4
月度	29.3	23.8	46.9
年度	16.7	16.7	66.7

表 2-26 进一步统计了月度和年度的股债变动规律。从表中可以发现：

表 2-26 股债月度和年度变动规律

月份	2002	2003	2004	2005	2006	2007	2008	2009	2010	2011	2012	2013	2014	2015	2016	2017	2018	同涨数	同跌数	反向数
1月	反向	同涨	反向	反向	同涨	反向	反向	反向	同跌	同跌	同涨	同涨	反向	反向	反向	反向	反向	4	2	11
2月	同涨	反向	同涨	同涨	同涨	反向	反向	反向	同涨	反向	反向	反向	同涨	同涨	同跌	反向	反向	7	1	9
3月	同涨	反向	同涨	反向	同跌	反向	反向	同涨	反向	反向	同跌	反向	同跌	反向	反向	反向	反向	3	3	11
4月	同涨	反向	同跌	反向	反向	反向	同跌	同涨	反向	同跌	反向	反向	同涨	反向	反向	反向	反向	3	3	11
5月	同涨	同涨	同跌	反向	反向	反向	同跌	同涨	反向	同跌	反向	反向	同涨	反向	同跌	反向	反向	4	4	9
6月	反向	同涨	同涨	同涨	反向	同跌	反向	反向	同跌	反向	同跌	同跌	同涨	反向	同跌	同跌	反向	4	6	7
7月	同涨	同涨	反向	同涨	同涨	同跌	同跌	反向	同跌	反向	反向	反向	同跌	同涨	反向	反向	反向	5	4	8
8月	反向	反向	同涨	反向	同涨	同跌	同涨	反向	反向	反向	同跌	反向	同涨	同跌	反向	反向	反向	4	3	10
9月	反向	同涨	反向	反向	同涨	反向	反向	反向	反向	反向	同跌	反向	反向	反向	反向	反向	反向	2	1	14
10月	反向	同涨	反向	反向	反向	同跌	反向	反向	反向	同涨	同跌	同涨	同涨	反向	同跌	反向	反向	4	3	10
11月	反向	反向	同涨	反向	反向	同涨	同跌	反向	反向	反向	同跌	同跌	反向	同涨	同跌	同涨	同跌	4	5	8
12月	反向	反向	同跌	反向	反向	反向	反向	同涨	反向	反向	同跌	同跌	反向	同涨	反向	同跌	反向	2	4	11
同涨数	3	3	3	3	5	1	2	3	4	1	1	2	7	4	2	1	1			
同跌数	2	3	4	0	2	2	2	0	3	4	5	3	1	0	3	4	1			
反向数	7	6	5	9	5	9	8	9	5	7	6	7	4	8	7	7	10			

第一，从年度视角来看，同涨月数多的年度和同跌月数多的年度很难出现在同一年，多为错位出现。

第二，从月度视角来看，2 月股债同涨的概率最高。这一月度效应可能的原因有：①政策走势不明晰，经济数据尚未公布；②国内外资金的跨年度布局；③银行在一季度的放贷冲动；④春节后资金成本往往会下降。

第三，股债反向变动月数多的年份中，2018 年是一个非常极致的年份，反向变动月数高达 10 个月；其他几个年份为 2005 年、2007 年、2008 年、2009 年和 2015 年。观察发现，股债反向变动出现频率高的年份，多为股票市场或债券市场行情波澜起伏的"趋势市"，同时也多为宏观大年。

第四，图 2-71 反映了各年度内股债反向变动月数及移动平均趋势。从移动平均趋势来看，股债关系分为三个阶段：2004—2009 年，股债反向变动效应有所增强；2010—2013 年，股债反向变动效应明显转弱；2014 年之后，股债反向变动效应呈现增强趋势。图 2-72 展示了 10 年期国开债收益率和上证综指的相关系数及移动平均趋势，同样证实了上述三个阶段。

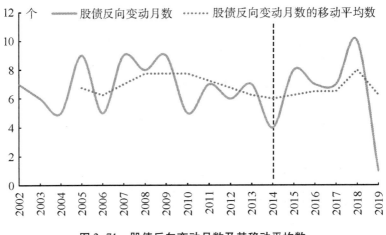

图 2-71　股债反向变动月数及其移动平均数

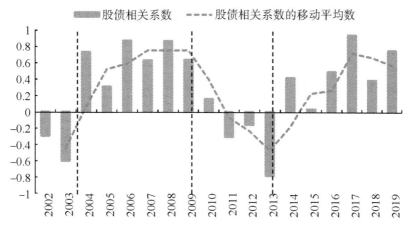

图 2-72 10 年期国开债收益率与上证综指的相关系数

（系数为正代表反向变动）及其移动平均数

上面的统计分析主要是对股债变动方向上的关系进行探究，接下来进一步讨论变动幅度问题。对此，先定义股市涨跌幅在 10% 以上为股票市场大涨大跌，10 年期国开债收益率月度变动 20 BP 以上为债券市场大涨大跌。

根据表 2-27，从股票市场的角度出发，2006 年 4 月—2019 年 2 月，股票市场大涨大跌共有 31 个月；出现股债同向变动（同涨或同跌）的月份有 7 个，占比 23% 左右，而且除 2013 年 6 月外，其余月份均为股债同向大幅变动；反向变动的月份有 24 个，占比 77%，其中有 6 个月股债出现反向大幅变动，其余月份均为国开债收益率小于 20 BP 的反向变动。总结来看：①在股票市场出现大涨大跌时，股债反向占据大概率，且比之前未考虑股票市场大幅涨跌情境时的股债反向概率更大，即股债方向变动效应更为强烈。②在股票市场大涨大跌中，股债反向虽占据大多数，但结构中股债大幅反向的概率相对不高。换句话说，股票市场大幅涨跌时，虽然债券市场很容易出现反向变动，但大幅反向变动的可能性不大。③在股票市场大涨大跌中，股债同向概率较小，但多数为大幅度同向变动，且结构上同涨和同跌的概率相差不大。

表 2-27 股票市场大涨大跌中债券市场表现

时期	上证综指	10 年期国开债 收益率/%	上证综指 变动/%	10 年期国开债 收益率变动/%
2019 年 2 月	2 940.954	3.680 2	13.8	12.5
2016 年 3 月	3 003.915	3.243 6	11.8	6.3

表2-27（续）

时期	上证综指	10年期国开债收益率/%	上证综指变动/%	10年期国开债收益率变动/%
2016年1月	2 737.6	3.104	−22.6	−2.8
2015年10月	3 382.561	3.430 7	10.8	−27.1
2015年8月	3 205.986	3.781 9	−12.5	−17.9
2015年7月	3 663.726	3.961 2	−14.3	−13.1
2015年4月	4 441.655	3.765 6	18.5	−50.0
2015年3月	3 747.899	4.265 5	13.2	60.5
2014年12月	3 234.677	4.092 5	20.6	22.0
2014年11月	2 682.835	3.872 2	10.9	−44.8
2013年6月	1 979.206	4.190 9	−14.0	7.5
2012年12月	2 269.128	4.465 9	14.6	2.1
2010年10月	2 978.835	4.012	12.2	36.4
2009年8月	2 667.745	3.897 4	−21.8	−3.2
2009年7月	3 412.062	3.929 5	15.3	6.4
2009年6月	2 959.362	3.865 1	12.4	12.0
2009年3月	2 373.213	3.783 9	13.9	16.3
2008年10月	1 728.786	3.500 3	−24.6	−93.9
2008年8月	2 397.369	4.97	−13.6	−20.5
2008年6月	2 736.103	5.202 6	−20.3	25.1
2008年3月	3 472.713	4.835	−20.1	−11.5
2008年1月	4 383.393	5.06	−16.7	−5.0
2007年11月	4 871.778	5.05	−18.2	28.5
2007年8月	5 218.825	4.55	16.7	−25.0
2007年7月	4 471.032	4.8	17.0	7.0
2007年4月	3 841.272	3.9	20.6	11.0
2007年3月	3 183.983	3.79	10.5	25.0
2006年12月	2 675.474	3.355	27.4	0.5
2006年11月	2 099.289	3.35	14.2	7.0
2006年5月	1 641.3	3.35	14.0	5.0
2006年4月	1 440.223	3.3	10.9	15.0

从债券市场的角度出发，2006 年 4 月—2019 年 2 月，债券市场大涨大跌共有 55 个月，如表 2-28 所示；出现股债同向变动（同涨或同跌）的月份有 26 个，占比 47% 左右，而且同跌有 10 个月，同涨有 16 个月，股债同涨占比相对更大；股债同向大幅变动的月份有 6 个，占比较小；股债反向变动月份有 29 个，占比 53% 左右，其中只有 6 个月股债出现反向大幅变动。总结来看：①在债券市场大涨大跌中，股债反向和同向的情况基本上各占一半，这与股票市场大幅涨跌时的结论有所不同。②在债券市场出现大涨大跌时，无论股债是同向还是反向变动，股债同时大幅变动的概率都较小。

表 2-28　债券市场大涨大跌中股票市场表现

时期	上证综指	10 年期国开债收益率/%	上证综指变动/%	10 年期国开债收益率变动/%
2018 年 11 月	2 588.188	3.835 6	−0.6	−24.2
2018 年 4 月	3 082.232	4.416 5	−2.7	−22.9
2018 年 2 月	3 259.408	4.813 9	−6.4	−25.5
2018 年 1 月	3 480.833	5.069 3	5.3	24.8
2017 年 11 月	3 317.188	4.815 5	−2.2	32.0
2017 年 10 月	3 393.342	4.495 1	1.3	31.0
2017 年 1 月	3 159.166	3.956 6	1.8	27.6
2016 年 12 月	3 103.637	3.680 5	−4.5	39.4
2015 年 12 月	3 539.182	3.132 2	2.7	−30.4
2015 年 10 月	3 382.561	3.430 7	10.8	−27.1
2015 年 5 月	4 611.744	4.095 5	3.8	33.0
2015 年 4 月	4 441.655	3.765 6	18.5	−50.0
2015 年 3 月	3 747.899	4.265 5	13.2	60.5
2015 年 2 月	3 310.303	3.660 1	3.1	−21.1
2015 年 1 月	3 210.363	3.871	−0.8	−22.2
2014 年 12 月	3 234.677	4.092 5	20.6	22.0
2014 年 11 月	2 682.835	3.872 2	10.9	−44.8
2014 年 10 月	2 420.178	4.319 9	2.4	−37.6
2014 年 9 月	2 363.87	4.696	6.6	−28.7

表2-28(续)

时期	上证综指	10年期国开债收益率/%	上证综指变动/%	10年期国开债收益率变动/%
2014 年 8 月	2 217.2	4.983 1	0.7	−23.0
2014 年 7 月	2 201.562	5.213 3	7.5	25.7
2014 年 5 月	2 039.212	4.991 1	0.6	−42.1
2014 年 4 月	2 026.358	5.411 6	−0.3	−21.9
2014 年 3 月	2 033.306	5.630 7	−1.1	24.9
2014 年 2 月	2 056.302	5.382 1	1.1	−37.6
2013 年 12 月	2 115.978	5.82	−4.7	28.6
2013 年 11 月	2 220.504	5.533 8	3.7	26.7
2013 年 10 月	2 141.614	5.266 8	−1.5	41.7
2013 年 8 月	2 098.382	4.782 8	5.2	37.3
2013 年 7 月	1 993.799	4.409 6	0.7	21.9
2012 年 5 月	2 372.234	4.074 2	−1.0	−31.9
2012 年 2 月	2 428.487	4.180 7	5.9	25.4
2011 年 12 月	2 199.417	3.994 7	−5.7	−23.4
2011 年 10 月	2 468.25	4.410 9	4.6	−31.7
2011 年 7 月	2 701.729	4.885 6	−2.2	27.7
2010 年 11 月	2 820.181	4.355	−5.3	34.3
2010 年 10 月	2 978.835	4.012	12.2	36.4
2009 年 1 月	1 990.657	3.474 1	9.3	29.6
2008 年 10 月	1 728.786	3.500 3	−24.6	−93.9
2008 年 9 月	2 293.784	4.439 5	−4.3	−53.1
2008 年 8 月	2 397.369	4.97	−13.6	−20.5
2008 年 6 月	2 736.103	5.202 6	−20.3	25.1
2007 年 11 月	4 871.778	5.05	−18.2	28.5
2007 年 8 月	5 218.825	4.55	16.7	−25.0
2007 年 6 月	3 820.703	4.73	−7.0	56.5
2007 年 5 月	4 109.654	4.165	7.0	26.5

表2-28(续)

时期	上证综指	10年期国开债收益率/%	上证综指变动/%	10年期国开债收益率变动/%
2007年3月	3 183.983	3.79	10.5	25.0
2006年9月	1 752.424	3.33	5.7	−41.6
2006年6月	1 672.211	3.665	1.9	31.5
2006年1月	1 258.046	3.130 6	8.4	−30.2
2005年12月	1 161.057	3.433	5.6	25.0
2005年9月	1 155.614	3.299 6	−0.6	−32.1
2005年6月	1 080.938	3.525	1.9	−37.7
2005年4月	1 159.146	4.031 9	−1.9	−28.3
2005年2月	1 306.003	4.460 8	9.6	−30.7

从"股债双牛"的视角出发，历史上共有15次股票市场和债券市场同时大幅上涨，平均持续时间为79天，上证综指平均涨幅为14.68%，10年期国开债收益率平均下行幅度为29 BP。据此，"股债双牛"行情中股票市场涨幅和收益程度强于债券市场。从表2-29给出的年度股债同涨情况看，2006年、2014年、2015年和2019年四个股债同涨的年份中，上证综指涨幅均大于10年期国开债收益率，与上述结论一致。因此，若出现股债同涨局面，配置股票的收益空间大概率大于债券。

表2-29　股债同涨年份二者涨幅情况

年份	上证综指	10年期国开债收益率/%	上证综指变动/%	10年期国开债收益率变动/%
2019	3 021.751	3.623 1	21.2	0.5
2015	3 539.182	3.132 2	9.4	23.5
2014	3 234.677	4.092 5	52.9	29.7
2006	2 675.474	3.355	130.4	2.3

（二）股债相关性的阶段变化特征

之前的内容指出，股债相关性方向和幅度在时间上可分为三阶段：2004—2009年，股债反向变动效应呈增强趋势；2010—2014年，股债反向变动效应明显转弱；2014年之后，股债反向变动效应又呈增强趋势。下面对上述现象进行分析。

1. 2004—2009 年：美林时钟定义下的经济周期高波动

2004 年，美林证券利用超过 30 年的数据统计发现，经济周期和资产配置、行业轮动之间存在一定关系，并将这一结论归纳为投资时钟理论①，如图 2-73 所示。该规律对于 2010 年前的中国同样适用。这主要是因为，投资时钟逻辑下股债轮动的规律建立在基本面（经济增长与通货膨胀）周期性波动的基础上，而经济周期性波动是驱动股债轮动的主导性力量。

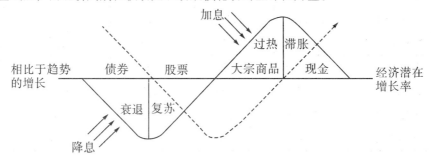

图 2-73　美林时钟理论

具体来讲，2010 年之前，中国经济在房地产和出口双轮驱动下，呈现较为明显的周期性波动，而中国逆周期的宏观调控政策则放大了这种周期性。根据图 2-74，2007—2009 年，经济增长与通货膨胀周期性波动明显，基本面的周期性力量成为股债轮动的主导因素，因而对应的股债反向变动效应也十分明显，债券收益率和股指相关性呈现正向和增加趋势。

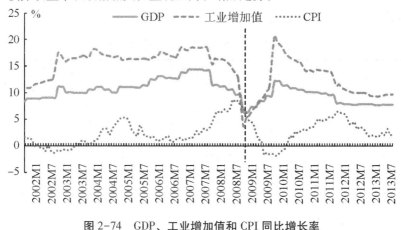

图 2-74　GDP、工业增加值和 CPI 同比增长率

①　CREETHAM T，HARTNETT M. The investment clock：Making money from macro［R］. Merrill Lynch Special Report，2004.

事实上，美林时钟理论在中国的适用性还可以用股票、债券、商品三者之间的关系进行表征，如表2-30所示。由于中国经济主要由投资驱动，因此经济上行过程中工业品最早受益，而上市公司盈利的改善略滞后，股票市场和商品市场在过热和复苏阶段的相对表现和美国美林时钟下的出现次序不同。不过，二者的正负方向大多是一致的，与债券市场分别的相关关系也具备类似特征。

表2-30 中国股票、债券、商品三者之间的相关系数 单位:%

年份	股债相关系数	股商相关系数	债商相关系数
2004	−66.1	−45.2	67.1
2005	69.5	−50.1	−88.2
2006	29.0	28.9	51.1
2007	86.6	50.0	41.0
2008	65.4	55.4	96.7
2009	86.2	90.9	86.6
2010	60.3	78.5	87.8
2011	28.7	84.8	74.9
2012	−30.9	60.7	9.8
2013	−19.4	78.4	−25.1
2014	−78.6	−75.3	90.3
2015	44.8	39.5	67.7
2016	15.2	74.0	42.5
2017	45.9	63.4	23.8
2018	94.2	−36.9	−21.0
2019	81.2	78.8	65.7

2. 2010—2014年：转型期经济、政策对股债影响的新变化

根据图2-75，2010年开始，股债相关性开始走弱，并且2012—2014年二者反向变动效应逆转为同向相关（同涨或同跌）。举例来看，2010年10月—2011年8月，经济处于滞胀阶段，出现了较为明显的"股债双熊"局面，而且持续时间长达11个月；2012年下半年，经济处于增长与通货膨胀双降的衰退阶段，股债同跌持续了近6个月；2013年5—10月，经济与通货膨胀皆在低位波动，也出现了一段股债持续同跌的情况。

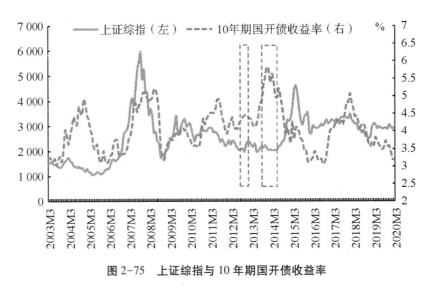

图 2-75　上证综指与 10 年期国开债收益率

2010 年以来，股债反向变动效应明显减弱，这与转型期中国经济和资本市场的结构性变化有密切的联系。

第一，经济基本面的周期性波动力量被削弱，撬动股债反向的基本面力量弱化。以 2010 年的房地产调控为标志，中国经济步入转型期，原有的经济驱动力即房地产和出口开始出现增速放缓、动能不足的局面，人口红利逐渐消失，潜在经济增速下行。特别是 2012 年三季度 GDP 增速触底后，经济基本面进入了弱周期波动期，经济增速在 7%~8% 的区间波动，通货膨胀在 2%~3% 的区间波动。经济弱周期波动的结果是市场对于基本面周期性变化的认识相对稳定，主导股债轮动的基本面周期性力量被削弱。相应地，市场预期与市场情绪变化、资金面以及结构性、政策性等其他因素对股票和债券市场的影响变大。从这一角度看，美林时钟指示效用减弱的原因在于，没有考虑风险偏好或投资者要求的风险溢价问题；但在分析大类资产配置时，风险偏好却是一个重要考量因素，即使经济基本面没有发生根本改变，其也会被市场情绪、短期政策性事件等驱动。

第二，转型期更容易出现滞胀局面，进而造成"股债双熊"。2010 年后，中国经历的是转型期衰退而非简单的周期性衰退。在转型期衰退中，尽管实际经济增速下滑，但是由于潜在增长率已经同时下行，通货膨胀不会像实际经济增速下行得那样快（通货膨胀压力表现为潜在和实际经济增长的缺口）。特别是考虑到转型时期劳动力价格、资源品价格等出现结构性上涨的趋势，通货膨胀中枢反而是提升的。事实上，韩国、中国台湾等地在转型前后都出现了地区生产总值中枢下行，通货膨胀中枢上行的情况。从这个角度看，转型类衰退的形态更类似滞胀，容易出现"股债双熊"局面。

表2-30反映的股票、债券、商品三者相关系数在2010—2014年的变化也可作为验证。2013年债券市场面临大熊市。2013年6月，国务院、中央银行传达了商业银行加强流动性管理的要求，改变宽松预期的信号导致市场出现"钱荒"。在"钱荒"政策调控的影响下债券市场大跌，但同年经济也处在下行通道中，因此股票市场和商品市场也出现下跌。2013年，股票市场和商品市场变动幅度和趋势一致，相关性较强，但与债券市场的相关性均较弱。2014年经济基本面不断下行，债券市场运行逻辑重归基本面出现大牛市，同时其在资本市场一系列的改革中奠定走牛根基，并受益于"杠杆交易"的助推力；但同年商品市场大幅下跌，因此2014年股债同涨，而股商和债商均出现反向行情，股商之间基于基本面的传统逻辑被打破。

3. 2014年之后：名义增长周期波动的再加大

根据图2-76，2014年之后，实际GDP增速虽然处在平稳的下行区间，但名义GDP的波动幅度明显增大，与此同时微观层面企业盈利的波动幅度也较前期有所增大。具体来看，2015年中国经济指标全面下行，投资增速出现显著下降，出口和工业企业利润出现1999年以来首次负增长，PPI通货紧缩形势严峻（如图2-77所示）；在产能过剩、油价暴跌、出口萎缩的背景下，经济的名义增速压力增大明显。2016年中国工业品通货紧缩在供给侧改革下结束，名义增速开始回升，工业企业利润也明显增加，但经济需求项中无论投资、消费还是出口都仍未出现明显改善。2017年中国经济呈现"韧性"但无"弹性"的"L"形特征，但供给侧改革背景下上游企业利润大幅攀升（如图2-78所示），名义增速抬升明显；在重点防控金融风险的大背景下，2017年金融市场"去杠杆"持续推进。2018年严监管政策从制定走向落实阶段，实体融资需求持续收缩，融资对经济下行传导链条持续，PPI增速先上后下，对名义经济增长的拖累显现（如图2-77所示）。

从股票、债券、商品三者关系来看，2014年之后股债二者的反向相关关系又逐渐展现和提升，并在2018年达到极致；股商关系也处在上行的正相关区间，2018年的负相关主要是由于股票市场走出熊市趋势而商品市场出现震荡市；债商反向变动关系的紧密性有所减弱，或表明在商品供需定价中总量需求的定价因素影响有所减弱，供给结构分配的政策定价因素影响则在提升，而与债券市场更相关的是总需求变动。2019年至今，出现了较之前周期都较为不同的特征，即股票市场、商品市场大幅波动而债券市场低波动。有类似行情表现的年份是2006年和2011年，这两年都对应"类滞胀"的基本面背景。

图 2-76　实际 GDP 和名义 GDP 增速

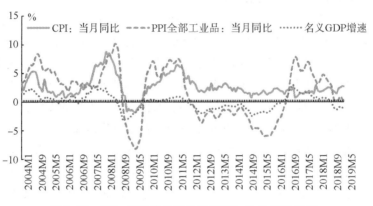

图 2-77　CPI、PPI 当月同比增长率与名义 GDP 增速

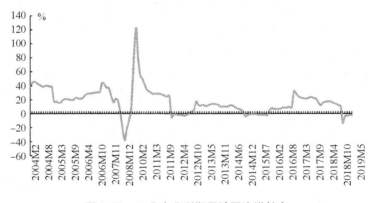

图 2-78　工业企业利润累计同比增长率

总结来看，伴随着中国经济发展的进程，从"经济周期性高波动阶段"到"转型期经济降速阶段"再到"总量宏观低波动而名义微观波动增大阶段"的变动演绎中，股债相关关系决定因素和权重在时间维度上发生着变化。接下来对股债反向效应涉及的一些重要关系进行分析。

（三）股债反向和房地产投资的关系

中国经济周期多由投资驱动，而房地产投资又是投资中的重要一环，因此可以考察房地产投资和股债反向效应的相关关系。图2-79、图2-80分别反映了房地产投资增速与上证综指、10年期国债收益率的走势情况。总结来看：

第一，房地产投资从底部反弹的前期阶段，多伴随着"股牛债熊"的反向关系。这可能是因为房地产投资的底部回升多源于政策稳增长趋向的发力，同时融资需求也在回暖。2006年股牛债震荡，2009年股大牛债大熊，2012年下半年股牛债震荡熊，2016年上半年股牛债震荡熊，基本无一例外。值得注意的是，在底部反弹的上升过程中，股债和房地产投资的关系并不完全一致。例如，从2016年全年来看，股票和房地产投资的关系出现例外，这是由于房地产投资受三四线城市棚户区改造的结构特征影响，也受到国内两次熔断和国外特朗普当选总统、英国脱欧等风险因素影响，整体指数走平。又例如，2018年债券市场、股票市场和房地产投资的关系均出现例外，这是因为融资下行并非主要由于房地产景气度的大幅下降，股票市场下跌也受到风险偏好持续下行的负面影响。

第二，房地产投资从顶部回落的阶段，股票市场和房地产投资关系在2014年之前正相关性较强，但之后反向或不相关性的特征体现愈发明显。债券市场和房地产投资的关系在房地产投资顶部回落的初始阶段相关性不大，而在房地产投资加速回落的阶段正相关性较强，这是因为在房地产投资加速回落过程中，其链条对其他经济主体的负向拖累较强，带动融资需求的加速回落，从而利好债券市场。对比2010年和2011年，2013年和2014年二者走势可以看出这一点。

图 2-79 房地产投资同比增长率与上证综指

图 2-80 房地投资同比增长率与 10 年期国债收益率

（四）股债反向和信用周期的关系

债券资产与经济基本面一直息息相关，但伴随着基本面周期性波动的弱化，债券市场虽未曾脱离基本面，但基本面之于债券市场的关系转为间接且内在机制发生变化。这一观察对于股票资产也同样适用。下面用社会融资规模增速衡量信用周期，进而分析股债关系和信用周期的规律。

根据图 2-81，若不考虑震荡市行情，股债反向关系较为明显的年份总结如下：

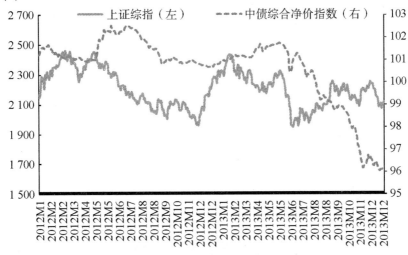

图 2-81　上证综指与中债综合净价指数

第一，股涨债跌的 2007 年、2009 年和 2017 年三年。根据图 2-82，这三年均出现了融资增速的恢复和上行。不过，2012 年上半年到 2013 年下半年的融资上行中并未出现明显的股涨债跌，或因该阶段正处在股债相关性转弱的经济转型期内。这也表明信用周期上行是股涨债跌的必要不充分条件。

图 2-82　股涨债跌的信用周期

第二，股跌债涨的 2005 年、2008 年和 2018 年三年。根据图 2-83，这三年均出现了融资增速的下行。不过，2010 年、2011 年、2013 年、2014 年这四年同样为信用周期的下行区间，却并未出现明显的股跌债涨，或因该阶段同样出现在股债相关性转弱的经济转型期内。这表明信用周期下行是股跌债涨的必要不充分条件。

图 2-83　股跌债涨的信用周期

总结来看，信用周期的上行或下行是股债反向关系的必要不充分条件，即股债的反向往往伴随着信用周期的趋势性变化，但信用周期的趋势性变化并不和股债的反向变动表现一一对应，流动性、风险偏好等因素也会对股票和债券资产表现以及二者的关系产生影响。

（五）股债同向和货币周期的关系

用银行间市场 7 天回购利率月均值衡量货币周期，考察股债资产和货币周期的关系。图 2-84 反映，无论是周期长度还是拐点位置，债券收益率变动和货币周期变动非常一致。而图 2-85 反映，股票指数变动和货币周期并不一一对应。这表明，对于单个资产表现而言，货币周期对债券的影响和重要性要强于股票。

从股债关系的角度来看，2014 年、2015 年和 2019 年至今均出现了股债同涨，而这三个阶段都伴随货币周期的放松；2010 年、2013 年、2016 年均出现股债同跌，而这三个阶段都伴随货币政策的收紧。由此可见，股债同向变化大概率对应货币周期较为明显的收紧或放松。

总结来看，货币政策较为明显收紧或放松是股债同向关系的必要不充分条件。

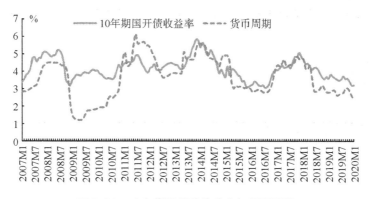

图 2-84   10 年期国开债收益率与货币周期

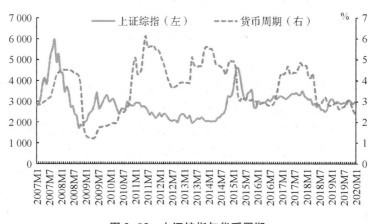

图 2-85   上证综指与货币周期

（六）股债同向和货币供需缺口的关系

在以往研究中，通常以 M2 粗略代表货币体系派生出的"货币供给"，而用社会融资粗略代表实体经济产生的"货币需求"，因此二者增速之差可以作为对货币供需缺口状况的衡量。

在货币供需缺口的视角下，可以对 2010—2014 年这一经济转型期中股债反向相关关系的减弱做出一定解释。从图 2-86 中可以看出，2010—2015 年，整体货币供需缺口呈现上升趋势，尤其是 2010—2012 年、2013—2015 年这两段时期均出现了信用周期下行趋势中股跌债涨关系不显著特征。流动性和货币供需缺口的助力在一定程度上改变了股债的反向相关关系，弱化了经济基本面和信用周期对股债资产表现的影响，流动性的要素权重有所上升。而 2015 年之后，货币供需缺口顶部开始逐渐下行，经济基本面和信用周期的要素权重再次提升，在此共同因素影响下的股债表现再度出现负相关性的加强趋势。

总结来看，货币供需缺口越大，股债负相关关系越弱，这与前面的结论一致。

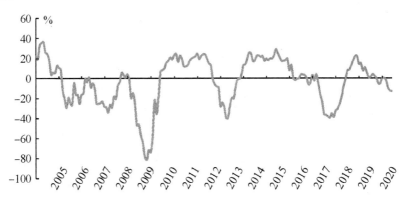

图 2-86　货币供需缺口

（七）股债同向和 M1 增速的关系

根据图 2-87，从 M1 增速和货币周期的关系来看，M1 增速的顶底变化往往领先于货币周期变化，但领先时长较多，且变动幅度一致性不强。根据图 2-88，从 M1 增速和信用周期的关系来看，M1 增速和信用周期的顶底变化相对一致；2014 年之前 M1 增速和信用周期存在着一个相对稳定的同步变动关系，但 2014 年之后二者的裂口迅速扩大，这或与杠杆的大幅抬升相关。

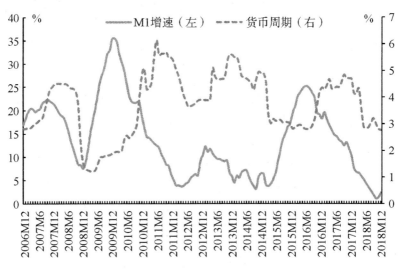

图 2-87　M1 增速与货币周期

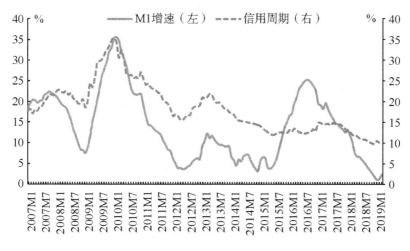

图 2-88　M1 增速与信用周期

根据图 2-89，M1 增速的见底回升往往小幅领先于股票市场的见底回升；每一轮股票市场回升的大行情前，M1 增速的大底部都会率先到来。不过，根据图 2-90，M1 增速和债券市场的变动关系不明显，顶部和底部的 M1 增速具备领先性，但领先时间过长；幅度上指示意义也不明显。这是因为债券市场还是更多由货币周期决定的。

总结来看，对单个资产而言，M1 增速对股票市场的影响强于对债券市场的影响，与信用周期的一致性强于其与货币周期的关系。

图 2-89　上证综指与 M1 增速

图 2-90　M1 增速与 10 年期国开债收益率

既然货币周期对股债的影响同时存在，而 M1 增速对股票的影响要强于对债券的影响，那么可以考察 M1 增速与货币周期的差值变化下股债关系是否存在共性规律。

从图 2-91 中看到，2010 年开始 M1 增速与货币周期之差呈现陡峭下行，2012—2015 年二者差值的波幅维持低位，2015—2017 年二者差值迅速上行，又在 2017 年之后走向下行区间，目前处在历史低位。据此，M1 增速与货币周期之差处在低位区间时，股债更易出现反向关系的弱化和同向关系的发生。

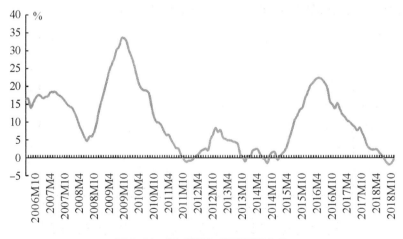

图 2-91　M1 增速与货币周期之差

M1 增速与货币周期之差的走势大部分可由政府、企业和住户杠杆周期解释。根据图 2-92，2010 年之前尤其是 2009 年实体企业加杠杆，带动实体企业活期存款增多，从而驱动经济周期走强和股债反向变动。2015年之后更多是居民和政府加杠杆，带动房地产企业活期存款增多。虽然这对实体经济的影响比重有所减弱，但在经济脱实向虚的过程中，资产轮动加快，股债反向变动效应增强。

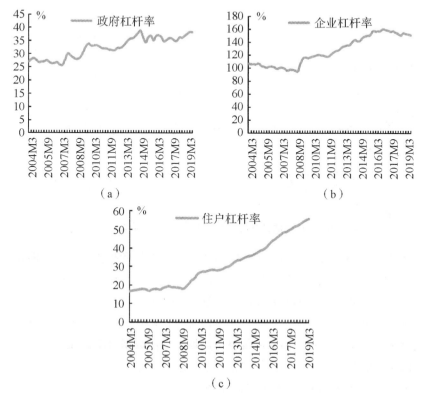

图2-92　政府、企业和住户杠杆率

四、利率中枢走势决定因素探讨[①]

投资者习惯将经济增速作为判断利率走势的依据。这种做法在短期来看无可厚非，但对于"经济增速与利率的关系究竟如何""真正决定利率走势的宏观因素是什么"等问题的探讨似乎尚有不足。

根据图2-93，通过HP滤波法测算的10年期美债收益率中枢与经济增速在长期内确实呈现正相关关系，但是这种关系又是不稳定的。10年期美债收益率中枢与名义GDP增速的曲线相对位置在不同的历史时期呈现阶段性的变

---

① 该部分已发表于《债券》2021年第5期。

化。将 10 年期美债收益率的中枢与名义 GDP 增速轧差，可得到二者的缺口。该缺口在 20 世纪 70 年代末之前长期为负，自 1980 年开始由负转正，美债收益率中枢在 2.7% 左右；20 世纪 90 年代开始，缺口围绕零上下波动；近十年又回到了负值区间。

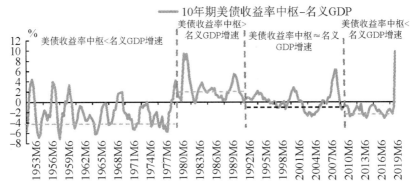

图 2-93 10 年期美债收益率中枢与名义 GDP 增速的缺口

利率中枢与名义 GDP 增速的缺口呈现系统性收缩和扩张的原因可能在于：名义利率并不是由经济增长直接决定的，而是由实体经济的名义资本回报率所决定的。名义资本回报率和名义经济增速由不同的经济结构因素所决定，导致名义利率中枢与经济增速发生阶段性的背离。下文将在理论上分析这两种经济变量的内涵差异，并用美国国债收益率周期波动的数据对理论探讨加以佐证，进而沿用相同的框架对中国国债收益率数据进行分析。

（一）利率与经济增长率的内涵差异

根据新古典理论，真实利率由实际经济活动决定，贴现率决定了储蓄水平，投资回报率决定了投资水平，而储蓄与投资的均衡则决定利率。当通货膨胀在中央银行控制下保持稳定时，名义利率中枢稳定在与实体经济的名义资本回报率相匹配的水平。从理论上看，名义利率并不是由名义 GDP 增速直接决定的，根据 GDP 增速来推断名义利率没有严格的理论支撑。

下面通过一个简单的索洛模型的推导，来说明资本回报率与名义经济增速的区别。假设生产函数为规模报酬不变的柯布-道格拉斯函数。若 K 表示资本，L 表示劳动力，A 表示劳动增进型技术进步，α 是资本收入份额，s 表示储蓄率，δ 表示折旧率，n 表示人口增速，g 表示技术进步速度，则产出 $Y = K^{\alpha}(AL)^{1-\alpha}$。对产出 Y 求资本 K 的偏导可以得到资本的边际产出为

$$r = \frac{\partial Y}{\partial K} = A^{1-\alpha} K^{\alpha-1} L^{1-\alpha} = A^{1-\alpha} k^{\alpha-1}$$

在稳态状态下，资本增量为零，即 $sY = (n + g + \delta)K$。

根据产出函数和稳态方程可得 $sK^{\alpha}(AL)^{1-\alpha} = (n + g + \delta)K$。

人均资本存量为

$$k = \frac{K}{L} = \left(\frac{sA^{1-\alpha}}{n + g + \delta}\right)^{\frac{1}{1-\alpha}}$$

资本回报率即资本的边际产出为 $r = A^{1-\alpha}k^{\alpha-1} = \dfrac{\alpha(n + g + \delta)}{s}$。

真实经济增速为 $\dfrac{\Delta Y}{Y} = n + g$。

纳入通货膨胀因素 π 后，名义资本回报率为 $r = \dfrac{\alpha(n + g + \delta)}{s} + \pi$。

名义经济增速为 $\dfrac{\Delta Y_t}{Y_{t-1}} = n + g + \pi$。

根据上述模型，可知：①名义资本回报率为 $\alpha(n + g + \delta)/s + \pi$，而名义经济增速为 $n + g + \pi$；②资本回报率和经济增速都与劳动力增速、技术进步增速成正比；③资本回报率还和资本收入份额成正比，和储蓄率成反比。

（二）资本回报率是更重要的驱动因素

在孙文凯[①]测算的实际资本回报率的基础上纳入通货膨胀水平，并对 2010 年后的时期进行线性外推，可得到美国名义资本回报率。图 2-94 将美国的名义资本回报率与 10 年期美债收益率中枢、名义 GDP 增速对应到不同的时间段。可以发现：20 世纪 90 年代后，在利率的下行长周期中，名义资本回报率下降的时期，10 年期美债收益率中枢的降幅高于名义 GDP 增速的降幅，导致缺口系统性收缩；名义资本回报率较高的时期，10 年期美债收益率中枢的降幅低于名义 GDP 增速的降幅，缺口相对扩张。20 世纪 90 年代后，10 年期美债收益率中枢与名义资本回报率的轧差相对稳定，在 4%~5%，而 10 年期美债收益率中枢与名义 GDP 增速的缺口却大幅波动。例如，名义 GDP 增速从金融危机前的零附近下行至危机后的-1.6% 左右。与资本回报率意义更加接近的贷款利率中枢与名义资本回报率的走势则非常接近。

名义资本回报率的驱动因素最重要的是技术进步速度、资本收入份额和储蓄率。以 20 世纪 90 年代为例，由于信息技术进步和自动化程度提高，美国全要素生产率中枢从 20 世纪 80 年代的 0.9% 左右上升至 20 世纪 90 年代的 1.4%

---

① 孙文凯,肖耿,杨秀科. 资本回报率对投资率的影响：中美日对比研究 [J]. 世界经济, 2010, 33 (6)：3-24.

左右。同时，高新技术行业在国民收入中的份额提升，传统制造业的收入份额下降，加上企业的议价能力增强，导致劳动收入份额降低、资本收入份额上升，这与技术进步共同推动了名义资本回报率中枢从9.5%回升至10.5%。除此以外，储蓄率影响名义资本回报率的逻辑在于，储蓄率上升意味着实体经济中的资金供给增加，资金价格下降，此时企业将会扩大投资，资本边际回报递减，进而造成名义资本回报率下降。美国储蓄率长期在20%上下，但金融危机后储蓄率明显回升。

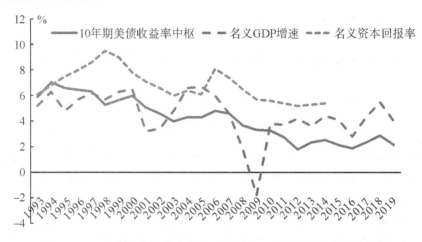

图 2-94　10 年期美债收益率中枢、名义 GDP 增速和名义资本回报率

名义资本回报率与名义 GDP 增速的驱动因素有所差异，除了共同的影响因素——技术进步速度、劳动力增速和通货膨胀水平以外，名义资本回报率还受到资本收入份额和储蓄率的影响。名义利率是由名义资本回报率决定的，因此 10 年期美债收益率中枢与名义 GDP 增速会出现阶段性的背离。

（三）海外资本流动与货币政策框架变化对美债中枢的影响

在后危机时代，美国名义资本回报率虽有下行趋势，但境外资金流入也是 10 年期美债收益率中枢下移的重要原因，导致其与名义 GDP 增速的缺口持续为负。

在开放经济体中，美国可以利用的储蓄受到国际资本流动的影响，海外资金购买美国国债为美国经济提供了一种低成本的融资。如果将名义资本回报率公式中的储蓄率理解为广义储蓄率，美国可以利用的海外资本增加相当于是海外储蓄率上升，导致 10 年期美债收益率中枢下移。海外投资者在美国国债投资者中占比最高，约 33%，持有美国国债最多的是中国和日本。海外中央银行最初持有美国国债与美元体系有关。美国长期维持着经常账户的逆差和资本账户的顺差，而美元体系外围的其他国家，尤其是中国和石油出口国，一般具有经常账户顺差和资本账户逆差。这些国家通过与美国的商品服务贸易获得美元，形成其美元外汇储备，其中一部分又投资于美国国债等美元计价金融产品，流回了美国。

在美元回流机制下，海外中央银行增持、减持美债的行为在一定程度上取决于美元外汇储备的规模。当全球贸易活跃度高、美元外汇储备扩张的时候，海外中央银行就有可能增持美国国债，且以中长期品种为主，使得 10 年期美债收益率中枢下行。2000 年至今，在外国投资者持有美国国债总体持续上升的阶段，10 年期美债收益率的中枢出现了明显的下行趋势。在控制美联储量化宽松购买的美国中长期国债增量的影响后，境外资金增持美国国债数量每增加 230 亿美元时，10 年期美债收益率中枢大约下行 1 BP。

不过，美元的回流机制和外资的流入并非一直持续的。自 2015 年以来，海外中央银行对美国长期国债是净卖出的状态。2020 年的新冠肺炎疫情对全球产业链造成巨大的冲击。从长期来看，贸易摩擦和逆全球化不断加剧，美国贸易逆差可能收窄，从而减少美国对全球的美元输出，降低全球的美元外汇储备。国际货币体系面临调整，美元回流机制可能被打破，境外资金持有美国国债的动机可能下降，10 年期美债收益率的中枢可能有上行压力。此时，中国则面临着弥补全球安全资产的缺口、进一步推进人民币国际化的机会。

货币政策框架的变化也是影响 10 年期美债收益率中枢的重要原因之一。根据图 2-95，名义资本回报率的变化并不适用于解释 20 世纪 70~80 年代 10 年期美债收益率中枢及其与名义 GDP 增速缺口的变化。由于假设了当通货膨胀率在中央银行控制下保持稳定时，名义利率中枢稳定在与名义资本回报率相匹配的水平，因此名义资本回报率的解释并不适用于 20 世纪 70 年代。彼时受到高通货膨胀率的影响，名义利率和名义 GDP 增速大幅波动，但名义资本回报率稳定在 6%~12%。另外，名义资本回报率的变化也不能解释 20 世纪 80 年代 10 年期美债收益率中枢与名义 GDP 增速的缺口长期为正的现象，这背后有美联储货币政策变化的原因。

20 世纪 70 年代前后，美国经历了三轮严重的滞胀。CPI 同比增长率在 1968—1983 年持续震荡上行。20 世纪 70 年代早期和中期，由于一些错误的货币政策，美国未能成功控制住通货膨胀。尼克松政府实施了紧缩财政政策和紧缩货币政策，但由于 1968—1970 年经济下滑过快，其在 1971 年放弃了紧缩财政政策，转向通货膨胀推动政策。美联储受制于政府，实行低利率。福特政府将 M1 年增速长期与预期的经济增速挂钩，但 M2 增速远高于 M1 增速，控制

M1增速的做法实际上失效了。1979年，卡特政府任命保罗·沃尔克为美联储主席。此后美联储采取了强硬的紧缩货币政策，以通过收缩货币供应量、提高利率来遏制通货膨胀，引发了经济衰退。1980年，卡特总统出于竞选连任需要，取消了一些限制信贷的措施，同时大量增加货币供应量，导致通货膨胀再次回升至10%以上。而接下来的里根政府给予了美联储较大的决策独立性，使其得以继续实施紧缩的货币政策。美联储在1981年6月将联邦基金利率从1979年的平均11.2%提升至20%。1982年通货膨胀明显下降，货币政策的效果非常显著。1982年下半年，美联储重新开始重视利率的直接调整。即便是1984年经济开始复苏后，美联储仍然保持着紧缩货币政策，抑制经济过热和通货膨胀风险。货币政策随着经济增长的波动，时而放松、时而紧缩，但利率总体上维持在较高水平。高利率的货币政策一方面让10年期美债收益率中枢水平较高，另一方面也拖累了经济复苏，导致10年期美债收益率中枢与名义GDP增速的缺口长期为正。

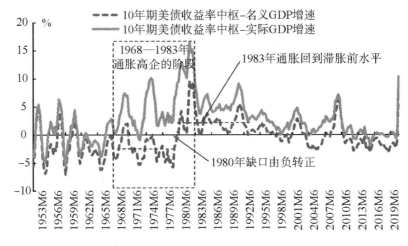

图2-95　10年期美债收益率中枢与名义GDP增速、实际GDP增速的缺口

（四）赶超型经济体利率长期低位运行的原因

与10年期美国国债收益率不同的是，中国10年期国债收益率始终呈现箱体震荡的格局，中枢稳定在2.5%～4.5%，低于实体经济的名义资本回报率，远低于名义经济增速的中枢。中国10年期国债收益率中枢与名义GDP增速的缺口长期为负。2002—2012年，缺口在-12%左右；2013—2019年，缺口绝对值明显减小，约为-5.5%。

从长期来看，中国名义GDP增速和名义资本回报率很高而利率中枢却持续低位运行，这与中国早期的赶超型发展模式有关。索洛模型的结论是稳态下的，但实际上在经济发展的初期，特别是 2012 年前，中国资本形成速度非常快，名义经济增速的公式应被修正为

$$\frac{\Delta Y_t}{Y_{t-1}} = n + g + \frac{\Delta K_t^{ex}}{\Delta Y_t} + \pi$$

在经济发展的初期，大量的资本形成会推动名义经济增速上行到较高水平，但是同时也会压低资本收入份额 α，从而压低名义资本回报率 r，造成了名义经济增速、名义资本回报率与利率中枢之间的巨大差异。2013 年后，中国 10 年期国债收益率中枢与名义 GDP 增速的缺口的绝对值明显减小。但相较于名义 GDP 增速而言，中国 10 年期国债收益率中枢与名义资本回报率仍然偏低，提升名义资本回报率仍需通过收入分配降低储蓄率，或提升全要素生产率。

经济发展的初期，政府融资需求也可能会造成较大的信用利差，压低无风险利率。彼时很大一部分融资是政府融资，如国债和政策性金融债的发行。而政府融资后，投资扩大，资本存量快速积累，造成资本边际产出递减，压低名义资本回报率。此外，政府债务大量增加，也不能承受太高的利率。根据何青等[1]的研究，过多无效投资会抬高社会利率的水平，扩大信用利差。2013 年后，随着资本形成增速的减慢，信用利差呈现下行趋势。

（五）中国未来十年利率中枢走势分析

中国未来十年资本存量不会再像金融危机前一样快速积累。若将名义 GDP 的增速重新定义为索洛模型下的 $n + g + \pi$，随着未来经济增长方式的转变，人均资本增速将大幅趋缓，这理论上会带来名义资本回报率上行压力。由于利率是由名义资本回报率所决定的，名义 GDP 增速的下行不一定会带来名义利率的下行，至少利率的下行幅度将小于名义 GDP 增速的降幅。对此，不能仅凭名义 GDP 增速下行就断言名义利率一定下行。

不过，境外资金流入可能会带来中枢小幅下行的压力。2018 年后，海外投资者对中国国债的增持节奏明显加快。目前，在其他国家货币政策非常规宽松的情况下，中国的正利率让人民币资产的吸引力大大增强。未来欧美经济存在较大不确定性，主权基金对人民币债券的避险需求也有望提升。随着人民币国际化水平提升，人民币或将出现与美元类似的回流机制，即通过商品服务贸

---

① 何青，张策，田昕明．中国工业企业无利润扩张之谜［J］．经济理论与经济管理，2016（7）：58-70．

易输出的人民币，通过金融市场投资回流到国内。此时外资持有中国国债可能也会受到外汇储备规模的影响，外资流入可能压低中国 10 年期国债收益率的中枢，并加剧债券市场的波动。按照美国的经验估算，在未来 10 年内，境外资金持续流入可能拉动中国 10 年期国债收益率中枢 10 BP 以上的下行。

根据索洛模型推断的名义资本回报率计算公式，预计未来 10 年后中国实体经济名义资本回报率约为 6.3%。从历史数据来看，2013 年后资本回报率与名义利率中枢之差处于略高于 3% 的水平，预计其未来保持稳定。结合外资流入对中国 10 年期国债收益率中枢带来的下行压力，预计未来 10 年中国 10 年期国债收益率中枢大约在 2.8%。而名义 GDP 增速在 10 年后预计下行至 5%，中国 10 年期国债收益率中枢与名义 GDP 增速的缺口在 -2.2% 左右，缺口继续扩张。

第六节　小结

我们一直在思考什么样的宏观研究适用于固定收益投资。一个重要的共识是，固定收益投资中的宏观研究需要有相对稳定的观察和交叉验证体系。一方面，研究体系的稳定性可以降低投资者在使用研究结论时的负担（这是因为对事物持续观察一定比认识新事物更简单）。另一方面，只有保持研究体系的稳定性才容易评估一些变化是不是重要且显著的。当然，研究体系稳定性强调的是，无论在研究时纳入一个新要素还是剔除一个旧要素，都应该格外慎重。市场行情造成的投资者心理不稳定已经很严重了，如果研究内核也不稳定，那结果可能是灾难性的。

需要说明的是，本章出于内容的完整性，不得不对一些基本的名词概念做出解释。此外，本章内容上并不包含对经济运行的新颖见解，而仅仅提供了一些跟踪、预测重要经济指标的方法，旨在帮助投资者找到当前经济状况在历史坐标系中的位置（经济周期位置），抓住各阶段经济运行中的主要矛盾和核心变量，进而形成对固定收益投资相关宏观经济基本面的判断。

第三章 中观研究

第一节 概述：中观研究是宏观研究的补充和检验

宏观判断总是需要去中观层面寻求证据。例如，全球总需求下降和中美贸易摩擦导致外需对 GDP 的拉动下滑，这可以从贸易部门、支持出口的中间品部门的数据中得到证据支撑。又例如，国家严控地方政府债务和反腐抑制资本开支，可以从当前地方政府融资平台的数据得到证据。再例如，"房住不炒"政策下融资需求回落，则可以从地产、银行等行业找到交叉印证的中观证据。

事实上，中观研究在很多时候不但是宏观研究的补充手段，还是重要的纠错机制。例如，2016—2017 年中国债券市场牛市的逻辑从事后看是非常清晰的，即天量棚改和地方政府资本开支增加；而当时置身在债券牛市末期的疯狂气氛中，大多数投资者秉持的一个观点是，经济中的一些积极信号，如工业品价格上涨、工业企业利润恢复等都源于供给侧改革，因此牛市延续是可以期待的。但这种观点被之后到来的熊市证明是错误的。缺乏宏观数据与中观证据的交叉验证机制是出现这种方向性错误的主要原因之一。地产和城投两个后来大超预期的门类，在当时其实都反映出了危险信号。

在固定收益投资中，投资者会经常使用发电耗煤、地产成交量、螺纹产销等中观数据做宏观判断，但这些方法存在两个方面的不足。第一，对中观数据本身的解读能力有限。很多投资者对中观数据的统计方法和使用方法并不清楚，对非专业领域的产业数据敏感度不高，因此难以对数据形成很强的纠错能力。第二，从中观到宏观的局限性。尽管投资者会通过多维度中观数据对宏观经济进行判断，但与复杂繁复的宏观经济系统比起来，这仍然是用片面信息对整体做推断。因此，投资者需要不断丰富中观数据体系，有效建立服务于宏观研究的中观研究框架。

下面将结合汽车行业、工程机械行业、消费版块、周期性行业和房地产行业等重要中观领域，展示固定收益投资研究中典型中观数据体系的构建和分析过程。除此之外，还将介绍一套独创的中观调研方法，以实现对更深层次行业信息及时、高效地获取，并形成中观与宏观间的准确映射。

第二节　汽车行业

一、汽车行业概况

汽车行业是宏观经济运行体系中最为重要的行业之一。2019 年，中国汽车工业总产值占 GDP 比重 3.5%左右。此外，汽车主要由发动机、底盘、车身和电气设备四部分构成，基础构件复杂多样，因此整体汽车制造产业链延展度广，对经济产业链上下游的关联和辐射带动作用强（如图 3-1 所示）。总结来看，汽车行业对钢铁、有色金属、石油、电力等上游产业形成拉动；中游通过各类配件消耗对玻璃制造、金属制品和电子设备等行业形成拉动；下游则通过运输与零售对货币金融服务、交通运输、维修服务等形成联动受益机制。债券市场投资者对汽车行业的关注度高，是因为其在一定程度上具备周期领先性，且与消费、房地产等宏观层面息息相关。

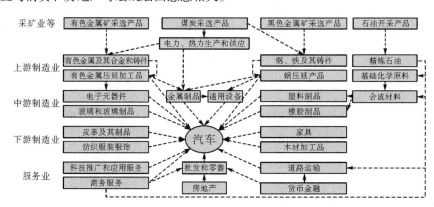

图 3-1　汽车相关行业

汽车行业可进一步细分为乘用车、商用车和汽车零部件三个子领域（如图 3-2 所示）。其中，消费驱动型的乘用车，与居民收入水平及经济景气度相关性较大；投资驱动型的商用车，与社会固定资产投资和经济建设相关性较大。

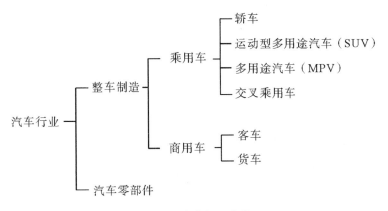

图 3-2　汽车行业分类

二、汽车行业数据解析[①]

对于固定收益投资研究而言，跟踪汽车行业的常用指标主要包括汽车生产、销售、库存数据以及汽车相关大宗商品数据等。不过，与汽车行业相关的中观数据体系较为庞杂，不同数据之间有时存在矛盾。如果投资者对数据一知半解，仅希望通过数据的同比或环比走势就得出结论，那么这种中观研究对于做出正确推断帮助不大。比如，乘用车市场信息联席会（以下简称"乘联会"）和中国汽车工业协会（以下简称"中汽协"）发布的数据会有差异，但事实上二者统计的汽车门类就不相同，可比性自然不强。下面将对常用的汽车行业数据进行介绍，并给出关于如何应用这些数据的建议。

1. 产销快讯数据

产销快讯数据是由中汽协每月 10 号左右发布的汽车行业相关数据。除了总体销量数据外，产销快讯数据也提供不同子类别的销量数据，包括商用车和乘用车的销量数据、不同乘用车类型（轿车、SUV、MPV、交叉乘用车等）的销量数据、各大汽车品牌的销量数据，还包括摩托车、皮卡、新能源汽车等的销量数据。产销快讯数据类型较为丰富，能够揭示不同车辆、品牌间差异等结构性信息。不过，产销快讯数据的缺陷在于：①只有销量数据，无法捕捉生产、价格等其他维度的信息；②部分统计数据主要涵盖大型车企，无法展现整个行业的状况。

---

① 部分内容得到了与广发证券汽车行业首席分析师张乐合作研究项目的支持。

2. 终端实销数据

终端实销数据是由各个企业内部、经销商销售给最终用户的数据，一般可通过上市公司年度报告或产业调研获得。终端实销数据在具体分析一个车企的销售状况时是非常重要的参考。此外，跟踪终端销售数据不但可以获得总量层面的信息，更重要的是能获得一些具体结构性信息，比如高端车与低端车对比、不同地区销量和价格对比等。这些结构对比有助于投资者把握当前消费需求、财富分配等层面信息。不过，终端实销数据的缺点在于，上市公司数据披露频率较低、数据维度不够丰富，而来自非上市公司，经销商或更深度、高频的终端实销数据需要依赖大量的跟踪调研。

3. 中汽中心数据

中汽中心数据由中国汽车技术研究中心于每月初发布，将发放的车辆合格证数作为产量，将来自公安部门的上牌量作为销量。合格证和上牌量数据具有较高真实性。该数据的不足在于：①乘用车数据较为完整可信，而商用车数据有产量偏大、销量偏小的情况；②上牌数中包含了进口车数量，但没有体现出口车的规模；③有些汽车可能已经实现销售，但是还没来得及上车牌，也会导致销量数据与真实值有差异。因此通过中汽中心数据来研究汽车产销量会有一定误差。

4. 乘联会数据

乘联会数据由乘联会于每月初发布，是最早的汽车行业月度数据，一般包括乘用车产量、批发量和零售量，对乘用车市场景气度的研究有很好的参考作用。乘联会数据与产销快讯数据的统计口径有一定差异，但大体走势相同。不过，乘联会数据没有考虑到商用车的产销情况，且其数据采集是基于各企业自己上报的方式，因而常常存在口径不统一或失真等问题。

5. 交强险数据

交强险全称为机动车交通事故责任强制保险，国家规定购买机动车必须同时购买该保险。交强险数据能够反映终端真实销量，其走势基本与产销快讯和乘联会数据一致，但更能准确反映当月的实际市场行情。虽然交强险数据比较可靠，但是其公开度较低，依赖于调研，比较耗费时间和精力。

6. 新注册民用汽车拥有量

新注册民用汽车拥有量是国家统计局每年年末公布的在公安交通管理部门新注册登记领有民用车辆牌照的全部汽车数量，其根据类型被分为载客汽车、载货汽车及其他汽车。进一步根据大小规格，载客汽车被分为大型、中型、小型和微型，载货汽车被分为重型、中型、轻型和微型。国家统计局公布的是已完成注册上牌、能够上路的汽车数量，因此该数据要低于当年实际汽车销量，但其按照汽车结构和大小进行了详细分类，能够揭示丰富的结构性信息。此外，从数据可得性来看，官方公布的统计数据获取成本较低、可得性较好。与之相比，终端实销情况需逐家调研，数据可得性较差。实践中可使用终端实销数据与统计数据相印证的方法。

三、政策周期对汽车行业的影响

投资者在使用汽车行业中观数据时通常会将其作为消费、收入的映射，而忽略宏观政策在中期维度对其造成的影响。事实上，宏观政策的实施与退出会对汽车销量造成影响，具体主要从改变购买力、购买意愿和购买时机三个路径发挥作用。

从购买力的角度来说，经济政策、汽车贷款政策、油价政策等因素，将会影响消费者的购买能力。一个利空政策可能从减少消费者收入和增加购买成本两方面改变消费者的购买力，从而影响汽车销量。从购买意愿的角度看，汽车质量要求提升、取消限行限购等能提高消费者购车服务体验的措施，都有助于提升消费者的购买意愿，从而增加汽车销量。从购买时机的角度看，购车税、汽车以旧换新等政策一般是阶段性的，相关政策出台将会影响消费者的购买时机；消费者都会选择政策优惠力度较大的时候购置汽车，从而在时间维度上造成汽车销量变化。

四、汽车行业与宏观经济研究

汽车行业能直接对可选消费与工业生产起到关键作用，同时也反映居民收入与支配能力，对宏观经济研究的重要性不言而喻。汽车行业的数据体系庞杂，研究者应格外重视交叉验证。例如，对于"厂商产销数据和终端消费数据发生背离是不是由于厂商对渠道库存的管控政策发生变化？"这一问题，当常规数据不能给出答案时，就需要借助更加具体的调研来探究真相，了解行业到底发生了什么。

政策周期对于汽车行业周期有较大的扰动，因此政策因素需要被纳入汽车行业研究框架中。不过，当探究的是汽车行业背后反映的工业生产、居民收入、社会消费等方面的问题时，则需要剔除这个因素的影响。

汽车行业数据蕴含了非常丰富的结构性信息，有助于从汽车行业视角了解中国经济的一些特征和趋势。事实上，从过去一段时间的经济下行周期看，不同价格汽车的销售情况分化极大，对宏观经济判断给予了十分有用的证据支持。

第三节　工程机械行业

一、工程机械行业概述

工程机械品种繁多，主要分为土方机械、起重机械、装载机械和混凝土机械等品类。图3-3反映了工程机械行业主要需求端。相较于受消费驱动的乘用车，工程机械与固定资产投资密切相关，加上其行业数据具有高频性和领先性，因此对于固定收益投资者而言，工程机械行业数据是有效的经济分析指标，特别是为判断宏观经济中房地产、基建等走势强弱提供了自下而上的视角。

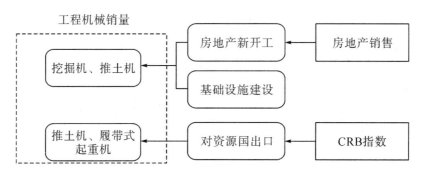

图3-3　工程机械行业主要需求端

二、工程机械行业周期与房地产周期

工程机械行业与其下游房地产和基建的开工活跃度息息相关。根据图3-4，2017年之前挖掘机产量累计同比增长率与房地产新开工面积累计同比增长率同步性较强；不过，2017年后挖掘机产量周期波动幅度明显强于房地产新开工面积周期波动幅度。此外，更微观的证据也揭示了二者之间的背离。2018年，国内工程机械龙头——三一重工各类产品销量呈高增长态势，公司整体销售收入达到历史最高点，净利润则同比增长两倍左右；但2018年其实是典型的财政紧缩年，国内与工程机械行业直接相关的房地产和基建投资增速都放缓至中低水平。若投资者彼时只依照工程机械产销量上涨就做出房地产、基建需求增加的结论，会导致对宏观经济的误判。

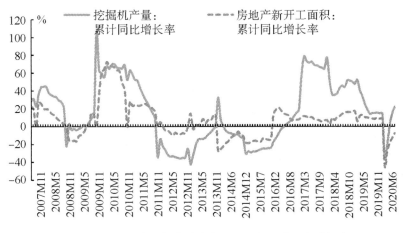

图 3-4　挖掘机产量与房地产新开工面积累计同比增长率

工程机械产销周期与经济周期出现背离的原因是，近年来挖掘机存量设备更新需求提升显著，因此其产销量的上行并不必然反馈下游需求回暖的宏观特征。据此，投资者在基于中观数据对宏观经济判断时，应关注导致中观数据变化的原因，动态选择更恰当的中观数据进行分析。事实上，考虑到挖掘机更新换代的情况，挖掘机保有量能比产销量更好地指示真实房地产和基建需求。图3-5反映的挖掘机保有量同比增长率与图3-6反映的房地产开发企业年度完成投资额同比增长率较为一致。

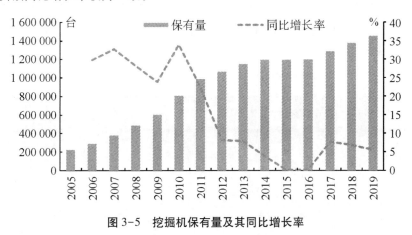

图 3-5　挖掘机保有量及其同比增长率

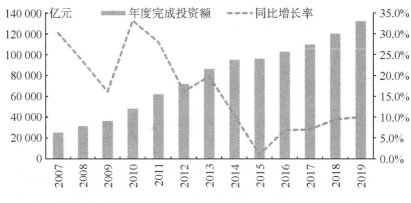

图 3-6　房地产开发企业年度完成投资额及其同比增长率

三、不同类型挖掘机增长分析

挖掘机可分为大、中、小三种类型，而投资者对分品种数据进行研究有助于判断经济结构。当然，结构数据分析需围绕研究目标和逻辑主线，并不是把数据解构得越细越能将宏观问题研究清楚。

一般而言，小型挖掘机是针对农村基建，中型挖掘机是针对房地产，而大型挖掘机是针对大型工程。从需求结构来看，小型挖掘机一直占据主要销售份额，且销量增速显著高于其他两种挖掘机。根据图 3-7，2018 年大、中、小型挖掘机销量占比分别为 15%、26.3%、58.7%，与 2011 年相比小型挖掘机占比提升明显，而中型挖掘机份额被压缩。这说明了工程机械小型化趋势，产业驱动力从城市向农村转移。

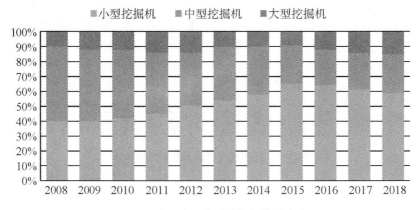

图 3-7　小、中、大型挖掘机销量占比

小型挖掘机需求大幅提振，主要源于新农村建设、乡村振兴等战略规划带来的建设需求。党的十九大以来，农村市场成为政策倾斜的方向，而 2018 年中央一号文件再次强调将推动农村基础设施提档升级。农村小型土方工程越来越多，中大型工程机械设备不能合理、高效地完成这些工作，而小型挖掘机应用灵活、价格低廉，加上惠农政策的支持，使其备受农村基建市场青睐。此外，农村劳动力逐年萎缩，适龄劳动人口急剧减少，这也使得小型挖掘机对农村建筑劳动力的替代属性越来越明显。事实上，在总体固定资产投资中扣除房地产、制造业和基建投资后，剩余的部分持续同比高速增长，若能辅以小型挖掘机的产销数据，就能得出农村固定资产投资加速的结论。这体现了宏观数据和中观数据的相互印证。

中型挖掘机主要受到来自两方面的冲击。一方面，近年基建投资增速下滑，对中型挖掘机销量支撑较强的道路运输业和公共设施管理业增速下降明显。同时由于政府加强对地方债务的监管，城投和 PPP 项目的增速明显回落，道路运输和公共设施建设投资下降；另一方面，在"房住不炒"的政策下，下游房地产投资增速放缓。从新开工面积来看，2018 年推动中型挖掘机销量增长的新增房地产施工需求在总量上有限，而结构上主要来自三线城市，一二线城市的新开工面积增速持续疲弱。下游需求难以对中型挖掘机销量带来强有力的推动。

大型挖掘机的下游需求主要来自采矿业与大型土木工程。近年来，采矿业改变了原先使用炸药对矿山爆破的开采模式，因此作为炸药替代方案的大型挖掘机在矿山先期建设和建成生产过程中得到大规模运用。这一方面是因为炸药买卖自 2015 年起逐渐受到限制；另一方面，炸药爆破排放物污染严重，国家密集出台环保相关政策减少炸药在开采中的使用。除此之外，2018 年后，随着大宗商品价格持续处于较高水平，市场下游需求增长，供给市场格局改善，煤炭企业加大了原煤开采的力度，这也促进了矿山对大型挖掘机需求量的增长。

四、工程机械行业与宏观经济研究

工程机械产销量与地产基建的映射关系出现紊乱，并不意味着工程机械行业的数据不再重要。投资者在使用工程机械数据辅助宏观经济研究时，应该注意以下两个方面：

第一，选择恰当数据进行追踪。相较于产销量，工程机械保有量的增长和经济主体的资本开支增速更加相关。诚然，保有量的增长在理论上不应出现大幅波动，但是更新换代需求是有弹性的，如果资本开支需求恶化，那么企业可能延长置换的周期。虽然不必针对每一次数据波动做出反应，但投资者应保持警觉，将保有量数据与财政数据、建筑企业或城投平台调研等其他信息进行交叉验证。

第二，关注结构数据的变动。小型挖掘机的销量比重出现明显提升，若遵循交叉验证的原则可以发现，该数据与农村基础设施建设以及固定资产投资中其他部分的快速增长相互契合。当发现结构数据的异常变动时，投资者可以进一步求助于上市公司调研或行业专家，以了解关于行业趋势层面一些偏长期的问题。

第四节　消费板块

一、消费板块概述

在对消费板块的研究中，研究者通常会区分必选消费和可选消费。必选消费是指日常生活中最基本、必需的消费产品，是消费数据中相对稳定的部分，主要包括日用品类、粮油类、食品类、饮料类、中西药品类、烟酒类等。可选消费是指除必选消费以外的消费品，包括书报杂志类、金银珠宝类、石油及制品类、家电音像类、体育/娱乐用品类、汽车类、服装类、家具类、通信器材类、建筑及装潢材料类等。图3-8反映了必选消费和可选消费增速情况。

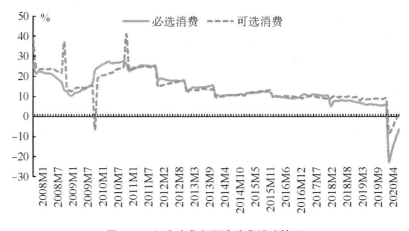

图3-8　必选消费和可选消费增速情况

宏观层面的消费统计指标一般有三类可观察数据口径，即社会消费品零售价格总额、城镇居民人均消费支出和GDP口径下的最终消费支出：①社会消费品零售价格总额为月度统计数据，其他二者为季度数据。因此从数据频度和时效性上，社会消费品零售价格总额通常是投资者观察消费走势的便利指标。②根据图3-9，社会消费品零售价格总额和城镇居民人均消费支出反映消费的统计指标在历史上多数时间内走势较为一致，而 2013 年后走势开始出现阶段性背离。例如，2018 年二季度，社会消费品零售总额增速持续回落，而城镇居民人均消费支出增速却显著回升。社会消费品零售总额统计口径中并未完整包括当前快速发展的服务消费部分，这可能是使城镇居民人均消费支出与社会消费品零售总额走势开始出现背离的重要原因。

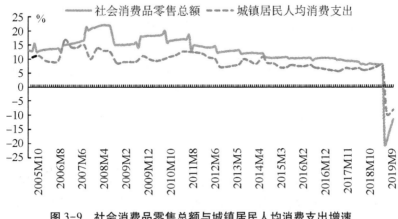

图 3-9　社会消费品零售总额与城镇居民人均消费支出增速

固定收益投资者每个月会分析经济数据，而对消费数据的分析可能只是工作量较小的一个部分。这主要是因为消费波动较小（缓慢地稳步向下），短期预期差有限，增量信息含量不足。不过需要注意的是，虽然宏观层面观察消费的收益有限，但微观和中观层面观察消费的角度却非常丰富，对于宏观经济研究意义重大。

二、消费板块的演化趋势

过去几年，消费板块的大行情推动了相关研究的快速发展。消费板块的研究特点是数据检验重于逻辑推断。近年来，很多理论上具有广阔前景的消费品（如预调鸡尾酒等）遭遇滑铁卢，而另一些不符合主流逻辑的消费品（如常温酸奶、营养快线等）则成了百亿元单品。中国多元化的消费者结构和独一无二的市场深度让投资者不再敢轻易用自己的价值观来对市场做合理推断，而转而运用大量的跟踪数据做小心求证。这种研究方法为投资者开展自下而上研究提供了丰富的土壤。事实上，消费数据中呈现出的一些演化趋势对宏观经济研判具有很强的启发性。

第一，消费的品牌化趋势显著。上市公司的代表性对比消费总量的代表性越来越强。投资者根据代表性公司的区域性数据，能分析不同区域的人口流动、收入增长以及经济活力情况。

第二，不同行业、区域层次的消费呈现巨大分化。例如，在区域层面，高端乘用车和高端白酒的消费与区域房价呈现一致性，而低端乘用车和区域房价呈现反向关系。这背后的逻辑可能是，受益于存量房的价值上升，消费呈现升级，但在居民杠杆快速上升的过程中，后置业者的现金流持续恶化，造成车房搭配的置业格局被打破。这释放了一个比较危险的信号。

第三，大型电商平台、社交平台培育的网络品牌也对传统品牌造成了巨大冲击。例如，珀莱雅这种依靠线上天猫店、抖音等社交平台进行快速扩张的公司在过去几年获得巨大成功。这体现了消费者从重视符号特征向重视功能性、排他性转变。该转变可以解释商业地产的阶段性低迷，对于宏观判断有着启发意义。

第四，消费与制造业投资间呈现新的关系，不同制造业细分领域的投资增速分化非常巨大，而增速较高且波动较大的板块是通信、电子。因此，研究通信、电子领域的资本开支周期，对于把握制造业投资有着非常积极的意义。通信、电子领域的资本开支周期与消费电子产品的更新迭代周期又有密切关系。近年来，备受热议的5G（第五代移动通信技术）、OLED（有机电激光显示、有机发光半导体）等领域见底回升，逐渐进入了固定收益投资研究的视野。

中观消费层面对于宏观层面自下而上的验证其实还存在诸多值得挖掘和细化的维度。下面将分别考察贵州茅台股价、分众传媒业绩和消费电子技术周期为宏观经济周期判断带来的中观启示。

三、茅台股价表现与经济周期

贵州茅台酒股份有限公司（以下简称"茅台"）于2001年上市，通过对其上市以来股价表现进行复盘（如图3-10所示），可以总结出一些高端白酒对经济周期判断的启示。

第一，经济持续快速增长是高端白酒市场持续扩容的主要驱动力。商务接待是高端白酒第一大需求。经济活动越活跃、参与主体越多，宴请接待需求就越旺盛。2013年中央限制"三公消费"使茅台业绩低迷也证实了这点。2008—2016年，中国经济持续快速增长，参与经济活动的企业数量增加，直接刺激了市场对高端白酒的需求，茅台股价与固定资产投资增速有很强的相关性。

第二，在宏观经济快速增长的带动下，白酒销量实现了稳定增长。例如，2016年房地产回暖，带动了商务市场的繁荣，也促进了以茅台酒为主的千元价位高端白酒加速复苏。但2016年后，大众消费崛起，高端白酒政务消费占比从2012年的40%萎缩到2019年的2%，而大众消费则相应地增加38%。因此，以房地产、基建为主的经济要素与茅台股价的关联度正在逐渐减弱。不过，由于宏观环境的整体走势与我国城镇居民可支配收入、消费水平密切相关，因此其对高端白酒的消费仍有深远影响。

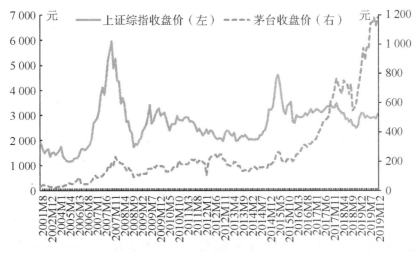

图 3-10　茅台上市以来股价复盘

第三，消费升级为茅台股价上涨提供了动力。茅台从之前的房地产、基建投资的研判指标逐渐转变成衡量居民部门财富效应和社会商业活动的指标，这是一个值得注意的变化。

四、分众传媒业绩与经济周期

分众传媒信息技术股份有限公司（以下简称"分众传媒"）主营业务为楼宇媒体（包含电梯电视媒体和电梯海报媒体）、影院银幕广告媒体和终端卖场媒体等，于 2005 年在美国纳斯达克上市，并于 2015 年回归 A 股。根据图 3-11，分众传媒自上市以来大部分时候都维持了稳健的业绩增速，期间只经历过两次大幅调整，分别发生在 2008 年和 2018 年。鉴于分众传媒广告业务的独特性，对其业绩变化进行分析，可以得到一些关于宏观经济判断的启示。

第一，广告需求直接反映了企业家对未来的预期，而分众传媒主打品牌广告而非具体商品广告的业务形态更能体现企业家对经营环境的预期。分众传媒的收入情况，尤其是分条线的收入情况，能揭示当前商业环境图景和宏观经济特征。例如，在 2013—2015 年创业板高歌猛进时，资本市场一、二级联动活跃，彼时分众传媒的客户多为互联网创业公司，广告投入源于融资，因此这些公司在广告投入上往往不计成本；而当创业估值泡沫破灭后，很多客户连带这部分收入便消失了。

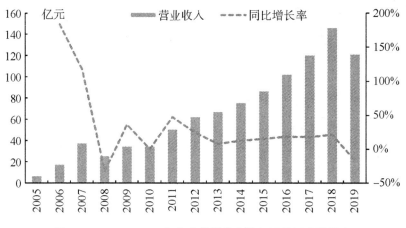

图 3-11　2005—2019 年分众传媒营业收入及其同比增长率

第二，消费品广告收入占比提升是分众传媒当前的业务特征。消费品广告投放方的思路与互联网创业者截然不同，其会反复比较成本收益后抉择。因此，不同种类消费品广告支出的此消彼长也能为判断经济结构特征提供坚实依据。分众传媒业绩表现在不同历史阶段对经济的表征意义截然不同。

第三，分众传媒的经营数据也有较大局限性，主要在于其并不是当前广告业增速最快的翘楚，因而未必能完全反映广告业的最新风向。新冠肺炎疫情以来，在整个广告行业萎缩的同时，腾讯这种互联网巨头的广告业务却在高歌猛进。这是腾讯场景和入口优势的集中体现。对此，投资者不能简单从分众传媒楼宇广告业务的暗淡就对中国经济产生悲观判断，而应广泛理解当下丰富的广告业态和模式。事实上，任何孤证都不足以形成对宏观变量的判断，最终结论一定是多种信息源相互印证的结果。

五、消费电子技术周期与经济周期

消费电子产品是指围绕着消费者生活、工作、娱乐等应用场景设计的电子类产品，它已经成为现代人生活的重要组成部分。消费电子类产品有着明显的技术周期，通常涉及导入期、成长期、成熟期、衰退期四个阶段，并反映在专利数量上。例如，根据基于世界知识产权组织（World Intellectual Property Organization，WIPO）数据绘制的图 3-12，一个完整的 3G 技术周期大约是在2001—2009 年，4G 技术周期大约是在 2009—2015 年，而当前 5G 技术相关的专利数量激增，正处于技术周期中的成长期。

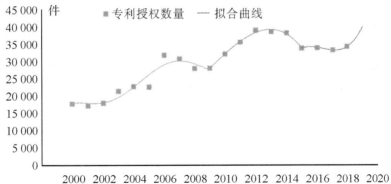

图 3-12　2000—2018 年电信领域专利授权量

每一轮通信制式升级都带来明显的消费电子产品及市场的更替效应。图 3-13反映了全球智能手机出货量结构占比变化情况。2008 年，3G 手机首次商用，手机终端进入互联网时代。2009—2011 年，3G 手机渗透率快速提升，并在2011 年达到峰值79.2%。2010 年，4G 手机首次商用，移动互联网时代全面来临，此后 4G 手机渗透率快速提升，并于 2019 年达到峰值97.1%。2019 年，5G 牌照正式发放。消费电子对宏观经济研究的指示性主要体现在以下方面：

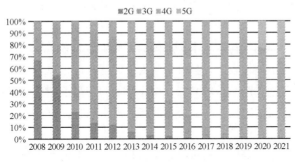

扫描二维码
查看彩色大图

图 3-13　全球智能手机出货量结构

第一，消费电子领域的典型特征是技术周期驱动，而收入增长和金融条件等宏观因素并不是其决定性要素。不过，固定收益投资者似乎很难把握除财政和货币外其他激发总需求的因素。在经典经济学理论中，财政和货币确实是需求变化的源泉，但投资者如果不理解技术创新、不借助产业视角，就很难理解当前消费变化乃至经济增长。例如，可以支撑移动互联网的硬件基础设施使得消费者对"手机"的定义产生了巨大的变化，并由此产生了不计其数的"生意"，如移动支付、在线游戏、直播带货、外卖、智能出行等。

第二，在技术驱动下，消费品迭代速度、产品与消费者之间的交互程度、广告及其他营销手段均发生了巨大变化。而新冠肺炎疫情以来，线上渠道对于传统渠道的替代也在加速，传统"收入—消费"的分析方法几近失效。投资者要把握消费板块乃至宏观经济的变化趋势，必须努力更新知识结构，去理解当今消费品如何迎合新技术并反过来推动技术进步，进而从这些庞杂的信息中去寻找宏观线索。

第五节　周期性行业

一、周期性行业概述

周期性行业是指和国内或国际经济波动相关性较强、呈现周期性强弱波动特征的行业，主要涉及金融保险、采掘、交通运输和仓储、金属和非金属、房地产等行业。孙晓涛[1]通过研究行业周期和宏观周期的线性组合与白噪声之间的关系，发现周期性强的行业有石化、燃气生产（不包括罐装液化石油气零售业务）、钢铁（黑色金属行业）、煤炭、装备制造业（包括通用设备制造业和专业设备制造业）、工艺品制造业、纺织业、服装鞋帽业、塑料制品业和体育用品制造业。

从内涵和特征来看，周期性行业基本上提供的多为生活非必需品。这类产品通常需求变化较大，价格弹性较大，且价格与宏观经济密切相关。在经济复苏或增长周期中，市场对这类产品需求高涨，相应行业的公司也会获得很好的效益；反之，当经济不景气的时候，这类公司的产品需求减少，投资者更愿意投向食品、医药等非周期性行业。

周期性行业在固定收益投资中占据重要地位，是自下而上辅助宏观经济研究的重要工具。伴随着近年来宏观经济数据波动渐趋平坦化以及宏观数据与微观景气度出现阶段性背离，宏观经济得到周期性行业层面的验证变得愈发重要。下面将对钢铁行业和有色金属行业两个重要周期行业进行解析。

二、钢铁行业

（一）钢铁行业概述

钢铁行业是与宏观经济相关度最高的周期性行业之一，也是固定收益投资研

---

① 孙晓涛. 周期性行业论析 [J]. 华北电力大学学报（社会科学版），2012（3）：36-40.

究中数据可得性强、分析和跟踪便利性较好的中观行业之一。根据图 3-14，受钢铁行业影响最显著的上游行业为采掘业、加工业、电热服务金融服务；受钢铁行业影响显著的下游行业主要是机械设备和建筑装饰。从图 3-15 反映的需求构成来看，建筑装饰占比 52% 左右，涵盖基建和地产；机械设备占比 18% 左右；轻工和家电占 7% 左右；汽车占 5% 左右。从价格变动来看，建筑业受到钢铁价格变化的波及远大于其他行业，钢铁价格每变动 10%，建筑产品价格约波动 1.5%。

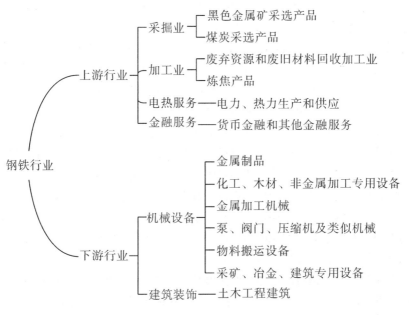

图 3-14　钢铁行业上下游

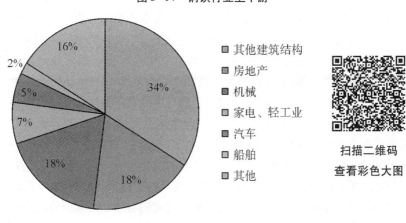

图 3-15　钢铁行业需求端结构

（二）钢铁行业主要观察指标

从钢铁行业的主要观察指标来看，生产、价格、库存、需求等方面均为投资者自下而上研判宏观经济提供了诸多高频且可得性强的行业数据。具体地：

在生产层面，钢材产量是常用观察指标。产量跟踪数据包括生铁产量、粗钢产量、螺纹钢产量、热卷产量和冷轧产量等。其中，粗钢产量包括长流程产出的粗钢和短流程产出的再生钢，代表钢铁的总体供给量；螺纹钢产量主要反映基建、房地产下游需求；热卷用于机械、船舶和重卡；冷轧用于汽车和家电。根据不同品种产量数据，投资者可以识别下游需求的结构性分化。除产量外，生产层面可观察数据还包括周度的钢厂高炉开工率、周度的高炉产能利用率等。产能利用率是观察钢铁企业生产效率和盈利非常重要的指标。钢铁企业产能利用率较高，说明产品供不应求，其盈利的弹性远大于产能利用率较低时。

在价格层面，钢材期货价格和现货价格均是日常观察指标。螺纹钢、热卷、冷轧、中厚板等分结构品种价格是运用不同总需求视角判断的观察指标，并且其升贴水状况也可作为商品市场对宏观总需求远期预期和当下看法的验证视角之一，可与债券市场普遍认知对照。例如，当螺纹钢市场贴水到达历史极值区间，即远期期货价格与现货价格差值为负时，在排除供给因素后，可以判断这大概率是由于螺纹钢期货市场对于未来总需求的悲观预期；此时倘若债券市场因为债券供给等短期原因对经济需求的认知有所迟疑，投资者可提前做出增大利率债布局仓位和拉长组织久期的投资决策。

在库存层面，钢材的可储存性使得其流通环节存在库存。库存在企业正常生产经营活动中扮演着平滑生产、防止销售中断的角色，即充当短期调节供需的变量。钢铁库存处于低位，可能说明产品供不应求，也可能是由于行业下行、钢价下跌导致企业囤货意愿下降。对此，投资者要结合价格指标去判断库存增减所蕴含的真实信息。钢铁行业的产业链库存主要包括钢厂、钢贸商和产品厂商三个来源，库存也相应分为钢厂库存、社会库存（钢贸商库存）和终端库存（下游需求厂商库存）三类。终端库存没有公开数据，因此周度频率下的钢厂库存和社会库存变动是固定收益投资者研判下游需求变动非常便利的指标。还需注意的是，由于库存具备季节性特征，因此对于钢铁行业库存的分析需要放在季节性同期横向对比和纵向时间序列环比边际变化两个维度进行。若某时刻整体钢铁库存处在历史高位，投资者需要结合生产和价格数据观察这是源于企业生产热情提升还是下游需求传导不畅，抑或是"冬储"等特殊时期下游钢贸商出于对未来需求的乐观预期进行提前备货；若某时段纵向时间序列维度下，库存去化速度非常快，这往往意味着下游钢铁需求的加速改善，而投资者若结合需求和成交相关数据得到"基建或房地产有向好迹象"的宏观判断，则可做出"债券市场应警惕回调风险、降低久期和仓位"的策略建议。

在需求层面，投资者可以对全国建材成交数据的季节性对比、表观需求量边际变化进行观察，同时结合水泥行业中水泥磨机开工率、熟料库存、水泥价格等数据做交叉验证，进而提高预判胜率。

除常规跟踪的数据外，一些较为小众的钢铁行业数据也成为近年来投资者挖掘和应用的工具，如管桩数据。

管桩是一种新型桩基形式，主要应用于工业与民用建筑、铁路公路等工程建设，其在工业与民用建筑中用量约占80%。房地产新开工首先会在打地基前1周至1个月预订管桩，之后进入施工期，管桩需求不断增加。管桩是水泥、玻璃、陶瓷、塑料、涂料等建材产品兴衰的晴雨表和风向标，其增长领先于建材产品。图3-16反映了管桩产量与房地产开发投资完成额累计同比增长率的走势情况。

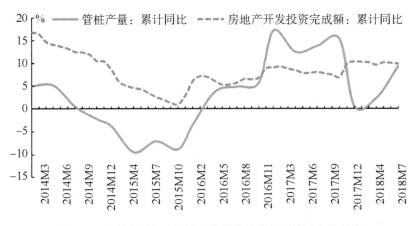

图3-16　管桩产量与房地产开发投资完成额累计同比增长率

股票和债券市场常常在一季度呈现"春季躁动"的现象，而配置资金入场、政策方向确立是支撑该现象出现的部分宏观逻辑。此外，一季度宏观数据公布真空期带来的"想象力"和"无法验证性"也是加剧"春季躁动"现象的重要原因。在"春季躁动"后，对于市场趋势究竟迎来的是延续还是反转，投资者可借助管桩数据获取领先性认知。但对管桩数据运用的过程中，需要注意：①管桩数据多为调研所得，其数据真实性和代表性需要加以判断；②伴随着建筑行业销售模式和体系的变更，管桩数据对于新开工和施工的预判也存在部分失真。因此，在进行以调研为主的中观数据分析时，投资者需要多方验证，以得出大概率正确的结论。例如，对于房地产需求的判断，投资者可在管桩产量及增速的基础上，进一步结合房地产投资、销售、新开工量及增速、混凝土机械产量及增速等其他维度数据。

（三）钢铁行业指标在投资实务中的应用

在固定收益投资中，对于中观行业的观察和运用需要在"模糊正确"和"专业深度"中保持相对的平衡。由于投资者通常无法像钢铁行业研究人员一样对于行业本身有非常深入的认知和紧密的跟踪，因此在运用一些行业数据辅助宏观经济判断时，需要尽量进行多方数据的交叉验证，以避免单一数据理解错误下的误判，同时也要与时俱进地对行业本身发生的重大变化和政策驱动做跟踪学习。

例如，2016 年供给侧改革背景下，钢铁行业盈利开始好转，钢铁价格也由跌转涨。全国大中型钢铁企业实现销售收入 28 022 亿元，同比下降 3.04%；利润总额 303.78 亿元，同比扭亏。彼时固定收益投资者对于宏观经济认知上的误判之一在于，将钢铁价格的上涨和钢铁企业利润的改善归结于供给层面的收缩，而忽视需求层面向好以及供给侧改革对于行业出清的良性效应。事实上，2016 年 10 月之后债券市场的剧烈调整，固然有货币政策主动收紧的因素，但长时间对经济基本面改善的忽视也是牛熊剧烈转换的重要背景。如果投资者当时对钢铁行业的变化有更为深入的认识，则可以进行更为领先的投资操作。

三、有色金属行业

（一）有色金属行业概述

金属通常可分为黑色金属和有色金属两大类。有色金属泛指除铁、锰、铬以外的所有金属种类，主要可细分为工业金属、稀有金属、贵金属和其他金属及非金属材料四大类（如图 3-17 所示）。以铜、铝、铅、锌等品种为代表的工业金属是固定收益投资者关注的重点。

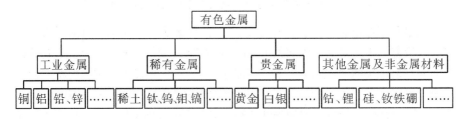

图 3-17　有色金属分类

有色金属行业具有同质性、周期性、全球化以及资源半垄断性等特点。由于受到宏观经济周期以及行业自身运行规律影响，有色金属价格表现出剧烈的波动性和较强的周期性。而有色金属具有的全球定价属性，也使之成为固定收益投资者观察全球总需求变动的一个便利指标。与钢铁行业相比，有色金属行业有更为广泛的下游需求行业，汽车、电子、机械、建筑、家电和基建地产等领域均存在有色金属的应用（如图 3-18 所示），因此投资者常常将有色金属作为表征整体宏观景气度的有效指标。例如，铜常常被作为反馈全球经济走向的灵敏代表。此外，由于科技产品与有色金属材料密不可分，有色金属行业分析对于科技行业的研判也具备有效性。例如，对于半导体行业，工业钴和金属钴是可高频跟踪到的行业数据。

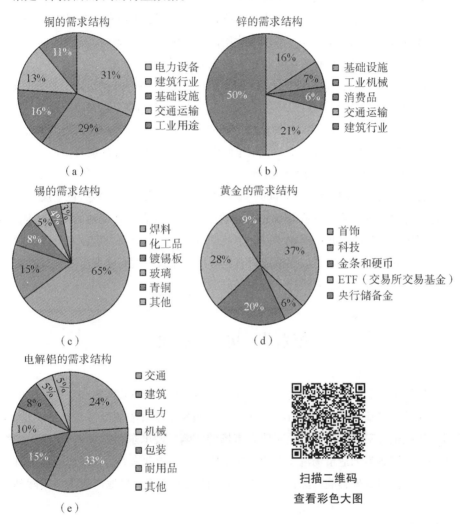

图 3-18　代表性有色金属的需求端结构

（二）有色金属行业指标

与钢铁行业类似，投资者可从量、价、库存等几个视角对有色金属行业进行观察。而与钢铁行业不同的是，有色行业品种甚多，且涉及行业和领域广泛。对此，投资者对有色金属行业的跟踪观察可从 β 入手，即将铜、铝、铅、锌等工业金属作为一揽子品种进行相互验证，而不过分考究品种间 α 的区别，以达到"模糊正确"与"专业深度"的兼顾。

在量的指标方面，有色金属行业较为关注电解铜、电解铝、电解铅、电解锌产量及进出口量，它们代表我国有色金属的表观销售量。

在价格指标方面，比起现货市场价格，投资者更加关注有色金属的期货价格，这是因为有色金属厂商一般用期货给产品定价。伦敦金属交易所（London metal exchange，LME）相关期货价格是常用观察指标。

在库存指标方面，库存数据是用来观察需求、预判价格的中间指标，主要涉及 LME 的铜、铝、铅、锌库存以及国内上交所铜、铝、锌库存等。若某阶段投资者观察到铜、铝等有色金属库存的快速去化，同时螺纹钢库存也呈现快速去化，那么叠加其他宏观经济和政策的判断，可大概率做出宏观经济边际恢复的预判。

（三）有色金属行业的中观调研

有色金属是中观研究绕不开的领域。不过，投资者在对众多有色金属领域进行分析时，容易陷入行业纷繁复杂的数据中，难以看到其反映的经济内涵。为了解决上述问题，我们构建了一套中观调研方法，在调研内容设置上强调供需两方面的中长期逻辑，以此形成对有色金属等重要中观行业背后宏观基本面的判断。第七节会详细介绍这一中观调研方法。

第六节　房地产行业

房地产行业作为宏观经济的重要部门、实体融资的重要来源和宏观调控的重要抓手，对其变化趋势和所处周期位置的预判是把握宏观经济走势的关键。过去研究也考察了房地产行业对债券市场的影响。段忠东和曾令华指出[1]，中国房价高涨成为创造市场流动性的一个重要来源，长期来看房价对市场利率具有显著的反向因果影响。陈长石和刘晨晖[2]的研究发现，房地产泡沫和实际利

---

① 段忠东，曾令华. 房价冲击、利率波动与货币供求：理论分析与中国的经验研究 [J]. 世界经济，2008（12）：14-27.

② 陈长石，刘晨晖. 利率调控、货币供应与房地产泡沫：基于泡沫测算与 MS-VAR 模型的实证分析 [J]. 国际金融研究，2015（10）：21-31.

率在短期内呈现强烈的负相关关系。郑挺国等①则认为，中央银行在2011年后的利率调整措施与同期的房地产宏观调控政策呈现"双向调整"和相互配合的状态。根据郭娜和翟光宇②的研究，我国利率水平制定在一定程度上参考了房地产价格和产出缺口变量，二者的波动对于利率政策制定能产生一定影响。

下面将总结房地产行业对宏观经济的驱动力、房地产行业主要观察指标、房地产行业及其监管周期，进而提出房地产行业对宏观经济研究的启示。

一、房地产行业对宏观经济的驱动力

1998年之后，房地产行业快速发展成为国民经济的支柱，是我国经济维持高速增长的重要推动力量。我国剔除土地购置费的房地产投资额占GDP的10%左右，最高点达到了12%，远高于日本和美国3%~4%的水平。

房地产行业向中游可带动钢铁、水泥、玻璃、化工、铝材、工程机械等诸多行业的发展；向上游可带动原材料、煤炭、冶炼等行业的发展；而旁侧效应中，可带动建筑装饰、家用电器、装潢等行业的发展。根据历史数据，当房地产投资下滑时，上游钢铁、水泥价格同样出现下滑，而下游家电、家具装潢等也存在景气度下行。从居民财富来看，我国居民主要持有的资产中住宅占很大部分，其次才是存款、股票及股权。从地方财政来看，地方政府收入主要来源是财政税收收入和地方政府性基金收入（土地转让收入）两部分。

二、房地产行业主要观察指标

完整的房地产开发可以分为土地购置、新开工、施工在减、未竣工待售、竣工、竣工待售、销售等阶段，而土地购置费、施工/竣工面积等指标一方面表征了地产开发中的实际进程，另一方面与各类库存有着对应关系。

（一）土地购置费的领先指标

土地购置费的领先指标可以从两方面来度量。

1. 土地成交情况

土地购置费是指房地产开发商报告期通过各种方式获得土地使用权而支付的费用，它并非立刻计入投资，而是按照开工进度逐步计入投资；而土地成交价款是指进行土地使用权交易活动的最终金额，即购置土地合同价款。根据图

---

① 郑挺国，赵丽娟，宋涛.房地产价格失调与时变货币政策立场识别 [J].金融研究，2018（9）：1-18.

② 郭娜，翟光宇.中国利率政策与房地产价格的互动关系研究 [J].经济评论，2011（3）：43-50.

3-19，土地成交价款（分期缴纳，一次性计入）与土地购置费（分期缴纳，分期计入）趋势在长期上一致，但存在 10 个月左右的领先滞后关系。

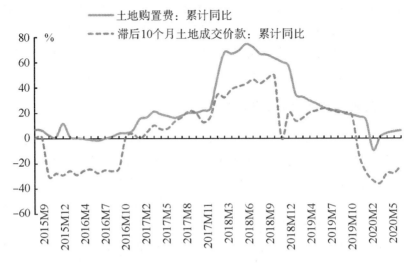

图 3-19　土地购置费与滞后 10 个月土地成交价款累计同比增长率

2. 房地产商资金情况

房地产商资金情况可以用房地产开发资金来源总额与房地产开发投资完成额之差来衡量。根据图 3-20，当期房地产商资金情况的累计同比增长率是下一期土地购置费用的领先指标，领先 8～10 个月左右。

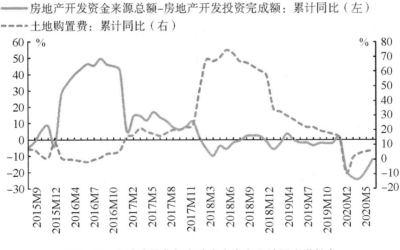

图 3-20　土地购置费与房地产商资金累计同比增长率

（二）施工与新开工的关系

根据图 3-21，2015 年之前，房屋新开工面积与施工面积走势较为一致，这也符合房地产项目建设的实际情况。然而，2015 年新开工面积企稳后，房屋施工面积增速持续下滑。2016 年至今，新开工面积增速明显高于 2014 年和 2015 年的同期水平，而施工面积增速却明显低于 2014 年和 2015 年的同期水平。主要有以下几点原因：

第一，施工面积与新开工面积差距越大越来。2016 年，全国房屋新开工面积为 16.7 万平方米，而施工面积为 75.9 万平方米，后者约是前者的 4.54 倍。而在 2012 年以前，施工面积仅为新开工面积的 2.5 倍左右。换句话说，近年来施工面积存量过大，每年新开工面积的波动对施工面积的影响程度正在逐渐下降。

第二，房地产开发商主动调整施工进度。2017 年以来，地产销量下降趋势愈加明显，而地产调控并未放松，再加上新盘限价政策使得地产商推盘意愿下降。这造成的结果就是开发商拖延工期，既放缓施工进度，也放缓项目竣工速度。因此，近年不但施工面积增速持续低迷，竣工面积增速也出现大幅下滑。

第三，环保压力对施工面积增速也有一定影响。目前全国各地，尤其是华北地区环保压力较大，一旦空气质量超标，户外施工项目一律要求停工。当然，这仅是施工面积增速偏低的次要原因，主要原因还是前面两项。

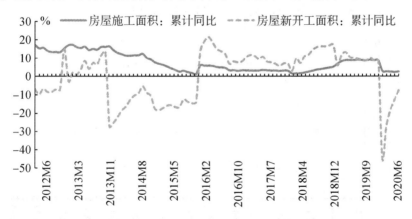

图 3-21　房屋施工面积与房屋新开工面积累积同比增长率

（三）库存分析

库存对诸多房地产行业指标充当缓冲剂和调节器的作用，库存的高低会改变传导过程的快慢。例如，如果库存足够大，新开工和销售的关系可能就不甚明显。

房地产开发过程中涉及的库存指标有：①土地储备库存。土地储备库存是指已经通过出让、购置获取但还未进行开工的土地储备，其计算方法是用累计住宅用地成交面积减去累计新开工面积。②在建库存。在建库存是指已经进入新开工阶段但还未达到期房预售条件的库存储备。③预售未竣工库存。由于国内新房住宅大多采用期房销售的方式，所以预售未竣工库存是指已具备销售条件、获得预售证但还未售的潜在储备规模。④竣工未售库存。竣工未售库存是指已经获得预收账款并完成竣工但还未销售的库存，这部分数据即为国家统计局公布的房地产待售面积。应注意到一个关系：在建库存+预售未竣工库存=施工面积-（销售面积-现房销售面积）。

在进行房地产库存总量分析时，广义库存是经常使用的指标。广义库存等于土地储备库存、在建库存、预售未竣工库存、竣工未售库存之和，因此能够反映房地产业态的全貌。事实上，房地产开发过程涉及土地交易和商品房交易两个层次的市场交易行为，而广义库存就是对两层市场之间供需错位累计存货的描述，即所有已经完成出让但还未完成销售的库存水平。因此，广义库存有另一个算法，等于累计土地成交面积减去累计销售面积。

通常可运用历史累计新开工面积减去累计销售面积所得到的近似指标去构建广义库存。但这一指标并不完美：一方面，新开工面积中包含保障房建设，但销售面积不包含；另一方面，租售并举推广后只租不售的住房肯定也不会包含在销售中。但此方法下构建的库存指标在趋势和逻辑上和真实库存大体是对应的。图3-22对比了狭义库存和广义库存的走势情况。

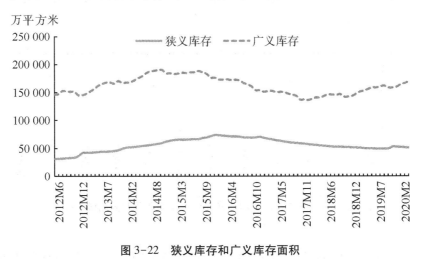

图3-22 狭义库存和广义库存面积

三、房地产行业及其监管周期

房地产行业的需求长期来看主要取决于城镇化率以及置业人口结构，但监管政策有时会主导需求兑现的节奏，由此产生所谓的房地产小周期特征。根据图3-23，通过对房地产开发投资完成额、购置土地面积、房屋新开工面积等行业指标周期规律的分析可以发现，我国房地产行业在过去10年中分别出现过2005—2008年、2009—2011年、2012—2014年、2015—2018年4个时长3年左右的小周期。2018年至今，房地产行业的周期性特征有所弱化，政策调控更考虑长期问题，预调微调增多，行业稳定性相对增强。

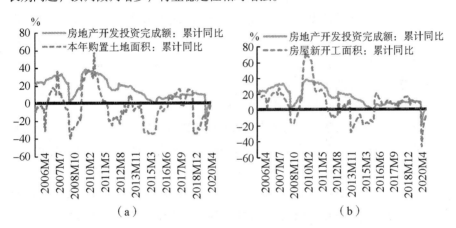

（a）　　　　　　　　　　　　（b）

图3-23　房地产开发投资完成额与购置土地面积、房屋新开工面积累计同比增长率

（一）房地产行业监管周期

房地产小周期背后的规律均与监管政策推动有关。总体来看，政府在考虑是否放松房地产政策时主要关注三个点：

第一，保增长，最终目的是稳就业。若经济下滑压力持续加大，房地产投资本身以及房地产行业所带动的上下游产业链将成为重要的托底工具。由于房地产行业产业链较长，且刺激过程不需要政府加杠杆，因此对房地产行业的刺激效果要比对基建更好。纵观2005年以来的四轮房地产政策放松周期，每一次政策松动都是在经济下行压力较大，宏观政策以"稳增长"为核心任务的时期。此外，四轮政策放松中有三轮伴随着较为严重的外部冲击。具体地，第一轮为国际金融危机，第二轮为欧债危机，第四轮为中美贸易摩擦；第三轮虽然没有外部冲击，但经济增速连续两年没能达到政府工作报告的目标中枢。

第二，防止房价下跌带来系统性金融风险。由于个人按揭贷款是用房产抵押，房地产企业开发贷款是用土地抵押，而很多其他企业贷款也用企业主的房产抵押，因此房价若大幅下跌可能会导致弃房断供及其他贷款违约风险集中爆发，造成系统性金融风险。但需要注意的是，2005 年以来的四轮地产政策收紧周期，除了第二轮收紧的宏观政策背景是"抑制经济过热"外，其他三轮均有其各自的逻辑。具体地，第一轮是"外贸+内需"双引擎下引领经济呈现高增长低通货膨胀的良好态势，第三轮是新任政府对经济增速的预期由"高速"逐渐向"中高速"过渡，第四轮收紧则是经济增长长期稳定在 6.7% ~ 6.9%、宏观政策以供给侧改革和金融防风险为主线。

第三，考虑地方政府财政承受能力。土地出让金是地方政府财政收入的重要组成部分。若房地产市场持续低迷，土地市场流拍现象进一步加剧，地方政府的财政压力将大幅增加。此外，考虑到地方政府及其融资平台面临的融资限制性政策，土地出让收入减少可能会导致部分地方政府的日常运转出现困难，或触发地方债务违约风险。

（二）监管政策对房地产周期的影响

第一，因城施策淡化了房地产需求端的周期性。房地产需求周期主要由监管政策周期所调节。2015 年以前，需求端统一的总量政策在某种程度上容易强化周期的波动性。在 2009—2011 年和 2012—2014 年两轮周期中，由于全国仍处于行业住房总量供不应求阶段，我国在需求端基本上实施全国统一性的政策调控（如全国性的限购限贷和降息降准等），从而推动了全国总量需求大幅度波动，致使需求呈现出强周期规律。自 2015 年起，我国不再处于总量住房供不应求阶段，住房问题更多呈现为区域结构性问题，全国统一性的政策调控已不再适用于我国国情，因而中央和地方政府在 2016 年开始实施"因城施策"，进行区域分类调控。在 2016—2017 年，我国一二线城市进行限购限贷政策从严的同时，三四线城市却进行了如棚改货币化安置等政策放松。同一时期政策从严和政策放松的对冲确保了全国总量需求的稳定，也造成了需求强周期规律的淡化。

第二，在供给方面，房企销售与拿地动态平衡的破坏导致了供给周期的延长。在以往周期中，房企为了维持并扩大销售规模，会在销售的同期拿地来补充库存，也就形成了销售和拿地之间的动态平衡。但 2016 年出现销售放量而拿地却出现缩量的情况，使得拿地的 3 年周期规律被破坏。这背后主要源于，2014 年政府开始执行的去库存政策、2014 年房企形成需求大拐点论后消极拿地以及 2014 年开始全国多地政府反腐三方面因素。这也导致了 2014—2017 年房企拿地持续跟不上销售的节奏。即使政府如同以往周期一样进行需求端限制政策，房地产行业依然处于去库存、无法逆转为供过于求的状态，也导致了去库存阶段的延长。

第三，从政府行为来看，地方政府出于土地财政的考虑，以往只在需求端进行政策调控，包括限购、限贷、降息、降准等措施，但几乎不在供给端进行政策调控。因而在2009—2011年和2012—2014年这两轮小周期中，政府在市场供需关系中只调节需求，便很容易使供不应求逆转为供过于求，也就可以让原本房地产小周期的固有周期规律呈现出周期短期化、波动放大化的效果，从而达到短期释放房价压力、防止更大房价泡沫的目标。但从2015年年初开始，政府从只进行需求端政策调控，又增加供给端的政策调控，包括去库存、预售证监管、土地供应调控以及限售等政策。政府一方面在做供给端调控限制供应的增加，另一方面又通过需求端调控防止需求过快衰减，使得供需的逆转不会那么容易出现，从而导致去库存和加库存阶段的延长。

四、房地产行业与宏观经济研究

房地产周期是宏观经济运行中最重要的周期之一。2016年年底到2018年年初的债券熊市中，不少投资者就是由于错看了房地产周期而误判市场，遭受了重大损失。除了对宏观经济的影响外，房地产周期还是信贷与金融环境的决定性因素。很多投资者过分强调房地产调控政策对总需求的影响，却忽略了其对金融环境的影响，更忽略了其背后更深远的政策意图，因而错判行情。对固定收益投资者而言，无论如何强调房地产研究的重要性都不为过。

房地产行业的数据相对于其他行业较为完备，土地成交、开工、建设、销售、信贷等方面都有相对较全面的数据。因此，不少投资者选择直接使用这些数据做中观研究。不过，该种做法存在局限性：统计数据波动性很大，经常发生短促的转向和跳动，无法借以形成有持续性的观点，但房地产行业的趋势往往具有一定持续性，而土地储备和金融环境也有一定的趋同性。更有效的做法是，投资者可以定期对行业进行调研，形成一些稳定的观点，再辅以统计层面的数据，从而能更好地指导宏观判断和投资。下面简单列举一些调研涉及的重要问题：

第一，新房成交。虽然国家统计局会公布分城市的销量数据和价格数据，但是这些数据的即时性和准确性存在缺陷。尤其是价格数据，其往往平稳到投资者很难从中产生什么鲜明的观点。而销量数据也与开发商的推盘量密切相关。如果推盘量不及去年同期，即便是销量同比下行，去化率也可能是同比提升的，房地产行业的景气度仍然在高位。因此，在观察统计数据外，可以重点调研主流房地产企业去化情况、推盘计划，这有助于形成对行业的定性认知。

第二，土地招标。土地成交及溢价率是宏观分析中经常使用的数据，但是这些数据往往不具有逻辑一致性。特别是土地溢价率，其可能是一个不太可取的指标，经常会发出错误信号。一个较好的方法是以主流公司的土储政策为出发点，对下一阶段房企在土地市场上的动作进行预判。这一方面要了解当前行业整体在手货值的情况，即主流企业在运营能力和未来房价不出现较大变化情况下以当前价格拿地的潜在净利水平如何；另一方面，还需考虑房企当前的融资成本和周转率是否有安全边际。

第三，金融环境与监管政策。房地产开发资金来源是投资者经常使用的一个数据，但这一数据的大类分得过泛，难以给出最直观的结论。地产债是固定收益投资的一个重要大品种。通过对地产债的分析，投资者可以了解到房地产企业在信贷、公开债券、资产支持证券、供应链融资、非标准债务融资等不同融资渠道面临的环境和潜在变化。这里面涉及的一些监管政策，则可以和其他研究结论相互印证。

要做好地产行业的研究，仅浮于统计数据层面是不够的，必须要下沉到企业层面才行。只有全面系统地对企业的战略、规划、约束有所了解，才能对行业趋势产生观点进而指导宏观判断和投资。

第七节　中观调研的设计与运用

一、中观调研的设计目的

中观调研一直是固定收益投资者判断宏观经济的重要视角。但投资者对于中观行业调研的真正重视和认知加深，源于 2017 年中国宏微观经济景气度数据背离下其对行情错判获得的深刻教训。随着经济潜在增速水平的变化以及宏观改革政策调控手段的日益丰富，若仍以静态的传统分析框架自上而下认知宏观经济及其与债券市场的关系，对行情的错判概率很大。这是中观调研应运而生的原因。中观调研在固定收益投资研究中有以下几点作用：

第一，形成稳定和全面的行业观察框架，借助对不同时间维度下的中观行业的跟踪保持对经济数据的敏感度，从而对债券市场投资研究提供具备时效性的支持。同时，中观调研可与宏观经济研判方法交叉验证，形成宏观到中微观的研究闭环。

目前投资者对中观行业的跟踪多集中在钢铁、有色金属、建材、地产等高频数据可得性强的行业，常用数据包括六大发电集团耗煤、螺纹钢库存表现、水泥出库情况、地产高频销售数据等。但这一常见跟踪框架的不足在于：①整体框架不完整，主要集中在中上游和偏建造类链条，而对消费链条、广义制造业链条以及出口外贸链条的跟踪均不充分。这容易造成投资者对经济总量趋势的错判。②当跟踪框架中的数据走向出现矛盾时，无法自上而下形成谁对谁错、谁是主要矛盾的判断。所谓解构容易整合难，这是从中观行业层面向上推导宏观经济基本面走势必然需要面对的问题。

中观调研在设计上，可对上中下游的重点行业做更为全面的覆盖，以尽量捕捉经济运行的轨迹。在中观调研对象的选择上，调研期货研究团队有助于通过多品种期货观察视角进行交叉比对研究，而对行业研究团队调研则有助于以重点公司和行业视角更深入认知经济的边际变化。在形成稳定的调研合作关系后，全面而稳定的中观调研框架能尽量避免宏观经济研究中重要逻辑线条发生变化时的遗漏。此外，中观调研以月度为基准频度，辅之以周度和日度的重点跟踪，能增强对债券市场策略时效性的支持。通过调研中的问题描述，投资者可以更好地了解相关"宏观研究对象"，或者是从问题的回答中找到判断房地产、基建投资、居民购买力、外需等重要宏观变量的线索，抑或是产业政策变化的线索。

第二，中观调研不仅能运用于固定收益利率策略下的宏观经济研判，也有助于"固收+"策略下权益研究副产品的产生，提升投资研究一体化效率。

设计中观调研的初衷是以行业视角辅助宏观经济判断，从而为固定收益策略提供更高胜率的方向判断支持。伴随着固定收益投资形态向"固收+"领域延伸，从权益资产上博取超额收益成为投资者对冲牛熊周期收益波动、提升超额业绩排名的重要方式。但相较权益投资者在行业层面完备的研究力量和多年的经验积累，固定收益投资者向权益领域拓展过程中需要寻求更有"性价比"的投资研究方式，而深度挖掘中观调研下的权益行业副产品机会便是具备效率的方式之一。

中观调研归根结底是行业层面的研究，调研的作用仅是高效、准确地呈现信息，而价值判断还是要依靠投资者自己。

二、中观调研的设计方法

中观调研报告的设计包含以下几个设计要素与逻辑方法：

（一）调研对象的选择

区别于从自身研究体系中从挖掘可得的行业信息，中观调研可选择期货研究团队和行业研究团队作为两大重要调研对象。

期货研究团队的优势在于其在多品种覆盖条件下对于行业信息捕捉具有全面性和丰富性，能有效弥补固有的中观行业跟踪体系的缺陷。此外，期货研究团队立足于多空均可获利的交易，其观点可避免"天然多头或空头"的倾向性。但在将调研结果运用于经济判断的过程中，投资者需要注意的是，期货研究团队的交易特性为长短期兼顾且灵活性较强，因此其对所专注品种的细节关注会相对偏多，对短期信息的重视程度较高，对宏观经济走势的判断会依托于更为主流的前提假设。固定收益投资与期货投资在时间维度的诉求上有所区别，因此投资者需要对驱动商品价格变化的中长期逻辑做独立梳理，将期货研究团队在调研中提及的信息进行对照分析，以探求行业层面的经济真相。

与期货研究团队不同，行业研究团队对行业运行宏观逻辑的重视程度较高，对行业在历史维度内周期位置的认知也更为深入。但在将调研结果运用于债券市场的宏观经济判断过程中，投资者需要注意的是，行业研究团队更倾向于对所处行业持续看多，因此其在观点的倾向性上需要谨慎辨别。此外，相较固定收益投资者对于行业和宏观信息的重视，行业研究团队的精力会更集中在上市公司的微观层面，自中观向下的深度探索是其更为擅长的。不过，近几年多数行业内部的龙头份额集中加速，重点公司与整体行业景气度的分化增大。若过度强调结构性原因和代表性公司，则可能无法有效代表行业背后的经济运行。

立足于自身宏观经济研究体系本身，投资者通过对从期货研究团队和行业研究团队获得的中观行业层面信息的结合分析，可以较为有效地认知经济运行面貌。

（二）调研行业的选择

本章在之前详细叙述了汽车行业、工程机械行业、消费版块、周期性行业、房地产行业等重点行业及其分析方法，而中观调研的行业设置与之一脉相承。

从调研行业大类来看，可分为中上游和中下游行业调研两部分。中上游行业主要涵盖钢铁与建材系、有色金属系、能源化工系和农产品系等，而中下游行业主要涵盖房地产、家电、工程机械、汽车、传媒、电子等多维度行业。

如上所述的调研行业设定，一方面可以帮助固定收益投资者对不经常关注但也较为重点的行业进行覆盖跟踪，从而扫除"视野盲区"内经济可能的敏感变化；另一方面，投资者可以将调研细节和有统计数据跟踪的行业进行对照分析。例如，当钢铁行业的价格上涨与库存去化时，中观调研有助于揭示这一现象背后究竟是供给端还是需求端的原因，而不同原因对债券市场的意义明显不同。

（三）调研角度的选择

对行业统计数据分析本质是用数字来简化问题，而中观调研需要呈现的更多是定性结果，甚至是对经济运行的观感。作为非行业专家的固定收益投资者，有时会对通过个别行业数据得出的结论心怀不安，因此可以通过调研的方式，使自身获得一个相对真实的"行业运行描述"。中观调研在内容和流程设计上可以基于以下维度的调研视角：

第一，基础认知，包括对行业景气度变化、价格涨跌、库存周期位置、行业成本利润变化等量、价基本要素最新状况的认识。

第二，热点归因，需结合近期宏观经济层面发生的重点及热点问题进行有针对性的调研。例如，从关键行业出发了解贸易易摩擦的实际影响。又例如，可从生猪、豆粕等农产品行业状况了解猪肉价格大幅度上涨的过程。

第三，深度挖掘，包括"认知当下"与"预判未来"两部分。如上文所言，期货研究团队和行业研究团队会从其自身特征出发更为注重短期品种的细节逻辑以及重点公司的微观逻辑，因此在调研问题设定上需要注重信息获取的引导性。例如，"钢铁品种中是否有细分品种与基建高度相关""各类细分品种近期现货价格变化反馈了哪一类需求变化""板材品种反馈了汽车行业景气度如何""目前非洲猪瘟对于行业供给的影响如何"等。此外，也可以直接询问期货和行业研究团队对于行业景气度及行业量价数据的预判情况及预判依据，从不同维度调研结果的相互补充、佐证中获得更真实的结论。

中观调研结果既是辅助判断宏观经济走势从而提高固定收益投资策略判断胜率的重要研究工具，也是深化行业认知、不断拓展研究领域的重要途径。

三、中观调研的应用实践

下面借助 2019 年以来中观调研对固定收益投资研究起到重要作用的四个典型案例，揭示中观调研的设计和开展过程。

1. 2019 年对"猪周期"及通货膨胀的判断

在 2019 年年初，结合盈利周期和产能周期看，2019 年大概率会迎来生猪产能底部位置以及价格触底后的回升周期。在此基础上，由于受非洲猪瘟疫情影响，价格上行拐点会有所提前，或在 2019 年二季度显现。这一相对中期结论更多是运用宏观趋势判断，但难以捕捉投资布局时点及涨价周期幅度。

2019 年 2 月底对期货研究团队进行中观调研，获得有关农产品方面的反馈：

第一，非洲猪瘟疫情对生猪存栏量的影响在豆粕行业开始显现。

第二，在上涨行情启动时点方面，最迟4月份猪价将开启上涨模式。以2018年10月份猪瘟产生普遍影响来算，出栏生猪量将在2019年3—4月开始逐渐反映猪瘟影响。此外，按照季节性及周期性规律，4月通常为年内价格最低点，近几次周期启动也均在4月。

第三，在上涨幅度方面，下半年价格高点有望突破历史最高价。2019年1月相比于2018年8月生猪存栏量下滑43.5%，母猪存栏量下滑28.17%。2019年年初，非洲猪瘟疫情依然呈现多省爆发、局部蔓延的态势，行业内预估生猪产能降幅约30%，而在既有政策执行落实不到位的情况下，预计产能降幅仍将扩大。

第四，在行情持续性方面，考虑到补栏母猪在13个月后才能释放产能，可以预计2019年5—6月猪价上涨后，母猪补栏留种开始增多，但猪价将持续数月处于高位。在随后7月、8月的行业调研中跟踪猪周期价格和供给端变化动向可以发现，猪肉价格在7月以来延续大幅上涨趋势，其在7月国家统计局公布的CPI中的涨幅表现也较前期进一步显著。从行业反馈来看，猪供给周期的收缩仍在继续，供给收缩带来的供需关系失衡下的涨价趋势也仍在继续，且有望在四季度创新高。这一产业视角标识了通货膨胀压力。事后来看，2019年8—10月通货膨胀预期抬升下的货币政策边际趋紧，成为债券收益率阶段性调整的重要逻辑之一。

2.2019年6—8月把握股债行情的阶段性反转

2019年5—6月的中观调研显示，监管政策边际收紧使资金偏紧局面逐渐出现，对建造类链条景气度形成打击；若融资端持续收紧趋势，将加速房地产行业下行。从钢厂贸易商的反馈来看，不管是地产项目还是大型基建项目，自5月起都出现了终端回款转差的情况。

从2019年7月的中观调研中可以观察到，钢铁产业链景气度走弱较前期有所加速，体现为7月以来期现货价格的大幅下跌；行业利润走弱下的生产行为开始放缓，而库存行为持续累积下反馈的需求则传导不畅。

2019年6—8月股债资产较前期"股强债弱"的走势出现方向性反转，而中观调研反馈的行业信息捕捉到的经济动向可为判断资产行情方向提供重要依据。

3.2019年房地产行业中观调研有效性远胜于宏观统计数据分析

一直以来，投资者对房地产行业的判断比较依赖于国家统计局数据和监管政策，但这种方式有较大局限。房地产行业的监管政策长久以来一直偏负面，如果沿着趋严的监管政策方向判断，房地产行业应该出现大幅萎缩，而国家统计局层面的房地产行业数据却与该情况出入较大。事实上，近几年每年年初，总有市场声音看衰房地产行业景气度，但宏观层面的房地产投资等数据却持续展现了超强韧性。在宏观调控政策思路变化和房地产企业行为分化的背景下，宏观统计数据分析的有效性有所下降。

2019 年，通过对代表性房地产企业的土地储备计划、推盘计划、融资约束进行系统性中观调研，可形成对房地产行业销售与资本开支相对稳定的中期观点。例如，2019 年年中，政府推出对涉房贷款增速和总额的一系列限制，市场一度对房地产行业的短期资本开支非常悲观，普遍推断房地产企业开工拿地的趋势将持续减弱。但中观调研则显示，房地产行业的资本开支出现大小房企分化、拿地和工程支出分化的情况。这有助于研究者增加对房地产企业项目制运营本质的了解，即房地产企业面临融资紧缩的第一反应不是停下来，而是加快项目推进，以实现快速回款。一定土地储备规模对于房地产企业保持行业竞争力和融资能力则十分重要。据此，可以判断土地购置不会崩塌，还会保持一定强度。这也在事后得到了验证。

4. 2020 年新冠肺炎疫情发生后经济修复过程中对贸易链条景气度超预期的判断

2020 年，新冠肺炎疫情对全球经济和大类资产走势的影响十分显著。基于疫情对全球总需求的损害和海外疫情的持续发酵，市场多数观点对于进出口贸易的判断都非常悲观。不过，2020 年 5 月起，围绕中国贸易链条景气度进行的一系列中观调研却给出了比市场一致预期更乐观的判断。事实证明了这一点：2020 年 9 月，进出口已经恢复至同比增长率 10% 的水平，这在一般分析逻辑上是难以想象的。

下面对中观调研过程进行总结：

2020 年 5 月公布的 4 月出口增速超预期转正和边际改善。市场有观点认为这是由于基数效应下的单月波动，也有观点认为是口罩等防疫用品出口的结构性原因。但这些结论并未意识到中国贸易链条景气改善的持续性。图 3-24 对比了中国和印度等生产型经济体向欧盟 27 国出口的出口金额增速，可以发现：历史全球贸易景气周期波动过程中，中国与印度等生产型经济体的出口趋势基本呈同涨同跌；但在本轮疫情影响下，中印形成明显"互补"特征，4 月开始中印的反向特征便持续增强。虽然存在新冠肺炎疫情在不同国家影响的时间序列错位，但比较各国增速与其自身在 2008 年金融危机影响下的位置看，印度明显受损，而中国出口明显偏强。

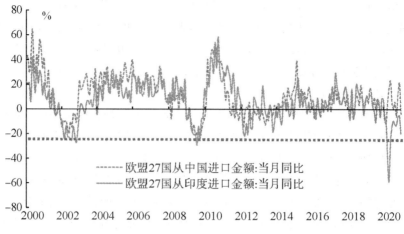

图 3-24 中国和印度出口金额同比增长率

基于此，一个重要的问题是：本轮疫情作为公共卫生危机，区别于金融危机对经济内生动能冲击造成总需求受损，是否会从供给端的逻辑构成影响？倘若供给侧影响的权重上行，那么疫情后修复更良好的中国可能基于自身全产业链的出口优势实现地域间的腾挪效应，形成贸易改善的持续性。

针对上述问题对期货和行业研究团队进行调研验证，结论显示：

第一，东南亚部分纺织服装生产大国卫生安全事件仍在蔓延，印度等国家纺织服装等轻工业复工较为缓慢。与此同时，诸多欧洲国家解除封港、封国限制必将带动自由贸易复苏，出口外贸将迎来回暖。国外经济重启以及部分纺织服装工业复工会使国内化纤原料及终端纺服出口订单逐渐增加。

第二，目前确实存在印度等疫情较严重国家的订单向中国企业转移的情况。国内纺织外贸型企业总体开工率在 60%～70%，5 月以来接单情况环比改善，但总体结构以短单为主，订单周期多在 1 个月以内。预计第二季度为纺织出口企业接单压力最大的季度，第三季度订单降幅则有望环比收窄，乐观估计2020 年第四季度或明年第一季度接单有望恢复至正常水平。此外，部分与防疫需求有关的纺织品出口出现了大幅的扩张，而服装出口地区中欧美占比较高。

总结来看，中观调研结论印证了前期基于中印数据对照后的逻辑推演；而在此基础上，又给出了数据体系中 CCFI 和 PMI 新出口订单分项持续改善的证据。CCFI 同比增长率通常领先出口增速 3～6 个月。基于领先指标趋势陡峭式回升，可以判断中国贸易链条增速有望持续加速改善，进而对相关产业生产和库存带来积极影响，也有助于就业的稳定。

事后复盘来看，2020 年 5 月起债券市场的大幅调整核心逻辑是货币政策和流动性的拐点显现，但不得忽视的宏观经济背景是经济复苏的趋势良好，给予货币政策将阶段性目标转向防控风险的底气。而贸易链条好于预期是支撑宏观经济边际改善的重要逻辑主线。据此，中观调研及其与宏观研究的结合为宏观经济判断和债券策略选择提供了领先和正确的支持。

第八节　小结

中观研究的要点如下：

第一，建立行业重要性程度的认知。虽然房地产行业、汽车行业、建筑建材行业等是重要的中观行业，但对于不同宏观研究目标，还需有不同的细分子行业与之对应。比如农业和能源对于通货膨胀的影响、长材与建造开支的关系、板材与工业品生产的关系、汽车与可选消费之间的关系等。理解上述关系有助于更好地锁定研究对象。

第二，建立行业上下游关系和产业链运转的常识，这样有助于进行交叉验证。正如工业品行业会建立供需平衡表来分析价格走势，无论是为一个宏观猜想寻找中观证据，还是从中观变化推断宏观结果都需要有这样的积累。

第三，利用好上市公司的数据。经济社会正处在一个头部企业竞争优势扩大、资源集中的时代，上市公司对于经济的代表性在提升，而且鉴于较为严格的监管要求，上市公司的财务数据质量较高，对于宏观判断的价值日趋提升。

第四，进行中观研究应避免本末倒置，不能沉浸在中观数据中，通过支离破碎的证据去拼凑真相。

第五，投资者很难对每个行业都有深入的研究和持续的跟踪，而且行业本身的逻辑和研究方法也在变化。因此，投资者应努力做好一个发问者，在面对一个中观问题时，能迅速精准地对应到关键变量并找到专精于此领域的专家。例如，若猜测可选消费会在疫情的影响下遭到重创，投资者一方面可以调研有4S 店信息资源的汽车研究专家，另一方面还可以联系能跟踪格力和美的这种代表性企业周度、月度数据的行业专家，或去了解银行对于消费贷、资产质押贷款的投放力度。通过多方数据信息的比较和验证，就可以对判断形成支撑。

第四章 海外研究

第一节 概述：海外研究是重要性日增但深度不足的领域

2018 年中美贸易摩擦开始之后，海外研究对中国债券市场的重要性日益凸显，但目前研究深度却严重不足，主要原因在于：第一，国内投资者对海外的数据体系不熟悉，关注点大多集中在美股、美债、美元三项；第二，成熟发达经济体的数据体系远比国内庞杂，而海外市场对国内的影响又相对间接和不稳定，使得投资者难以形成清晰的研究观点。

本章无法给出一个宏大完备的海外研究体系，但尝试提供一些在认知有限、时间有限的条件下，让海外研究服务于国内固定收益投资的方法。

海外数据体系庞杂但数据质量高、层次丰富，所以指数化的思路有助于把海外研究化繁为简。本章第二、三节涉及将海外经济运行状况指数化的内容，既包含已经颇为成熟的金融条件指数（financial condition index，FCI），也包含我们独创的描述美国经济运行的海外经济条件指数（economic condition index，ECI）。第三节会着重介绍 ECI 对于经济趋势的刻画和预测能力。第四节是对于汇率问题的一些研究。汇率对于国内债券市场有直接影响。一方面，汇率可能会直接改变海外机构对于人民币资产（尤其是中国国债）的配置；另一方面，结售汇行为的变化也会影响银行间的资金供给。第五节是对海外突发事件的分析。虽然突发事件在固定研究框架之外，但也会对债券市场产生深远影响。

第二节　指数化的金融条件分析[①]

一、FCI 的提出背景

2008 年美国次贷危机引发的全球性金融危机，对世界各国的经济和金融稳定造成了极大的冲击，对货币政策领域也产生了重大影响。货币政策的理论和实践在危机中和危机后发生了改变，开始关注金融部门发展对经济活动的影响。

金融危机之前的普遍观点是，金融市场只是实体经济的衍生品，为实体经济运行服务，实现价格和产出稳定即可促进金融稳定。当时发达金融市场国家的中央银行大都依据泰勒规则（Taylor rule）设定常规货币政策工具。泰勒规则认为，基准利率目标是产出缺口和通货膨胀缺口的函数，目的是要将经济保持在充分就业水平上。在泰勒规则下，常规货币政策通常选取短期名义利率作为中间目标，以期通过影响短期利率进而作用于实体经济。例如，美联储会调整联邦基准利率或用公开市场操作来影响短期利率，以支持经济较长时间的高增速和低通货膨胀。

不过，随着金融的不断发展和深化，金融部门的运行状况已经能够直接影响实体经济的正常运转。虽然产出和价格水平稳定对经济状况肯定是有益的，但金融危机则表明，只关注这些目标的货币政策可能不足以产生良好的经济结果。常规货币政策有效性受限的一个重要原因是，政策利率对总需求的直接影响很小，因而其并不是一个足以评价货币政策对实体经济影响的统计数据。相反，政策利率变化的大部分影响是通过更广泛的金融环境变化间接发生的，包括长期利率、信贷息差、汇率和股价。因此，基准利率已不再是金融状况的可靠预测指标。事实上，20 世纪 80 年代以后，较高的联邦基金利率与紧缩的金融环境之间存在的联系已经明显减弱。

为确保货币政策实施的有效性，中央银行必须同时关注金融部门的运行状况，选择更全面、合理的货币政策中间目标。但由于金融体系自身的复杂性，尤其是危机后金融体系的剧烈动荡和传导滞后，追踪金融部门的发展并估计金融状况变得越来越困难。构建一个能相对有效的衡量金融状况的指标，对于中央银行制定和实施货币政策有非常重要的指导意义。FCI 便在此背景下应运而生。

---

① 该部分研究得到了融通基金管理有限公司戴锐、成涛的帮助。

二、FCI 的基本概念

FCI 是在货币条件指数（monetary condition index，MCI）的基础上发展起来的。MCI 在 20 世纪 90 年代初首先由加拿大银行提出，是相对于基期的短期利率和汇率的加权平均，旨在提供关于经济和货币政策立场的信息。MCI 的变化反映了当前经济的货币条件相对于基期在多大程度上紧缩或宽松。由于简单且易于理解，MCI 获得了各国中央银行、国际组织和金融机构的广泛运用。

但随着现代经济中金融复杂性和规模的增加，资产价格等金融变量如何影响经济受到越来越多的重视，不能描述金融市场的 MCI 不再适合作为中间目标。MCI 开始引入经济主体所面临的受货币政策影响的金融条件指标，以扩展传统政策立场度量，实现对经济金融状况更全面地反映。

FCI 是根据货币政策传导的利率渠道、汇率渠道、资产价格渠道等综合构建的一项指数，能对中央银行货币政策变动做出反应，同时对实体经济产生影响。构建 FCI 的本质是衡量金融变量及其滞后项对经济活动的总影响。在组成变量方面，FCI 以货币政策传导渠道为基础，而金融解释变量是否被纳入、赋予多少权重取决于该变量的统计显著性。

FCI 的应用是一个值得关注的问题。Beaton 等[1]利用 FCI 发现，危机期间美国金融条件对 GDP 增长有巨大负面影响，而美联储采取的货币宽松政策并不足以抵消金融条件的紧缩。Swiston[2] 指出，FCI 能预测未来若干季度的产出增长，可被用于评估货币政策的未来进程。刁节文和章虎[3]则认为，将 FCI 引入泰勒规则能更好地描述利率对金融状况的反应。据此，一个设计良好的 FCI 可用于综合衡量和评估经济主体面对的金融状况，获取关于经济前景的领先信息，而冲击发生时 FCI 的变动也可提供关于市场解读冲击和未来货币政策期望的指示。事实上，美联储在实施货币政策时越来越明确地考虑金融条件的变化。公开的联邦公开市场委员会会议记录以及 10 多年前联邦公开市场委员会会议纪要中对 FCI 的大量引用证明了这一点。

---

[1] BEATON K, LALONDE R, LUU C. A financial conditions index for the United States [R]. Bank of Canada, 2009.

[2] SWISTON A. A US financial conditions index: putting credit where credit is due [M]. International Monetary Fund, 2008.

[3] 刁节文，章虎. 基于金融形势指数对我国货币政策效果非线性的实证研究 [J]. 金融研究，2012 (4)：32-44.

三、FCI 常用指标

芝加哥联邦储备银行、堪萨斯城联邦储备银行、国际货币基金组织、经济合作与发展组织等权威机构均构建了 FCI，相关信息如表 4-1 所示。在实践中，更常用的 FCI 来自彭博有限合伙企业（以下简称"彭博"）、高盛集团（以下简称"高盛"）、花旗银行（以下简称"花旗"）、德意志银行股份有限公司（以下简称"德意志银行"）等市场化金融机构。

表 4-1 权威机构构建的代表性 FCI

名称	频率	起始时间	方法	构成
芝加哥联邦储备银行国家金融条件指数（NFCI）	周度	1971 年	动态因子模型	来自货币、债务和股票市场的 105 个序列
堪萨斯城联邦储备银行金融压力指数（KCFSI）	周度	1990 年	主成分分析	11 个变量，包括利率、利差、汇率和通货膨胀压力等
国际货币基金组织 FCI	月度	1990 年	动态因子模型	16 个序列，包括利率、利差、信贷增长、股票回报、汇率和恐慌指数等
经济合作与发展组织 FCI	季度	1995 年	基于 GDP 影响的加权	6 个序列，包括实际短期利率、垃圾级债利差、信用标准、实际汇率、股票市值等

1. 彭博 FCI

彭博 FCI 是从 1991 年开始的日度更新数据，是追踪金融状况的便捷工具。该指数由货币市场指数、债券市场指数和股票市场指数三个等权重子指数的加权构成①。每个主要子指数再由 10 个基本指标组成，这些指标在相应子指数中同样具有相同权重。每个指标和 FCI 都经过标准化处理。

2. 高盛 FCI

高盛 FCI 是从 2000 年开始的日度更新数据，是短期债券收益率、长期公司债收益率、汇率和股市变量的加权和。美联储的宏观经济模型（FRB-US 模型）被用来确定基于 GDP 影响的权重。长期公司债收益率在 2005 年之前，使用流动性较差的穆迪 A 级公司债券指数；2005 年以后则以 10 年期掉期利率和

---

① ROSENBERG M. Global financial market trends and policy [R]. Bloomberg Financial Conditions Watch, 2009.

10 年期信用违约掉期息差之和来衡量。高盛 FCI 上升表明金融环境收紧，而下降则表明金融环境转为宽松。

3. 花旗 FCI

花旗 FCI 是企业利差、货币供应量、股票价值、抵押贷款利率、贸易加权美元和能源价格 6 个金融变量的加权和，其中的权重是根据世界大型企业联合会的一致指标指数的简化形式预测方程确定的。花旗 FCI 利用各种转换和指标的滞后，形成大约 6 个月时间范围内对一致指数变动的预期。

4. 德意志银行 FCI

德意志银行 FCI 的第一个主成分是从涉及汇率、债券、股票和住房市场的 7 个标准化金融变量中提取的。之后德意志银行 FCI 被设置为该主成分和目标联邦基金利率的加权和，其中的权重是在对金融变量和实际 GDP 增长进行回归时确定的。该指数的水平可以解释为某个时间点的金融状况对 GDP 的拖累或提振，具体取决于该指数的正负。

5. 中国金融条件指数

中国金融条件指数是第一财经研究院为衡量中国融资条件、融资可得性，以及宏观金融综合松紧程度而创建的综合指标。指数采用主成分分析法，以最大限度地抓取中国银行间同业拆借市场、债券市场、股票市场以及银行信贷等融资渠道的变化信息。指数值为标准化后得分，高于零的数值代表相对紧缩的金融环境，低于零的数值代表相对宽松的金融环境。从图 4-1 对比的 PMI 与中国金融条件指数走势来看，中国金融条件指数对于经济的指示意义和拟合程度不甚理想。这或与中国经济结构以间接融资为主有关，也可能与指标构建的权重占比有关。

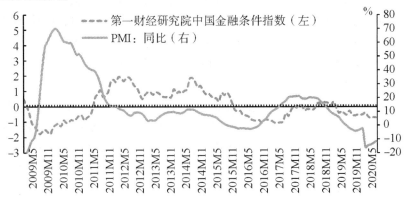

图 4-1　PMI 同比增长率与中国金融条件指数

四、FCI 在固定收益投资中的应用

在投资实务中，除了观察 FCI 走势外，对 FCI 分析还可从构成 FCI 的分项入手，主要围绕货币市场、债券市场和股票市场三个重要层次展开。

1. 货币市场层次：利率

货币市场的利率通常考察短期利率和名义 10 年期无风险利率。对美国来说，可选择目标联邦基金利率和 10 年期美国国债收益率；对日本来说，可选择隔夜无担保债券利率和 10 年期日本国债收益率；对欧元区来说，选择 3 个月隔夜指数掉期利率（overnight index swap，OIS）和 10 年期掉期利率。不过，更重要的是对货币市场利差的分析，常用的是 TED 利差和 LIBOR-OIS 利差。

TED 利差是 3 月期美元伦敦同业拆借利率（London interbank offered rate，LIBOR）与 3 月期美国国债（teasury bills，T-Bills）的利率之差。T-Bills 是市场公认的安全性极强、违约风险极低的证券，同时具有较好的流动性。由于 T-Bills 利率可被视为无风险利率，因此 TED 利差能够反映银行间拆借市场的风险状况。若 TED 利差下降，说明市场认为银行体系风险大幅下降，银行间借贷成本降低，这会连带降低企业借贷成本水平，使大量流动性不断充斥市场。当 TED 利差上行，则显示市场风险提升，市场资金趋紧，银行借贷成本提高，这会连带提高企业的借贷成本，代表信用状况紧缩。

LIBOR-OIS 利差是 3 月期美元 LIBOR 与隔夜指数掉期利率之间的利差。该利差与 TED 利差有相似之处，主要体现银行间市场的风险溢价。息差扩大被视为银行间拆借的意愿下滑。

LIBOR-OIS 利差与 TED 利差在大多数时期的走势高度趋同。从计算方式上看，两者均是用 3 月期美元 LIBOR 减去代理无风险利率得到，同样能够衡量离岸美元市场的流动性风险，因此在整体趋势上具有一定的相关性。不过，两大利差之所以能够同时存在并成为重要参考利差，是因为其计算方法差异背后的逻辑不同。LIBOR-OIS 利差与 TED 利差之间的分化体现在 OIS 利率与 T-Bills 利率之间，因此进一步衍生出 OIS-TBills 利差。

一般情况下 OIS-TBills 利差为正，即 TED 利差大于 LIBOR-OIS 利差。OIS 合约门槛较高，其交易以各大银行的套期保值为主，其他机构的参与程度较低。而 T-Bills 市场的交易规模、参与者范围均显著大于 OIS，涵盖非银行金融机构以及各大企业。因此，T-Bills 收益率在更大规模的资金流入中会被压至更低水平。同时 T-Bills 收益率也更易受美国财政部的国债供给影响。鉴于 LIBOR 与 OIS 两者的衡量范围局限在银行体系内部，我们可以认为 LIBOR-OIS

利差更多反映的是银行体系内部的风险，而 TED 利差反映的风险范围则更广。

LIBOR-OIS 利差与 TED 利差之间的差异在流动性危机来临时会被进一步放大。当市场预期风险提升时，银行间市场拆借意愿低下导致 LIBOR 抬升，同时投资者为安全起见会倾向于买入风险更低的证券，T-Bills 因此成为短期资金最佳的避险方式。大量资金流入 T-Bills 会导致国债利率进一步被压低。而 OIS 利率与联邦基金利率挂钩，相对稳定。此时，TED 利差会承受更大的走扩压力。

2. 债券市场层次：企业债信用利差

企业债信用利差包括投资级利差、高收益级利差、地方债利差和掉期期权波动率等指标。

3. 股票市场层面：股票价格

股票市场层面的指标可使用席勒市盈率（Shiller P/E ratio），即一个基础广泛的股票指数与滞后的 10 年平均每股收益的比率。股票指数包括美国的标准普尔 500 指数、日本的东证 500 指数和欧元区的斯托克 50 指数。

除以上三个主要市场外，不同的 FCI 构成中还包含以下一些指标，可对其加以分析：①主权利差，可使用 10 年期国债收益率与 10 年期互换利率之差衡量。对于欧元区，指标可按各国 GDP 总量进行加权。②贸易加权汇率。使用广义的贸易加权汇率指数，即 36 种双边汇率的贸易加权平均值，其中的权重反映了每个经济体国内企业相对于外国企业的出口、进口和第三方市场竞争情况。

4. FCI 应用实例

在投资实务中，可对 FCI 形成相对高频的日度或者周度跟踪观察。FCI 对于宏观经济预判以及股债资产走势预判均具备一定领先作用和相关性。举例来看，根据图 4-2，2020 年 2 月底开始，在资本市场的大幅联动下跌背景下，美国 FCI 大幅恶化，且各个分项指标也均大幅共振恶化。而伴随着美联储一系列救市和扩表政策的出台，3 月底之后 FCI 边际改善明显。具体地：

货币市场利差方面，反馈银行借贷成本和企业借贷成本的 TED 利差、反映全球银行体系信贷压力和银行间拆借意愿的 LIBOR-OIS 利差以及商业票据和短期国债利差均在前期大幅恶化，后均在 4 月明显改善。债券市场利差方面，Baa 级别利差、高收益债券利差以及地方债利差均在 4 月小幅波动恶化，尚未明显改善，但掉期期权波动率大幅上升后得到小幅修复。股票市场方面，股指迅速下跌后也止跌，波动指数（volatility index，VIX）波幅有所下降。

总体来看，美联储和美国政府的一系列救市行为对于流动性危机的缓解和

FCI 的改善是相对有效的，阻止了金融市场自反馈的进一步恶化。诚然，对于经济增长而言，疫情对其全方位的负面影响仍在延续，就业和增长压力仍在累积；但疫情对风险资产和风险情绪的影响在边际递减和弱化，且政策在流动性和稳增长层面的巨量支持有助于市场稳定性和风险偏好的提升。

如举例所言，对于 FCI 的深刻理解和持续跟踪分析，会协助投资者更好地预判资产走势，使其在宏观经济分析的基础逻辑上更为深入和敏感。

图 4-2　2019 年 7 月—2020 年 7 月美国 FCI

第三节　指数化的海外宏观经济周期位置分析

中国身处全球经济的动态变化中，受海外宏观经济变动的影响；同时作为全球经济体重要组成部分和部分领域具备领先性的一分子，又影响着海外其他国家经济的变化。但对于国内投资者而言，他们无法像熟悉和了解国内细项数据一样对海外多个经济体的经济情况进行"解剖式"跟踪，也容易受到单个数据或事件的噪声干扰从而形成误判。对此，可将结构性数据综合起来构建起一个反映海外经济体所处周期位置的综合衡量指标 ECI。

一、ECI 的构建方法

以美国为例，我们基于 40 个不同维度、不同领域衡量美国经济活动的数据组合，构建了 ECI。其中以月度数据为主，日度、周度和季度数据为辅。

指标选择上，构建的美国 ECI 既囊括了国内投资者较为关注的美国 GDP、美国供应管理协会制造业指数、美国密歇根消费者信心指数等常规数据，也基于对海外投行相关深度研究报告的学习，将更为本土化和深入化的高盛美国经济增长指标、美国产能利用率、美国信贷经理指数综合指数等分类纳入观察和监控体系中。在美国 ECI 数据框架中，实际经济增长数据与经济预期调查，制造业、房地产、消费等产业划分，以及债券、股票、货币与信贷市场的金融条件反馈等信息均得到多维度、多层次的跟踪和展示，因而美国经济周期位置和边际变化得到了综合衡量。

在数据处理方法上，先将数据标准化，后利用标准化后的数据进行加权平均，以确认经济增长（growth）、情绪（sentiment）、流动性（liquidity）、通货膨胀（inflation）四个分项的周期位置，并给出放缓（slowdown）、衰退（recession）、复苏（recovery）、加速（acceleration）四种状态的提示。

二、基于 ECI 的美国经济周期位置分析

图 4-3 用芝加哥联储全国活动指数（Chicago fed national activity index，CFNAI）来反映美国整体经济活动状况。从中可识别美国 1985 年以来六轮下行周期。下面回测所构建的美国 ECI 在各次下行周期中的指数作用。

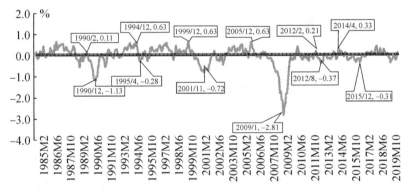

图 4-3　1985—2019 年美国 CFNAI

1. 第一轮下行周期

在第一轮下行周期中，CFNAI 从 1990 年 2 月开启下行，并在 1990 年 12 月达到最低点。

ECI 的指示性如表 4-2 所示：经济增长分项从 1989 年 11 月开始持续出现较 CFNAI 领先的放缓提示，在 1990 年 6 月开始出现持续的衰退提示（单月加速提示可忽视噪声）；通货膨胀分项从 1989 年 12 月开始持续出现衰退提示，从 1990 年 8 月开始出现复苏和加速的改善提示；情绪和流动性分项在时间区间内前期出现衰退提示，中期有所改善，至复苏状态，7 月开始继续走弱至衰

退状态；综合 ECI 在 1989 年 12 月出现领先的衰退提示，1990 年二季度有边际改善，1990 年下半年又持续走弱至衰退状态。

从效果来看，ECI 信号提示具备时间序列上的相对领先性和趋势指示上的相对准确性。同时，当给出衰退的相对极端信号提示时，投资者须高度关注。

表 4-2　美国第一轮下行周期中 ECI 的指示性

日期	ECI信号	经济增长分项信号	情绪分项信号	流动性分项信号	通货膨胀分项信号
1989 年 12 月 29 日	衰退	放缓	复苏	衰退	衰退
1990 年 1 月 31 日	衰退	加速	衰退	复苏	衰退
1990 年 2 月 28 日	衰退	放缓	衰退	复苏	衰退
1990 年 3 月 30 日	复苏	放缓	复苏	复苏	衰退
1990 年 4 月 30 日	复苏	放缓	复苏	复苏	衰退
1990 年 5 月 31 日	复苏	放缓	复苏	复苏	衰退
1990 年 6 月 29 日	复苏	衰退	复苏	复苏	衰退
1990 年 7 月 31 日	衰退	衰退	复苏	复苏	衰退
1990 年 8 月 31 日	衰退	衰退	衰退	衰退	复苏
1990 年 9 月 28 日	衰退	衰退	复苏	衰退	复苏
1990 年 10 月 31 日	衰退	衰退	复苏	衰退	加速
1990 年 11 月 30 日	衰退	衰退	衰退	衰退	加速
1990 年 12 月 31 日	衰退	衰退	复苏	衰退	加速
1991 年 1 月 31 日	衰退	衰退	复苏	衰退	放缓
1991 年 2 月 28 日	复苏	衰退	复苏	复苏	放缓

2. 第二轮下行周期

在第二轮下行周期，CFNAI 从 1994 年 11 月开启下行，最低点出现在 1995 年 5 月，并于 1995 年 11 月二次探底。

ECI 的指示性如表 4-3 所示：经济增长分项从 1995 年 1 月开始出现放缓提示，较 CFNAI 的下行起点略滞后，而后持续出现放缓提示。但 CFNAI 出现非常明显的下行的时点是从 1995 年 1 月开始，与 ECI 一致；需要注意的是，通货膨胀分项在前期持续出现加速提示。从 CPI 来看，美国这段时间处在通货膨胀上升周期；情绪分项和经济增长分项表现基本一致，均从 1995 年 9 月起出现加速的强改善提示。这对下行终点的提示具备领先性；流动性分项前低后高，从 1995 年 4 月开始改善明显。总结来看，综合 ECI 在 1995 年 1 月出现放缓提示，1996 年 2 月结束，整体上对起点的提示略有滞后，但与 CFNAI 大幅下行的起点具备同步性。

从效果上看，当出现通货膨胀上升周期时，综合 ECI 对于经济的反馈可能存在滞后性。当然，这一轮经济下行周期转负时间较短，经济下行时间和幅度较小，这可能也是指标指示效果并不非常有效和及时的原因。

表 4-3　美国第二轮下行周期中 ECI 的指示性

日期	ECI 信号	经济增长 分项信号	情绪 分项信号	流动性 分项信号	通货膨胀 分项信号
1994 年 11 月 30 日	加速	放缓	加速	加速	加速
1994 年 12 月 30 日	加速	加速	加速	放缓	加速
1995 年 1 月 31 日	放缓	放缓	放缓	放缓	加速
1995 年 2 月 28 日	放缓	放缓	放缓	放缓	加速
1995 年 3 月 31 日	放缓	加速	放缓	放缓	放缓
1995 年 4 月 28 日	放缓	放缓	放缓	加速	加速
1995 年 5 月 31 日	放缓	放缓	放缓	加速	放缓
1995 年 6 月 30 日	放缓	放缓	放缓	加速	放缓
1995 年 7 月 31 日	放缓	放缓	放缓	加速	放缓

3. 第三轮下行周期

在第三轮下行周期，CFNAI 从 1999 年 11 月开启下行，最低点出现在 2001 年 8 月，转负时间和幅度较大。

ECI 的指示性如表 4-4 所示：经济增长和情绪分项从 2000 年 3 月开始出现放缓提示，较 CFNAI 的下行起点略滞后，而后持续出现放缓提示，并于 2000 年 12 月出现更极端的衰退提示。不过，这一轮经济增长的提示信号在过程中有所中断和混乱，情绪分项的提示更为连续。还需要注意的是，CFNAI 的较大幅度下行开始于 2000 年 3 月，与 ECI 的指示一致；通货膨胀分项在前期出现加速提示。从 CPI 来看，美国这段时间也处在通货膨胀上升周期；流动性分项前低后高，从 2001 年 3 月开始改善明显；综合 ECI 从 2000 年 3 月出现放缓提示，并于 2000 年 12 月出现更极端的衰退提示。

从效果上看，ECI 信号的提示往往与 CFNAI 开始出现较大幅度走弱的时点相一致或略领先。另外，再次验证通货膨胀和 ECI 的关系，即当出现通货膨胀上升周期时，综合 ECI 对于经济的反馈可能存在滞后性，需要继续观察验证。

表 4-4　美国第三轮下行周期中 ECI 的指示性

日期	ECI 信号	经济增长 分项信号	情绪 分项信号	流动性 分项信号	通货膨胀 分项信号
1999 年 11 月 30 日	加速	加速	加速	复苏	加速
1999 年 12 月 31 日	加速	加速	加速	复苏	加速
2000 年 1 月 31 日	加速	加速	加速	复苏	放缓
2000 年 2 月 29 日	加速	放缓	放缓	加速	加速
2000 年 3 月 31 日	放缓	加速	放缓	加速	放缓
2000 年 4 月 28 日	放缓	放缓	放缓	放缓	放缓
2000 年 5 月 31 日	放缓	放缓	放缓	放缓	放缓
2000 年 6 月 30 日	放缓	加速	放缓	衰退	放缓
2000 年 7 月 31 日	放缓	放缓	放缓	衰退	放缓
2000 年 8 月 31 日	放缓	加速	放缓	衰退	放缓
2000 年 9 月 29 日	放缓	加速	放缓	衰退	放缓
2000 年 10 月 31 日	放缓	放缓	加速	衰退	放缓
2000 年 11 月 30 日	放缓	放缓	加速	衰退	放缓
2000 年 12 月 29 日	衰退	衰退	衰退	衰退	加速
2001 年 1 月 31 日	衰退	衰退	衰退	衰退	放缓
2001 年 2 月 28 日	衰退	衰退	衰退	衰退	加速
2001 年 3 月 30 日	衰退	衰退	衰退	复苏	加速
2001 年 4 月 30 日	复苏	复苏	衰退	复苏	放缓
2001 年 5 月 31 日	复苏	衰退	复苏	复苏	放缓
2001 年 6 月 29 日	复苏	衰退	复苏	复苏	加速
2001 年 7 月 31 日	复苏	衰退	复苏	衰退	放缓
2001 年 8 月 31 日	衰退	衰退	复苏	复苏	放缓
2001 年 9 月 28 日	衰退	衰退	衰退	衰退	放缓
2001 年 10 月 31 日	衰退	复苏	衰退	复苏	衰退
2001 年 11 月 30 日	复苏	衰退	复苏	复苏	衰退

4. 第四轮下行周期

在第四轮下行周期，CFNAI 从 2005 年 3 月开启下行，最低点在 2009 年 6 月，转负时间和幅度都是历史回溯以来最大的一轮。

ECI 的指示性如表 4-5 所示：经济增长、情绪和流动性分项于 2005 年 3 月同步出现放缓信号提示，而通货膨胀分项给出的信号更为提前。同时，在这段下行周期过程中，2006 年 8 月情绪分项出现衰退信号，通货膨胀分项于 2006 年 12 月给出衰退提示，2007 年 7 月流动性分项出现衰退提示，综合 ECI 于 2007 年 8 月出现的衰退提示，整体的信号提示较为领先和准确。从后半程的改善来看，2008 年 4 月流动性分项开始出现复苏信号的改善提示，2009 年 2 月经济增长和情绪分项开始出现复苏提示，都较领先和及时。

从效果上看，在本轮经济危机的大下行周期中，ECI 信号提示在起点和终点位置都较准确且领先。这表明，综合 ECI 指标在大波动周期中的指示效果更好。

表 4-5　美国第四轮下行周期中 ECI 的指示性

日期	ECI 信号	经济增长 分项信号	情绪 分项信号	流动性 分项信号	通货膨胀 分项信号
2005 年 3 月 31 日	放缓	放缓	放缓	放缓	放缓
2005 年 4 月 29 日	放缓	加速	放缓	放缓	加速
2005 年 5 月 31 日	放缓	放缓	放缓	放缓	放缓
2005 年 6 月 30 日	放缓	放缓	放缓	衰退	放缓
2005 年 7 月 29 日	加速	放缓	加速	复苏	放缓
2005 年 8 月 31 日	加速	放缓	加速	加速	放缓
2005 年 9 月 30 日	加速	加速	放缓	加速	加速
2005 年 10 月 31 日	加速	放缓	放缓	加速	加速
2005 年 11 月 30 日	放缓	加速	放缓	放缓	放缓
2005 年 12 月 30 日	放缓	放缓	加速	放缓	放缓
2006 年 1 月 31 日	加速	加速	加速	加速	放缓
2006 年 2 月 28 日	放缓	放缓	加速	加速	放缓
2006 年 3 月 31 日	放缓	加速	放缓	加速	放缓
2006 年 4 月 28 日	加速	加速	加速	加速	放缓

表4-5(续)

日期	ECI 信号	经济增长 分项信号	情绪 分项信号	流动性 分项信号	通货膨胀 分项信号
2006 年 5 月 31 日	放缓	放缓	放缓	加速	放缓
2006 年 6 月 30 日	放缓	放缓	放缓	加速	放缓
2006 年 7 月 31 日	放缓	放缓	放缓	放缓	放缓
2006 年 8 月 31 日	放缓	放缓	衰退	放缓	放缓
2006 年 9 月 29 日	放缓	放缓	衰退	加速	放缓
2006 年 10 月 31 日	放缓	放缓	衰退	放缓	放缓
2006 年 11 月 30 日	放缓	放缓	衰退	放缓	放缓
2006 年 12 月 29 日	放缓	放缓	衰退	放缓	衰退
2007 年 1 月 31 日	加速	放缓	复苏	加速	衰退
2007 年 2 月 28 日	加速	加速	衰退	放缓	加速
2007 年 3 月 30 日	加速	加速	衰退	放缓	加速
2007 年 4 月 30 日	加速	加速	复苏	放缓	加速
2007 年 5 月 31 日	加速	加速	衰退	放缓	加速
2007 年 6 月 29 日	放缓	放缓	衰退	放缓	加速
2007 年 7 月 31 日	放缓	放缓	复苏	衰退	加速
2007 年 8 月 31 日	衰退	加速	衰退	衰退	放缓
2007 年 9 月 28 日	衰退	加速	衰退	衰退	加速
2007 年 10 月 31 日	衰退	加速	衰退	衰退	加速
2007 年 11 月 30 日	复苏	加速	衰退	复苏	加速
2007 年 12 月 31 日	衰退	放缓	衰退	衰退	加速
2008 年 1 月 31 日	衰退	放缓	衰退	衰退	加速
2008 年 2 月 29 日	衰退	衰退	衰退	衰退	加速
2008 年 3 月 31 日	衰退	衰退	衰退	衰退	加速
2008 年 4 月 30 日	复苏	复苏	衰退	复苏	加速
2008 年 5 月 30 日	复苏	衰退	复苏	复苏	加速
2008 年 6 月 30 日	复苏	衰退	复苏	复苏	加速
2008 年 7 月 31 日	复苏	衰退	复苏	复苏	加速

表4-5（续）

日期	ECI 信号	经济增长分项信号	情绪分项信号	流动性分项信号	通货膨胀分项信号
2008 年 8 月 29 日	衰退	衰退	复苏	衰退	放缓
2008 年 9 月 30 日	衰退	衰退	衰退	衰退	放缓
2008 年 10 月 31 日	衰退	衰退	衰退	复苏	放缓
2008 年 11 月 28 日	衰退	衰退	衰退	衰退	衰退
2008 年 12 月 31 日	衰退	衰退	衰退	复苏	衰退
2009 年 1 月 30 日	衰退	衰退	衰退	复苏	衰退
2009 年 2 月 27 日	复苏	复苏	复苏	复苏	衰退
2009 年 3 月 31 日	复苏	复苏	复苏	衰退	衰退
2009 年 4 月 30 日	复苏	复苏	复苏	复苏	复苏
2009 年 5 月 29 日	复苏	复苏	复苏	复苏	复苏

5. 第五轮下行周期

在第五轮下行周期，CFNAI 从 2012 年 3 月开启下行，最低点出现在 2012 年 8 月。本轮经济下行主要源于外部的欧债危机，美国经济受影响幅度较小，但转负的时间占比不低。

ECI 的指示性如表 4-6 所示：经济增长、情绪和通货膨胀分项在前两个月整体仍然呈现较为强劲的状态，情绪分项在 2012 年 4 月率先出现放缓迹象，而流动性分项在 2012 年 5 月开始出现持续的衰退信号。综合 ECI 在 2012 年 5 月出现放缓的下行信号，并于 2012 年 8 月出现单月更为极致的衰退信号，后续出现加速的回升，与下行周期终点的指示相一致。

从效果上看，在本轮受到外部经济冲击影响的下行周期中，整体下行幅度相对有限，反映市场敏感性的情绪分项率先出现转弱信号，同时反映流动性的流动性分项转弱也较为明显，实际的经济增长情况则仍保持相对良好态势。据此，在受到外部冲击的环境里，需要关注情绪和流动性分项的信号提示，而后是其对于国内经济增长的影响和变化。

表 4-6　美国第五轮下行周期中 ECI 的指示性

日期	ECI 信号	经济增长分项信号	情绪分项信号	流动性分项信号	通货膨胀分项信号
2012 年 3 月 30 日	加速	加速	加速	复苏	加速

表4-6(续)

日期	ECI 信号	经济增长 分项信号	情绪 分项信号	流动性 分项信号	通货膨胀 分项信号
2012 年 4 月 30 日	加速	加速	放缓	复苏	加速
2012 年 5 月 31 日	放缓	加速	放缓	衰退	放缓
2012 年 6 月 29 日	放缓	放缓	放缓	衰退	放缓
2012 年 7 月 31 日	放缓	加速	放缓	衰退	放缓
2012 年 8 月 31 日	衰退	加速	放缓	衰退	放缓
2012 年 9 月 28 日	加速	加速	加速	复苏	加速
2012 年 10 月 31 日	加速	加速	加速	衰退	加速

6. 第六轮下行周期

在第六轮下行周期，CFNAI 从 2014 年 4 月开启下行，最低点出现在 2015 年 10 月。本轮经济下行转负程度不深，过程中存在震荡。

ECI 的指示性如表 4-7 所示：情绪分项在本轮的放缓提示较为领先，从 2014 年年初就持续给出走弱提示；经济增长和情绪分项在 2014 年 9 月均开始给出放缓提示并具备持续性。综合 ECI 于 2015 年 2 月给出衰退信号提示，表明经济下行程度进一步加深。

从效果上看，这一轮下行周期中通货膨胀的名义值下行更为显著。这与当时美国 CPI 的较大幅度下行和转负表现是相一致的。

表 4-7　美国第六轮下行周期中 ECI 的指示性

日期	ECI 信号	经济增长 分项信号	情绪 分项信号	流动性 分项信号	通货膨胀 分项信号
2014 年 4 月 30 日	加速	加速	放缓	加速	加速
2014 年 5 月 30 日	加速	加速	加速	加速	加速
2014 年 6 月 30 日	加速	放缓	加速	加速	加速
2014 年 7 月 31 日	加速	放缓	加速	加速	放缓
2014 年 8 月 29 日	加速	加速	加速	加速	放缓
2014 年 9 月 30 日	放缓	放缓	放缓	放缓	放缓
2014 年 10 月 31 日	放缓	放缓	加速	放缓	衰退
2014 年 11 月 28 日	放缓	放缓	加速	放缓	衰退

表4-7(续)

日 期	ECI 信号	经济增长 分项信号	情绪 分项信号	流动性 分项信号	通货膨胀 分项信号
2014 年 12 月 31 日	放缓	放缓	放缓	放缓	衰退
2015 年 1 月 30 日	放缓	放缓	放缓	放缓	衰退
2015 年 2 月 27 日	衰退	放缓	放缓	加速	衰退
2015 年 3 月 31 日	衰退	加速	放缓	加速	衰退
2015 年 4 月 30 日	衰退	加速	放缓	加速	衰退
2015 年 5 月 29 日	复苏	加速	放缓	加速	复苏
2015 年 6 月 30 日	衰退	加速	衰退	放缓	复苏
2015 年 7 月 31 日	复苏	放缓	加速	放缓	复苏
2015 年 8 月 31 日	衰退	放缓	衰退	放缓	衰退
2015 年 9 月 30 日	衰退	放缓	衰退	放缓	衰退
2015 年 10 月 30 日	衰退	放缓	复苏	放缓	衰退
2015 年 11 月 30 日	衰退	放缓	衰退	放缓	衰退
2015 年 12 月 31 日	衰退	衰退	衰退	放缓	复苏
2016 年 1 月 29 日	衰退	衰退	复苏	放缓	复苏

7. 总结

关于 ECI 对经济周期位置的指示作用，可做如下总结：①ECI 对经济所处位置的指示整体上较为有效。②波动幅度大的周期中，ECI 的有效性更强，而波幅较小的偏平周期中，ECI 的指示会略有滞后，指示效用会略有减弱。③当出现通货膨胀向上、增长向下的偏滞胀周期时，ECI 的指示信号会略有混乱，具有一定滞后性。④情绪的分项指示具备一定领先性，更为敏感。

第四节　汇率与资本流动对债券市场的影响

一、人民币汇率的影响路径

要探究汇率对债券市场的影响，关键是了解利率与汇率之间的关系。在固定收益投资实务当中，汇率变化以及外汇市场资本流动对债券市场的影响路径是多重的、复杂的、相对间接的，可概括为如下几条：

1. 本外币资产配置逻辑

本外币资产配置逻辑是指，若人民币出现贬值，则持有人民币计价的资产，无论是债券、股票或不动产，都会遭受损失；而境外投资者对人民币资产的抛售过程中，国内债券市场、股市、楼市都有下跌的风险。

早些年间，由于中国资本项目仍处于相对管制而非自由流动的状态，国内金融机构配置外币资产受到额度的限制，因此资金系统性外迁的可能性偏小，而"可自由迁移"的外资部分力量有限，对利率走势难以构成实质影响。近年，伴随着我国资本市场开放程度的提高，境外机构在股票和债券市场当中的力量占比均呈现抬升态势，对于市场走势的影响力也在逐步扩大。对于固定收益投资尤其是利率债投资而言，外资越来越成为不可忽视的机构力量，国内市场与全球资本市场在行情涨跌上的联动也愈发增强。

举例来看，2020 年 3 月以来，伴随着新冠肺炎疫情的扩散，美国资本市场发生剧烈震动，全球大类资产在流动性危机之下相关性出现阶段性紊乱，流动性较好的无风险资产同样遭到抛售。而国内利率债也在此抛售过程中遭到错杀，呈现下跌。投资者倘若能够认知到国内外债券市场在资本流动层面的联动，则可利用机构行为的错杀机会以更好的价格进行利率债的投资操作。

2. 流动性冲击逻辑

流动性冲击逻辑是指，由于外汇占款过去一直是中国中央银行投放基础货币的重要途径，因此汇率贬值多会引发外汇占款的下滑，导致市场基础货币供给萎缩，流动性收紧，从而对资产价格尤其是债券价格产生负面影响。

图 4-4 反映了中央银行外汇占款环比增长走势情况。2014 年之前，外汇占款一直是国内基础货币流动性注入的净增量来源，而汇率的升贬值与外汇占款的阶段性波动相关性较高。2014—2016 年外汇占款的持续净流入有所改变，其净流出波动对基础货币供给形成波动影响。而 2016 年至今，外汇占款的变化逐渐趋于 0 的窄幅波动，其对债券市场流动性的影响权重逐步下降。中央银行通过各种工具对市场的长短不同期限投放成为流动性来源核心影响因素。

汇率的升贬值波动仍在，而外汇占款降幅却收窄，主要是由于中央银行中间价形成机制逐渐"透明化"，市场政策预期趋于稳定，中央银行在引导市场预期操作中的外储消耗也趋于稳定。

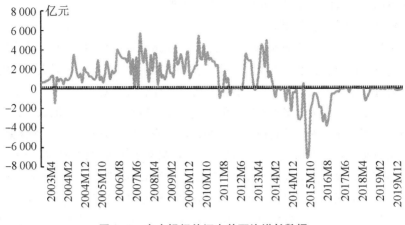

图 4-4　中央银行外汇占款环比增长数据

3. 经济支撑逻辑

经济支撑逻辑强调，贬值可能刺激出口部门，对实体经济形成支撑，抬高实际利率。这其实是偏中长期维度的影响逻辑，且其中因果关系相对模糊。

人民币汇率若呈现贬值状态，则可能由于当下经济基本面偏弱，也可能是政策主动引导的结果。而由此就会对债券市场产生两种不同的影响路径。第一种路径可以理解为，经济基本面偏弱同时影响汇率和债券市场资产，表现为汇率贬值，债券市场上涨。而第二种路径则在短期和中期有不同的理解。短期内或通过货币政策的宽松造成汇率贬值，从而对债券市场构成短期流动性的利好，汇率并非其中主要逻辑；从中期看，政策主动引导有助于实体需求恢复，对债券市场偏不利。

实际有效汇率的贬值的确会带来出口部门状况的改善，对出口竞争力形成提振作用。但这种作用并非立竿见影，由于"J曲线"效应的存在，贬值要经过一段时滞期才能真正见效。因此，这一逻辑在债券市场实务中实用性不强，容易形成因果关系的混乱。

4. 通货膨胀压力逻辑

通货膨胀压力逻辑强调，贬值可能带来输入性通货膨胀压力。在实际运用中，汇率引发的输入性通货膨胀多数出现在小型经济体中。由于本币快速大幅贬值，进口成本上升，国内通货膨胀水平骤然抬高，并与贬值形成"恶性循环"。

输入性通货膨胀要成立，需满足两个条件：①本国是全球市场价格的"接受者"。或者说，本国需求的重要性不足以影响全球商品价格。②进口替代能力差，对进口的依赖程度高。

这一逻辑对中国并不适用。中国已经成为全球需求（特别是大宗商品）的主要贡献力量之一。大宗商品价格走势对中国经济基本面的变化非常敏感。中国若出现汇率大幅贬值等风险事件，全球大宗商品价格也会承压下跌。

5. 制约货币政策宽松逻辑

制约货币政策宽松逻辑是指，中央银行出于稳定汇率的考虑，可能在货币政策放松的步伐上受到制约。汇率和利率是一个硬币的两面，汇率表征一国货币的"对外价格"，而利率表征一国货币的"对内价格"。因此本质上，并不能说汇率变化影响了利率或者利率变化影响了汇率，而应把握更底层逻辑——一国货币价格的变化导致了其对外对内表征的共同变化。

这一逻辑在固定收益投资中的实用性偏强，主要体现为货币政策多目标制度下，其主要矛盾可能发生阶段性变化。例如，在中美贸易摩擦期间或汇率触及关键位置而贬值压力偏大的关口，货币政策会加快或放缓其对内政策操作的节奏和步伐。这对债券市场的预期和实际流动性感受会形成阶段性影响。

需要注意的是，汇率对货币政策的约束虽客观存在，但随着汇率市场化取得一些积极进展，汇率对货币政策的约束可能转向"柔性"，贬值导致的资本外逃效应也明显缓解，而且对汇率调控的中央银行票据等精准调控政策工具也更为丰富。因此，当下汇率更多影响阶段性货币政策的节奏，而难以长期掣肘其"以内为主"的调控方向。

二、外汇与资本流动的跟踪研究方法

对于汇率市场与资本流动，固定收益投资者往往难以做到外汇交易员那样的高频跟踪和深入研究，但一些兼具实用性和有效性的工具有助于其及时理解外汇市场所发生的变化及其背后逻辑的演变。其中常用的工具是银行结售汇数据。

如果只看银行结售汇的笼统数据，常常会忽略较多整体数据下的背景逻辑和有效信息。如图 4-5 所示，银行结售汇数据可以从两个层次进行分析。

第一层次是代客结售汇和自身结售汇。这两个子项对市场情绪的反映有较大区别。银行代客结售汇是企业或个人与银行系统发生的结汇和售汇业务关系，其可以反馈在自主结售汇行为下的投资者对于人民币汇率的预期和情绪变化上。当人民币的升值预期走强，结汇需求往往趋于旺盛而购汇行为走弱。与银行代客结售汇相比，银行自身结售汇主要涉及银行对外的股息、红利支付、海外收益汇回以及为海外分行注入资本金等项目，其所占份额偏小，且对市场情绪的反馈不显著。因此，在观测银行结售汇数据时，将剔除自身结售汇数据后的代客结售汇数据作为分析重点来感知资本流动和市场贬值预期会更为精确。

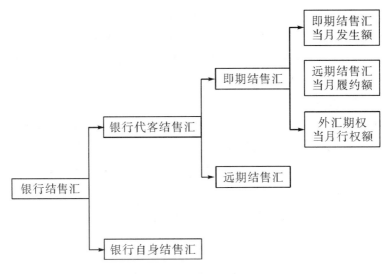

图 4-5　银行结售汇数据结构

　　第二层次是代客结售汇里的子项。进一步挖掘银行代客结售汇数据的结构分项，也可作为汇率升贬值情绪感知和验证的重要工具。其中包括即期结售汇和远期结售汇。远期结售汇是对市场情绪反映最为直接的数据之一。客户在和银行签署远期结售汇合约时，往往蕴含对未来市场走势的预判。如果远期结汇合约签约规模明显上升，往往意味着企业认为人民币后市升值预期高，趁高价卖出美元；如果远期售汇合约签约规模快速上升，这一般意味着企业预期未来人民币贬值概率较大，因而要抓住美元比较便宜的时机，降低自己的购汇成本。与远期结售汇相比，即期结售汇对市场情绪的反应相对间接。其三个子项中，只有即期结售汇当月发生额能够直接反映市场情绪。这是因为该子项主要统计企业和个人在当月真实发生的结售汇操作，是企业和个人根据当前市场形势做出判断后的操作结果。远期结售汇当月履约额和外汇期权的当月行权额，则是统计过去的交易在当月的执行情况。由于客户跟银行签合约时不与银行发生结售汇行为，而在合约到期日才会有真实的结售汇操作发生，远期结售汇当月履约额和外汇期权当月行权额体现企业在过去对市场走势的看法，而非其当前的市场判断。因此，必须把这两个数据从即期结售汇数据中剔除掉，得到反映当期市场情绪的即期结售汇当月发生额。

　　总结来看，虽然银行结售汇实际涉及多个统计子项，但远期结售汇和即期结售汇当月发生额能够比较准确地反映当期市场情绪和资本流动方向，其他可看作干扰项进行剔除。对重要数据进行月度跟踪观察，可以帮助固定收益投资者对市场情绪和资本流动的大格局进行相对简单和准确的判断。

第五节　全球突发事件对债券市场的影响[①]

近年，伴随着全球宏观政治经济形势的复杂化，海外宏观因素作用于国内债券市场的演绎逻辑，不仅包括传统的经济基本面传导路径、货币财政政策联动路径、大类资产和风险偏好联动路径，还包括重要的全球政治经济事件尤其是突发的"黑天鹅"事件带来的冲击等。事实上，这些事件的发生频次正在逐渐增加。

固定收益投资者通常会在事件发生时开启对于海外突发事件主体的研究过程，这其实会影响对重大投资机会的捕捉，且容易因不了解背景逻辑而导致策略失误。因此，本节将通过对 2000 年之后的代表性突发事件进行演绎复盘和规律总结，为投资者的事件性驱动研究积累经验。

一、2001—2008 年，全球化与三次代表性突发事件冲击

1. 宏观背景

2001—2008 年，全球主要经济增长驱动力来自中国加入 WTO 以及中国将房地产行业列为经济支柱行业背景下全球经贸活跃度的上升。全球经济经历了"复苏→过热→滞胀"的过程，此间全球实际生产总值同比增长率均值为3.2%，高于 1982—2000 年的 3.0%。此外，欧元区的成立对美元货币体系造成了一定干扰；加上刚刚经历了互联网泡沫以及 2003 年美国主导了伊拉克战争，期间全球经济增长的最大特征是"非美强、美国弱；新兴强、发达弱"。在需求强劲的背景下，原油价格不断攀升，全球通货膨胀中枢逐步抬高。

2. 2001 年安然公司破产

2000 年 2 月、3 月及 5 月美联储共实施了三次加息，总计 100 BP。彼时，就业充分使得美国人力成本偏高，而美联储在通货膨胀略高背景下的加息操作令美国企业综合成本大幅攀升，并最终使得美国企业贷款违约率在 2000 年下半年进入加速上升期。美国在 2000 年年末进入经济"类衰退阶段"。在此背景下，各种上市公司财务造假丑闻成为市场下行的催化剂，其中最为著名的是"安然公司事件"。

2001 年 3 月 5 日，美国《财富》杂志发表文章"Is Enron Overpriced?"（《安然公司定价过高吗？》），对安然公司财务提出疑问。同年 10 月 31 日，

---

　　① 部分内容得到了与西部证券宏观首席分析师张静静合作研究项目的支持。

美国证监会对安然公司及其合伙公司进行正式调查，11月8日安然公司承认做假账，12月2日安然公司宣布破产。安然公司事件并非孤立事件，而仅仅是2000年前后美国上市公司丑闻之中的代表，也是推动美国互联网泡沫加速破灭的重要背景之一。根据图4-6、图4-7分别反映的TED利差和VIX走势可知，安然公司事件对于市场风险偏好和流动性皆有一定打击。

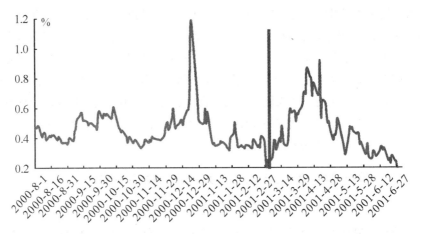

图4-6　2000年8月—2001年6月TED利差

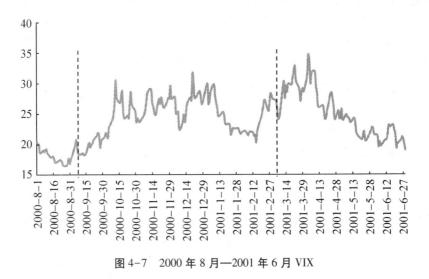

图4-7　2000年8月—2001年6月VIX

3. 2001年"9·11"事件

2001年9月11日的"9·11"事件加速了美股的触底。9月底开始，美股试探性反弹。同年10月2日，美联储降息50 BP，此时联邦基金目标利率已经降至 29 年以来最低水平。同年 11 月 6 日，美联储继续降息 50 BP，并于 12 月 11 日再度下调联邦基金目标利率 25 BP 至 1.75%，创出 1961 年 7 月以来最低点。同时，美联储还宣布将贴现率下调至 1.25%，创下历史最低纪录。此外，2001 年小布什税改法案落地，在货币与财政共同发力的推动下，美股在"9·11"事件后触底且反弹持续到 12 月中旬。不过，结合之后的伊拉克战争等事件可知，"9·11"事件对美国外交、军事、财政赤字均有较大影响，进而持续影响美国经济，存在长尾效应。

避险资产在短期冲击过后也都恢复了原有趋势。美元指数由 9 月 11 日当天的 114.15 跌至 9 月 19 日的 111.85，随后延续此前上升走势；美债收益率由 9 月 10 日的 4.84% 跌至 9 月 14 日的 4.57%，随后年底回升至 5.26%；黄金价格由 9 月 10 日的 271.5 美元/盎司①跃升至 9 月 17 日的 293.25 美元/盎司，12 月则跌回 272.2 美元/盎司。原油价格在 9 月回落 20.74%，随后持续走低至 11 月，主要因为"9·11"之后航空、运输业景气度下降；铜价亦走低至 11 月，跌幅达到 8.4%。

根据图 4-8，"9·11"事件后，TED 利差由 0.1% 升至 0.59%，流动性有所收紧，但并没有到资产遭到抛售的境地；根据图 4-9，VIX 由 31.84 升至 41.76，表明市场出现恐慌。随后美联储临时扩表向市场补充流动性，市场在 9 月底基本恢复正常。

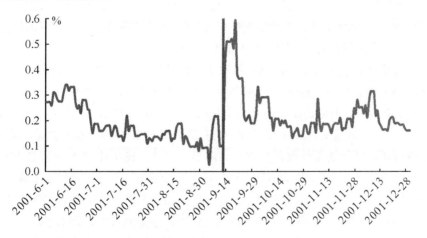

图 4-8　2001 年 6—12 月 TED 利差

---

① 1 盎司 ≈ 28.35 克。

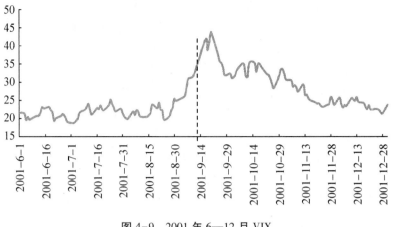

图 4-9　2001 年 6—12 月 VIX

4. 2008 年雷曼兄弟破产

2000 年后，美国居民储蓄率锐减、杠杆率抬升，美国次级抵押贷款市场也迅速发展。2005 年 6 月，美国居民储蓄率降至 2.2% 的低点，美国房地产销售量开始大幅下滑，房价同比增长率锐减，次级债风险敞口扩张。2007 年 4 月，美国第二大次级抵押贷款公司新世纪金融申请破产保护。随后，以 2008 年 9 月 15 日雷曼兄弟破产为标志性事件，美国迎来次贷危机。投资者对抵押贷款支持证券的价值失去信心，引发整个金融市场的流动性危机。2008 年 3 月至 10 月，TED 利差从 0.19% 飙升至 4.6%。而在 TED 利差超过 1% 的期间，包括黄金和美债在内的优质流动性资产也遭到全面抛售。

雷曼兄弟破产后，从 2008 年 9 月 15 日至 11 月 20 日，美股下跌了 36.91%；原油价格和铜价至 2008 年年底也分别暴跌 53.4% 和 58.9%；黄金和美债短期内失去避险功能，10 年期美债收益率自 9 月 15 日至 10 月 14 日上升了 61 BP，黄金价格自 9 月 15 日至 10 月 23 日下跌了 7.1%，但其避险功能亦很快恢复。10 年期美债收益率在年底降至 1.31%，较 9 月 15 日下降 2.16%；黄金价格在 2009 年 2 月 21 日上升至 989 美元/盎司，较 9 月 15 日涨幅达到 27.61%。流动性危机下仅有国际通用货币美元起到避险作用，自 9 月 15 日至 11 月 20 日上涨了 12.4%，但流动性危机后美元亦受美国经济掣肘走低。

根据图 4-10 和图 4-11，雷曼兄弟破产事件在短期内冲击了市场风险偏好并对流动性造成了影响，之后数天 TED 利差和 VIX 迅速拉升至高点。

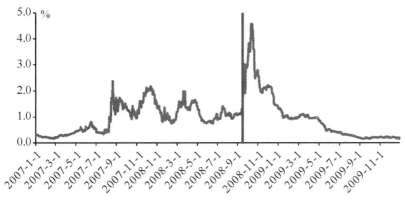

图 4-10　2007 年 1 月—2009 年 12 月 TED 利差

图 4-11　2007 年 1 月—2009 年 12 月 VIX

二、2009—2019 年，危机恢复期与六次代表性突发事件冲击

1. 宏观背景

2008—2019 年，全球实际 GDP 同比增长率中枢降至 2.5%，为过去几个阶段的最低，有两点原因：一是全球迎来人口拐点；二是发达经济体私人部门全面去杠杆。当然，此间全球通货膨胀中枢也较低，全球 CPI 同比增长率均值仅为 2.7%。

2. 2011 年欧债危机与美国评级调降

2011 年第二至四季度，欧洲债务危机愈演愈烈，意大利与德国的 10 年期国债收益率差值由 1.2% 飙升至 5%；2011 年 8 月 5 日标普下调美国长期资信评级。此外，2011 年 9 月美国 CPI 当月同比增长率攀升至金融危机后的最高水平 3.9%，制约了美联储后续货币政策操作，使得 2011 年 6 月第二轮量化宽松（a second round of quantitative easing，QE2）结束后美联储并未继续扩表而是在

2011年9月改为扭转操作。

诸多因素共振下，2011年4月至9月标普500指数下挫21.6%，原油价格和铜价分别下挫26.63%和26%，美元和黄金价格分别上涨3.92%和14.25%，10年期美债收益率下降1.54%。

根据图4-12、图4-13反映的TED利差和VIX走势可见，美国评级遭下调给市场带来了冲击，特别是市场恐慌情绪反应激烈。各类资产短期走势也出现大幅变动：8月5日至8月9日，原油价格下跌8.72%，随后持续震荡；8月5日至10月4日，铜价大跌25.76%；美元指数从8月5日至8月29日震荡下行，随后走高至10月3日，涨幅达6.72%；8月5日至9月22日，10年期美债收益率下跌1.72%；8月5日至8月23日，黄金价格上涨13.10%。

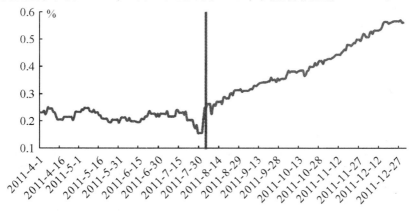

图4-12　2011年4—12月TED利差

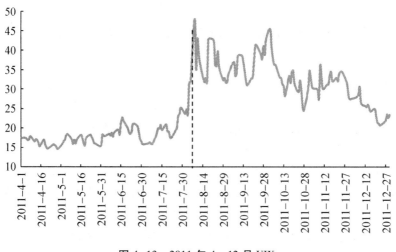

图4-13　2011年4—12月VIX

3. 2015 年"8·11 汇改"

在国际金融的变迁历史中，共出现过三种汇率制度，即金本位下的固定汇率制度、布雷顿森林体系下的固定汇率制度以及浮动汇率制度。自 1949 年新中国成立以来，我国汇率制度在几十年来也伴随经济发展需要和汇率制度改革经历了不断演进。

2015 年 8 月 11 日，中国人民银行发布声明："为增强人民币兑美元汇率中间价的市场化程度和基准性，决定完善人民币兑美元汇率中间价报价。自 2015 年 8 月 11 日起，做市商在每日银行间外汇市场开盘前，参考上日银行间外汇市场收盘汇率，综合考虑外汇供求情况以及国际主要货币汇率变化向中国外汇交易中心提供中间价报价。"

这次被称为"8·11 汇改"的汇率制度改革是中央银行推动汇率决定市场化、实行汇率制度由"类爬行安排"到浮动汇率制乃至自由浮动汇率制过渡的一次重要的尝试，从"中间汇率可升值或贬值，但在至少 6 个月内即期汇率对中间汇率的波动区间不超过 2%"调整为"没有中间汇率，汇率基本由市场供求决定"。"8·11 汇改"进一步市场化了人民币兑美元汇率中间价机制，使其能够反映更加真实的市场供求关系。从此人民币汇率不像过去只盯住美元，而是根据权重组成货币篮子，并且在参考"一篮子"的同时也将市场供求关系作为重要依据，形成有管理的浮动汇率制。这次改革有助于解决在岸中间价与市场价偏离较大、在岸价与离岸价偏离较大等问题，大大增强了汇率中间价的基准性，为人民币的国际结算创造了良好条件，能增加人民币跨境流动的积极性。

2015 年 8 月 11 日，人民币汇率开盘大幅度贬值 1 136 个基点，一次性贬值接近 2%。在随后的几天里，人民币汇率连续贬值，3 天内贬值超过 3%。尽管贬值幅度并不非常夸张，但不同于以往中间价和交易价的"拉锯战"，此次人民币是中间价与交易价收敛同贬，而非二者背离，是真正意义上的贬值。"8·11 汇改"引发了全球范围内的广泛关注和各种猜测，对全球资产价格形成了波动冲击。同年 8 月 11 日至 8 月 25 日，美股下跌 10.39%，原油价格下跌 8.75%，铜价下跌 1.6%，美元指数下跌 3.28%，黄金价格上涨 2.64%，10年期美债收益率下降 3 BP。

4. 2015 年美联储金融危机后首次加息

金融危机后，美联储将基准利率降至 0~0.25%，随后实施量化宽松政策（QE），无风险利率中枢大幅下移，金融资产获得极大的估值红利。2015 年 12月 16 日，美联储宣布将联邦基金利率上调 25 个基点到 0.25% 至 0.5% 的水平，这是美联储自 2006 年 6 月以来首次加息，令市场担忧估值红利逆转。此外，2016 年 1 月 4 日至 7 日，人民币再度跳贬，加上 2016 年年初的议息会议释放了 2016 年内连续加息的信号，加剧了市场担忧。2016 年 2 月 11 日至 13 日，美国和欧洲中央银行通气；2 月 14 日，时任中国人民银行行长周小川表示不强行推进人民币国际化，各国中央银行联手安抚市场。2016 年 2 月中下旬市场情绪逆转。

加息决议公布后一天，美股下跌 1.5%，原油价格下跌 1.6%，COMEX（纽约商业交易所）铜价下跌 1.19%，美元指数上涨 0.7%，黄金价格下跌 2.4%，10 年期美债收益率下降 6 BP。2015 年 12 月 16 日至 2016 年 1 月 20 日，美股、原油价格和铜价跌幅分别走阔至 10%、25% 和 5%。不过，原油价格跌幅和此前 OPEC（石油输出国组织）国家原油增产也有关。

根据图 4-14、图 4-15 反映的 TED 利差和 VIX 走势来看，市场恐慌情绪虽然并未在加息有大幅反应，但在 2016 年 1 月日本中央银行实施负利率后达到峰值。美元指数在 2016 年 1 月 31 日至 2 月 11 日下挫 4%；10 年期美债收益率一路走低至 2016 年 2 月 11 日的 1.63%，较 2015 年 12 月 16 日下降了 38 BP；黄金价格则从 1 月 2 日至 2 月 11 日上涨 16.89%。

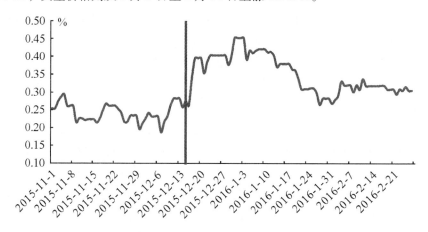

图 4-14　2015 年 11 月—2016 年 2 月 TED 利差

图 4-15 2015 年 11 月—2016 年 2 月 VIX

5. 英国脱欧公投

2013 年 1 月 23 日，英国时任首相卡梅伦首次提及脱欧公投，英镑兑美元即期汇率走低；2016 年 6 月 23 日英国脱欧公投前夕直至 10 月英国首相特雷莎·梅宣布"硬脱欧"，英镑相对美元贬值近 20%。虽然英国脱欧为突发性事件，但英国于 2020 年 12 月 31 日才正式结束其"脱欧"过渡期，因此其长期影响尚未完全显现。

2016 年 6 月 24 日，脱欧公投结果出炉当天，TED 利差出现小幅下降（如图 4-16 所示），但 VIX 却迅速拉升（如图 4-17 所示）。美股下跌 3.59%，原油价格下跌 4.93%，铜价下跌 2.35%，10 年期美债收益率下跌 17 BP，美元指数上涨 2.53%，黄金价格上涨 4.23%。从 6 月 24 日至 7 月 31 日，美股反弹，涨势达到 3.59%；原油价格跌幅则扩张至 16.98%，铜价上涨 2.86%，10 年期美债收益率下跌扩至 28 BP；美元指数上涨 2.65%，黄金价格涨幅扩张至 6.33%，表明传统避险工具都发挥了作用。

2017 年 7 月英国中央银行放松货币政策，加上 2017 年 3 月 29 日才启动脱欧谈判，且会有较长时间的过渡期，因此全球市场很快恢复平静。

6. 2016 年美国大选

2016 年美国总统大选，特朗普当选美国第 45 任总统。竞选期间美国民众对候选人希拉里呼声颇高，且特朗普经常透露出对经济运行不利的指针纲领，因此 2016 年 10 月中下旬起，当竞选形势逐渐不利于希拉里后，市场出现了避险情绪，但该情绪在大选结果出炉后立即逆转。

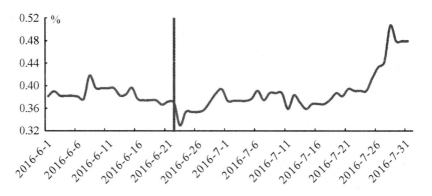

图 4-16　2016 年 6—7 月 TED 利差

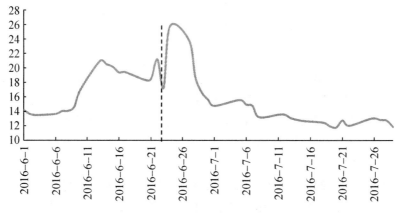

图 4-17　2016 年 6—7 月 VIX

在 2016 年 11 月 8 日美国大选结果出炉当天，所有资产都出现了巨震，美股上涨 1.11%，原油价格上涨 0.65%，铜价上涨 3.33%，10 年期美债收益率上涨 19 BP（如图 4-18 所示），美元指数上涨 0.8%，黄金价格微跌 0.07%。从 10 月 1 日至 11 月 30 日，美股上涨 1.41%，原油价格上涨 2.49%，铜价上涨 19.02%，10 年期美债收益率上涨 77 BP，美元指数上涨 6.42%，黄金价格则下跌 10.92%。

7. 2018 年中美贸易摩擦

2018 年 9 月 24 日，美国落地对华 2 000 亿美元商品加征关税的决定，触发了高估值美股的调整。虽然图 4-19、图 4-20 反映的 TED 利差和 VIX 走势并未出现明显波动，但从 9 月 24 日至 12 月 25 日，美股下跌 19.46%，原油价格下跌 41%，铜价下跌 4.52%，10 年期美债收益率下跌 34 BP，美元指数上涨 2.55%，黄金价格上涨 4.86%。

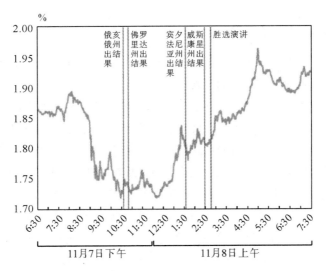

图 4-18　2016 年美国大选当天 10 年期美债收益率

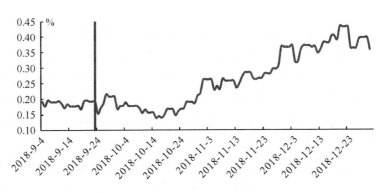

图 4-19　2018 年 9—12 月 TED 利差

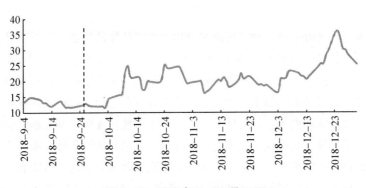

图 4-20　2018 年 9—12 月 VIX

三、突发事件冲击总结

根据前文的分析,绝大多数的突发性事件会引发市场波动,且大部分为风险事件。突发性事件可以归纳为六种:

第一,嵌套在更大基本面下以至于被市场忽略的突发性事件,如黄金危机、水门事件、棱镜门事件等。这类事件可能是孤立的,也可能是某些宏观背景下的产物,出乎市场意料却因其嵌套在某些更大的宏观背景下而被忽视。此类突发性事件一般不引发流动性风险,因此即便出现在经济下行期也不会对基本面产生更大的打击。不过,不排除这类事件会存在长期影响,如黄金危机。

第二,市场波动极大但并未导致风险资产实质性、持续下跌的突发性事件,如英国脱欧公投、2016 年美国大选等。该类事件仅是超出市场预期,可能存在长期影响,但并不影响随后一段时间的经济基本面,也不影响各类资产运行趋势。事件在发生前后会加剧市场波动,也可能带来很多资产的交易性机会点。

第三,推动风险资产出现急跌但调整时间较短的突发性事件,如朝鲜战争等各种短期地缘风险以及 1987 年股灾、中国"8·11 汇改"、2015 年年底美联储首次加息、2018 年四季度美国股灾等。该类事件仅影响短期市场风险偏好,或者因某类资产估值过高导致阶段性调整,但其并不会引发经济基本面的变化,且往往发生在经济复苏甚至过热阶段。一旦风险事件结束或者货币政策放松,其对于市场的影响就将结束。

第四,触发风险资产持续调整甚至带来趋势性影响的突发性事件,如越南战争、20 世纪 80 年代初美国滞胀、加息周期以及当前疫情冲击等。这类事件往往发生在经济萧条期或者衰退期,触发经济由萧条期向衰退期切换或者加剧经济衰退程度。

第五,诱发流动性危机、可能触发风险资产持续调整的突发性事件,如美国长期资本管理公司破产、雷曼兄弟破产、当下桥水风险平价(risk parity)策略失效等。这些事件其实分别是亚洲金融危机、次贷危机、新冠肺炎疫情及超低油价冲击的结果,但由于上述金融机构或其创立的金融产品体量较大,因此触发了市场流动性风险。总体而言,这类事件往往发生于某种经济金融环境下,滋生了某种交易模式。该模式不断放大,金融环境红利被不断吞噬达到临界点。以桥水风险平价策略失效为例,量化宽松政策推动的无风险利率回落及金融资产估值上行是其诞生及发展的重要背景,目前无风险利率降至极值水平,股债同向双杀令该策略失效并引发了市场流动性风险。

第六，关键的长期转折点事件，如 1971 年 8 月 15 日美元与黄金脱钩、石油危机、广场协议签订、苏联解体、"9·11"事件、欧债危机、英国脱欧公投、逆全球化等。该类事件对于资产价格的影响存在极大差异，具体影响取决于对哪些国家有利或有害、对全球有利或有害。例如，黄金与美元脱钩利好美元定价资产，叠加石油危机令全球受损；广场协议签订及苏联解体长期利好美国，而"9·11"事件却令美国长期受损；欧债危机利空欧洲但也反向利好美国；英国脱欧和逆全球化的长远影响则要进一步观察。

此外，还可以将风险事件归为经济或金融危机型、流动性危机型、地缘政治事件型、突发性事件型四大类。虽然风险事件均会阶段性掣肘风险资产，但其对避险资产影响有较大差异。相关总结如表 4-8 所示。

表 4-8　风险事件类型总结

风险类型	具体事件	风险指标	对应的避险资产
经济或金融危机	20 世纪 80 年代的拉美危机；20 世纪 80 年代末到 90 年代初的苏联解体；1997 年亚洲金融危机；2000 年科网泡沫破灭；2008 年次贷危机；2009—2012 年两轮欧债危机	全球或局部地区经济陷入衰退，一般以某一国家货币遭抛售或者大型企业倒闭等为标志性事件	黄金、主要经济体国债、以 VIX 为标的的资产等
流动性危机	经济或金融危机初期往往存在流动性危机	TED 利差及圣路易斯联储金融压力指数大幅走高，安全资产遭抛售等	美元（日元、瑞郎尚可，但效果不及美元）、以 VIX 为标的的资产等
地缘政治事件	海湾战争；伊拉克战争；突尼斯内乱；美国对叙利亚、朝鲜及阿富汗的军事行动	—	黄金、主要经济体国债、国际主要流通/储备货币、以 VIX 为标的的资产等
突发性事件	英国脱欧；美国大选；主要经济体汇率的阶梯式波动（如 2015 年 1 月 15 日瑞士中央银行突然宣布瑞郎与欧元脱钩）		黄金、主要经济体国债、国际主要流通/储备货币、以 VIX 为标的的资产等

第五章 机构行为研究

第一节 概述：从商业银行资产负债理解机构投资者行为

中国债券市场是一个高度机构化的市场，主要参与者包括银行、非银行金融机构（券商、保险及各类资管机构）和外资机构。因此，固定收益投资研究有必要涉及关于机构投资者行为的内容。

中国债券市场最重要的特点是，绝大多数的配置资金来自商业银行体系（银行自营及表外理财）。通过分析商业银行的资产负债表扩展或紧缩状况，在很大程度上能判断出市场狭义流动性、债券配置力量和政策方向。而银行信贷投放等资产扩张行为也是宽信用实现的关键，会深刻影响宏观经济且领先于名义 GDP 增速走势，决定了未来债券市场基本面。此外，商业银行负债成本还决定中长期限债券投资的加杠杆成本，从而影响债券利率曲线。未来，随着商业银行理财子公司的发展壮大，银行理财对债券市场的影响可能会进一步扩大。《关于规范金融机构资产管理业务的指导意见》（以下简称"资管新规"）实行后，银行理财从以往摊余成本法计价的配置型转向市值法计价的交易型，加剧了债券市场的波动。

除了银行，海外资金对中国债券市场的影响力也在提升，丰富了市场的买方结构。在 2018 年的债券牛市行情中，海外资金起到了至关重要的作用。但由于海外资金债券投资占比较低且行为模式相对固定，其对投资者造成的干扰尚不明显。另外，非银行金融机构在债券市场的交易频率高，是市场的边际定价者。不过，大多数非银行金融机构的负债来源仍是银行自营和银行理财，所以银行如果通过调整债券委托投资的规模来改变资产配置，往往会给市场造成较大的波动。当然，也有很多非银行金融机构在一些细分领域上掌握了主导权。

从固定收益投资研究的框架体系来看，机构行为研究是宏观基本面研究的重要补充。例如，在 2014—2016 年的牛市周期中，领先金融指标和部分经济数据的改善自 2016 年年初就已展现周期拐点，而"大资管"特殊周期背景下商业银行配债行为及委托外部投资（以下简称"委外"）的大幅扩张却进一步延长了牛市周期的时间。再例如，在 2017 年监管周期逐步趋紧下的债券熊市中，倘若不从机构行为层面深刻理解商业银行资产负债行为在趋严监管政策下的约束和变化，就很难仅从经济基本面强弱分析中洞察债券市场大势的走向。

本章将介绍中国债券市场主要参与机构及特征，重点揭示商业银行固定收益投资行为的核心规律。此外，由于机构行为会受到监管政策、负债成本、风险偏好、税收等众多因素的影响，而这些因素又相对不透明，因此我们创建了一套商业银行调研方法，以扫除对机构行为进行研究时可能面临的信息障碍。

第二节　主要参与机构及特征分析[①]

债券市场涉及债券供给端和债券需求端两个层次的参与机构，因此机构行为可相应分为融资行为和投资行为两部分。

融资行为主要体现为债券市场的供给量。财政部发行的国债、三家政策性银行发行的政策性金融债以及地方政府发行的一般债和地方专项债构成了利率债市场的主要供给，而信用债券市场供给则由微观企业个体结合自身经营与宏观政策环境后的融资行为决定。供给会影响债券市场收益率的阶段性波动项，但并不是改变债券收益率趋势的核心因素。

投资行为是机构行为研究的重点。债券市场投资端参与者主要由商业银行自营、非银行金融机构（银行理财公司、证券公司、保险公司、公募基金等）、境外机构等构成。对于市场表现而言，不同参与机构行为一致性的增强会引致趋势的增强和方向的确认，而资产配置行为的分化则会形成市场交易层面买卖的流动性并导致市场波动。当然，无论从体量占比还是从市场参与程度看，商业银行在债券市场中都具有决定性作用，且非银行金融机构等其他机构行为与商业银行行为息息相关。

一、机构行为分析方法

（一）托管数据分析

中国债券市场主要由银行间市场和交易所市场构成。其中，银行间市场债券规模占绝对主导，其金融基础设施包括中国外汇交易中心暨全国银行间同业拆借中心、中央国债登记结算有限责任公司（以下简称"中债登"）、银行间

---

① 部分内容得到了与招商证券银行业首席分析师廖志明合作研究项目的支持。

市场清算所股份有限公司（以下简称"上清所"）。

中债登和上清所都是银行间市场的登记托管结算机构。二者负责登记托管的产品不同。中债登主要负责利率债和部分信用债的登记托管，是财政部唯一授权的国债总托管人，也是企业债总登记托管人。上清所则主要登记托管短期融资券、中期票据等公司信用债券，同业存单、大额存单等货币市场工具，以及金融机构债券和结构性产品等创新金融产品。中债登和上清所在每个月上旬均会披露上一个月的债券托管数据。

投资者对托管数据的月度分析可以把握主要券种投资者持有结构，进而理解已发生行情的背后逻辑及机构行为变迁。不过，月度托管数据也存在局限性。一方面，其对于债券市场未来行情的预判效用有限。另一方面，托管数据只能用于分析各类机构直接持有的各类型债券规模变化，但商业银行自营和银行理财可能会通过各类特殊目的载体（special purpose vehicle，SPV）去投资债券，使得通过 SPV 持有的债券被计入广义基金中。

（二）商业银行表内负债成本分析

对银行表内负债成本进行分析，有利于明确债券收益率的下限。当债券收益率接近银行负债成本时，银行债券配置收益接近 0。此时在银行行为的选择上配置债券不如缩表，这将降低银行债券投资意愿。

债券收益率走势往往领先银行负债成本变化。不过，在存款基准利率不调整的情况下，银行负债成本率的变化主要取决于同业存单利率等市场利率的变化，存款成本则表现出相对刚性。

（三）贷款与利率债比价关系分析

对于银行资产配置而言，贷款和利率债是其诸多可以选择的投资资产品种之二。而银行资产配置的选择并不是一个收益单维导向的行为选择，客户积累、政策导向等均是其需要综合考量的因素。但当利率债相较贷款出现明显相对价值时，收益率在配置考量中的权重会上升，银行对利率债的配置也会成为债市交易层面的一个重要利好反过来影响行情走势的变化。

用所得税税率、增值税税率、资本权重对贷款利率进行调整，用所得税税率对国开债收益率进行调整后，对国债收益率、调整后国开债收益率和调整后贷款利率进行对比。通过分析三者间利差的变化来判断配置利率债对银行而言的性价比。

（四）超额准备金率分析

超额准备金，即金融机构存放在中央银行超出法定存款准备金的部分，主要用于支付清算、头寸调拨或作为资产运用的备用资金。金融机构保有的超额存款准备金占一般存款的比例称为超额存款准备金率。

超额存款准备金是基础货币的重要组成部分，也是金融机构流动性最强的资产，其数额和比率一定程度上可以反映金融机构流动性状况，是衡量市场流动性最好的指标之一。

在计算上，超额准备金率＝（存放在中央银行的存款－法定存款准备金）/缴准基数×100%＝（存款准备金－缴准基数×加权平均法定准备金率）/缴准基数×100%。其中，存款准备金为中央银行按月披露的货币当局资产负债表中其他存款性公司存款；缴准基数可根据中央银行按月披露的金融机构人民币信贷收支表，用境内存款剔除非银行金融机构同业存款、国库存款做粗略衡量；由于金融机构存在增长相对稳定，若中央银行降准或定向降准，短时间内金融机构加权平均法定准备金率几乎不变，因此可利用最近季度中央银行披露的超额准备金率数据测算出加权平均法定准备金率。

二、主要参与机构行为

图 5-1 反映了中国债券市场主要参与机构类型，各类机构截至 2020 年 8 月末的债券投资比例分布情况如表 5-1 所示。下面对主要参与机构行为进行详细分析。

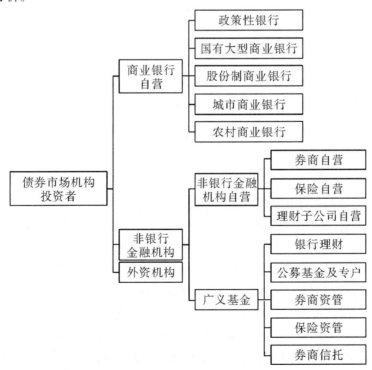

图 5-1　中国债券市场机构投资者分类

表 5-1　主要类型机构债券投资占比分布情况（截至 2020 年 8 月末）

单位:%

机构类型	国债占比	地方债占比	政金债占比	同业存单占比	信用债等占比
1. 政策性银行	4.1	56.1	1.9	23.0	14.9
2. 商业银行	20.8	39.6	18.2	7.4	14.0
2.1 全国性银行	20.8	47.6	14.5	3.3	13.9
2.2 城市商业银行	24.9	28.1	23.8	7.6	15.5
2.3 农村商业银行及农村合作银行	13.1	15.3	30.7	27.5	13.4
2.4 村镇银行	36.6	2.9	23.4	29.2	7.8
2.5 外资银行	52.4	7.4	23.5	5.2	11.6
2.6 其他银行	70.3	3.5	13.5	7.1	5.6
3. 信用社	8.7	10.7	36.4	35.0	9.2
4. 保险机构	17.0	18.5	25.7	0.8	38.0
5. 证券公司	15.7	6.0	12.6	13.0	52.7
6. 基金公司及基金会	49.3	0	15.6	4.9	30.3
7. 其他金融机构	14.5	5.6	5.6	47.0	27.4
8. 非金融机构	2.7	0	0.1	0	97.3
9. 非法人金融机构	4.3	2.2	18.9	18.7	55.9
10. 境外机构	57.1	0.1	28.5	7.5	6.9
11. 其他	97.4	0	2.3	0	0.2

（一）商业银行自营

商业银行是中国债券市场最主要的投资群体。2000 年之前，商业银行持有的债券份额占比在 90% 以上。近年，随着利率市场化的推进，广义基金、券商等其他配置力量兴起，商业银行持有的债券市场份额有所下降，但占比仍在 70% 左右，依然对债券市场具有举足轻重的影响力。

根据托管数据，商业银行投资银行间市场债券达 54 万亿元，占比高达 56.9%；广义基金次之，占比达 28.9%；境外机构投资占比则仅有 3.0%；在商业银行中，全国性商业银行（国有大型商业银行和股份制商业银行）债券投资规模最大，持有 39.9% 的银行间市场债券面额。需要注意的是，债券托管数据按照各类机构直接持有的债券规模进行统计，但银行自营、银行理财及保险自营等也会通过广义基金来投资债券，因此商业银行自营债券投资的实际规模会更大。

从持仓占总托管量的比例看，商业银行持有的利率债占比更高（略大于80%），而信用债比例较低（不到20%）。这主要是由于利率债具有部分免税（国债、地方政府债等政府债券利息收入免征所得税及增值税）、流动性好、资本占用少、信用风险极低等特点。加之商业银行本身规模庞大，自营投资风险偏好低、流动性要求高，故商业银行自营对利率债的持有比例长期超过80%。在利率债中，商业银行自营更偏好于政府债券，是政府债券绝对配置主力。截至2020年8月末，商业银行自营投资占政府债券余额的79%，而政府债券投资占商业银行自营投资的比例则高达60%。

商业银行可以分为国有大型商业银行、股份制商业银行、城市/农村商业银行和外资商业银行。不同类型的银行在债券市场上的投资特点存在一定差异。

1. 国有大型商业银行

国有大型商业银行由于体量庞大，一直是债券投资主力军，其持有的债券占比曾高达债券总量的70%。近年来，由于城市商业银行、农村商业银行、广义基金、保险资管等投资者群体迅速发展，国有大型商业银行持有债券占比持续下滑，债券市场的影响力较以往有所减弱。

国有大型商业银行债券自营投资的特点为：①国有大型商业银行网点多，客户基础好，负债结构中存款占比高，负债成本率较低，因而其对债券收益率要求不高。加上对信用风险控制更为严格，国有大型商业银行自营投资持有的债券品种多为利率债，包括国债、地方债、政策性金融债及其他金融债（包含同业存单），而持有的企业债比例较低。②国有大型商业银行流动性管理在2013年"钱荒"后变得更严格，资金空转套利动机较弱，且严格执行相关监管要求，其配置货币市场工具等流动性较高的资产比例提升。③近年来，国有大型商业银行债券配置主要倾向于地方债，这是因为地方债具有免税、资本占用较低、常有地方政府配套存款、票息高于同期限国债等特点，综合收益较好。④随着存款增长放缓，国有大型商业银行债券自营规模的增长相应放缓，使其对资产端收益要求有所增高。国有大型商业银行债券投资开始表现出一定程度的信用下沉。

2. 股份制商业银行

相较于国有大型商业银行，股份制商业银行债券自营投资有其特点：①股份制商业银行经营更为灵活、市场化，激励机制也更好，使其在债券投资上比国有大型商业银行更为激进。②由于股份制商业银行体量在银行体系中位居第二，为货币市场中主要资金净融入方，因此其对资金需求的变动也往往容易导致资金面整体的波动。③股份制商业银行负债成本率较高，对债券收益率的考核要求更高，信用下沉比国有大型商业银行更明显。

3. 城市/农村商业银行

近年，城市/农村商业银行主力发展债券业务，其持有的债券总量高速增长，占全部债券的比例也在稳步提升，目前已经超过10%。

城市/农村商业银行债券自营投资特点为：①从结构上看，对比国有大型商业银行和股份制商业银行，城市/农村商业银行持有的企业债比例明显偏高。这可能与其负债成本较高、盈利压力较大有关。同时，城市/农村商业银行的央票及其他科目持有比例也远低于国有大型商业银行和股份制商业银行。②与国有大型商业银行和股份制商业银行偏好政府债券不同，城市/农村商业银行更倾向于投资利率债中的国债，这或与其流动性需求有关。③从交易量上看，自2011年起，城市商业银行的现券交割量已超过国有大型商业银行，其在债券交易上的影响力逐渐增强。此外，城市商业银行利率债交易非常灵活的特征也在推进市场变化，使得债券市场定价的影响因素日趋多元化。

4. 外资商业银行

外资商业银行债券自营投资特点为：①由于风险控制比国内银行更严格，外资商业银行的债券业务偏向于保守。②外资商业银行交易户占比较多，更具有投机性质，在利率债和利率衍生品上影响力较大。③外资商业银行有严格的止损线，对止损的执行比国内商业银行更为严格，更易助涨助跌。

（二）非银行金融机构

参与债券市场投资的非银行金融机构主要有券商自营、保险资金自营以及包括银行理财、公募基金、券商资管、私募基金、社保基金等在内的广义基金。

1. 证券公司自营

证券公司债券业务从以起步阶段的债券承销业务为主，发展到交易撮合，再到用自有资金进行投资。证券公司将中介业务中不断积累的经验用于债券自营投资，通过对市场趋势的专业判断，抓住波段投资机会，获取债券投资收益。

从托管数据看，证券公司自营持有债券的占比较小，截至2020年8月末仅持有银行间市场债券总面额的1.7%。但是随着近年证券公司全面转型，其规模扩张迅速，增速远超市场平均水平。

证券公司自营持有债券的类型以信用债（企业债和中期票据）为主，占自身托管规模的70%以上；其次是利率债（国债和政策性银行债），占托管规模的20%左右；其余为商业银行债和二级资本工具。

目前，证券公司债券自营业务不断开拓新的业务模式，正在稳步推进包括利率互换、国债期货、交易所固定收益平台做市商制度在内的多项创新业务，以降低市场利率波动对债券业务收益的影响。

2. 广义基金

广义基金是债券市场的第二大投资群体。近年来，广义基金持有的债券份额占比上升较快，目前已超过20%。广义基金更注重投资收益，其操作相对灵活，交易盘占比高，并可通过杠杆来提升组合收益。

由于更注重收益性目标，并且不涉及所得税问题，广义基金投资国债和政府债券比例较低，更偏好于配置信用债（大于50%）、政策性金融债（接近20%）和同业存单（接近20%）。从托管数据来看，广义基金的信用债持有规模已经接近商业银行，其中所持有的企业债规模已经超过商业银行，成为企业债最大的持有群体。同时，广义基金也是政策性金融债最大的配置力量，其2020年前8个月增持政策性金融债占比高达42.4%。在存量同业存单中，广义基金持有量也是最大的，占比近一半。不过，广义基金2020年前8个月净减持同业存单，这或与货币基金规模下降有关。

银行理财和公募基金是广义基金最重要的两类。银行理财目前仍以预期收益率模式为主，能实现刚性兑付，而真正的净值型产品仍较少。与商业银行自营不同，银行理财倾向于拉长资产久期或追求票息相对较高的信用债，以提高资产端收益率。另外，城投债由于存在政府隐性担保，具有低风险、高收益的特征，也是银行理财配置的主要券种。

公募基金为净值型产品，风控较严。债券型基金规模与收益紧密相关，在资管爆发的当下发展偏慢。而基金专户由于投资范围、管理模式等方面相对灵活，近年获得了快速发展。基金专户投资以杠杆、信用债为主。为增强收益，公募债券基金始终保持着一定的杠杆操作，并呈现出牛市中杠杆提升，熊市中逐渐去杠杆的特征。但由于2014年出台的《公开募集证券投资基金运作管理办法》要求开放式债券基金杠杆比例不得超过140%、封闭式债券基金杠杆比例不能超过200%，加之当前其他监管政策趋严的市场环境，公募债券基金整体杠杆有所下降。

（三）外资机构

从存量上看，外资机构当前持有债券占比较小（低于5%）。但随着外资机构投资渠道不断拓宽，人民币资产在全球配置的重要性提升，外资机构在银行间市场的净买入规模和占比呈现较快的增长趋势。

目前外资机构进入中国债券市场主要通过 4 种途径，即合格的境外机构投资者（qualified foreign institutional investor，QFII）计划、人民币合格的境外机构投资者（RMB qualified foreign institutional investor，RQFII）计划、境外机构直接进入内地银行间债券市场（China interbank bond market direct，CIBM Direct）计划以及债券通中的"北向通"。

外资机构多是以资产配置需求为主的中央银行类机构和保险公司等中长期投资者，风险偏好较低，更看重利率的绝对水平和风险情况。因此，从持有结构看，外资机构的持仓以高等级利率债产品为主，主要是国债、政策性金融债和同业存单，三者截至 2020 年 8 月末的投资比例分别为 57.1%、28.5% 和 7.5%。同时，外资机构对收益率较有吸引力的中期票据、短期融资券等的持有量也在增加。这说明外资机构在注重资产流动性的同时，也综合考虑了资产收益率。信用债也逐步成为外资机构的投资标的。

三、不同机构投资风格对比

不同债券市场投资者在参与投资时体现出的特征差异，本质上取决于其面临的不同约束及诉求，主要包括资产端诉求和负债端约束两部分。

总体而言，各类机构负债期限及稳定性、KPI 绩效考核目标等因素的不同，导致其在投资行为中的投资风格、操作手段、对同一逻辑的买卖解读、介入时点均存在差异，也带来了债券市场每一时点上的买卖交易流动性。中国债券市场主要参与机构投资风格总结如表 5-2 所示，具体分析如下：

表 5-2　中国债券市场主要参与机构投资风格总结

特征	银行自营	保险自营	券商自营	银行理财	银行理财以外的广义基金	外资机构
负债稳定	●●●○○	●●●●●	●●●●○	●●○○○	●○○○○	●●●●○
绩效风格	绝对收益	绝对收益	绝对收益	绝对收益	绝对收益	绝对收益
期限偏好	●●●○○	●●●●●	●●●○○	●●●○○	●●●○○	●●●○○
杠杆程度	●○○○○	●●○○○	●●●○○	●●●○○	●●●○○	●●○○○
投资风格	配置型	配置型	交易型	配置型	交易型	配置型

第一，从配置和交易的粗略属性划分，商业银行、保险和外资机构偏配置属性，以绝对收益为盈利诉求，这主要由其负债端的久期和稳定性决定；而银

行理财以外的广义基金属于偏交易属性的机构，以相对收益和相对排名为投资诉求。需要注意的是，以上仅是基于传统机构特征进行的粗略划分，在债券投资实践中并不绝对。机构行为属性在不同阶段存在动态变化，而同一机构不同部门间也可能具有不同行为属性。例如，外资机构在近年来的债券市场参与中呈现越来越明显的阶段性买卖波段特征。又例如，商业银行体系内金融市场部和理财部门间，以及大型国有商业银行和城市/农村商业银行间也存在着显著的特征差异。

第二，商业银行整体负债成本和风险偏好较低，在债券投资中以获取稳健的绝对收益为主。债券投资在商业银行资产配置中作为和贷款、非标准债权等资产并行的类别存在，但商业银行在各类资产间的取舍并不完全基于资产收益率，综合收益也是重要的考量。当然，信贷投放往往是商业银行的优先选择。2018 年以来，伴随着地方债发行的放量，商业银行作为地方债配置的主力机构，在利率债配置中对于地方债和国债配置的取舍权重逐渐上升。而 2020 年以来，地方债发行期限拉长，这使长端和超长端利率债以及整体利率曲线表现出渐进的特征变化，且在一级招标中阶段性挤出效应显著。不过，地方债作为流动性覆盖率（liquidity coverage ratio，LCR）指标的 2A 资产，存在二级总资产计入合格流动性资产不超 40% 的限制。随着全国性银行地方债配置的明显增加，未来部分 LCR 指标存有压力的商业银行配置地方债或将面临 LCR 指标的约束。

第三，广义基金作为追求相对排名的交易盘参与者，其在负债端相对不稳定的压力下对于行情变化更为敏感，波动性和羊群效应也显著。其负债端一方面与债券市场行情多空走向相关，另一方面与商业银行资产负债行为相关度较高。

第四，保险自营债券投资行为最为突出的特征体现为其对 10 年以上超长期限利率债的配置。保险自营对于利率债资产的配置节奏强弱，与负债端保费收入走势密切相关。

第五，外资机构的影响权重随着国内债券市场开放程度的提升逐步增强。2018 年以来，一系列渐进政策在开放范围和税收减免等方面对外资机构投资境内债券市场给予了优惠。境内机构负债端主要为人民币计价，而外资机构在投资中还需要关注中外资产间利差关系及汇兑损益。

第三节　商业银行调研在机构行为分析中的运用

一、商业银行调研体系介绍

商业银行调研是固定收益投资中非常重要的研究工具。调研通常以月度频率进行，在商业银行月末信贷投放结束后开始，并于下月初进行调研汇总及报告撰写。调研报告在时间上领先于月度经济数据和金融数据发布，旨在为1~3个月中期维度的债券投资策略提供重要指导。

商业银行调研的意义在于：一方面，商业银行自营及表外理财资产配置行为对于债券收益率走势有着重要影响；另一方面，投资者基于对资金面和基本面的宏观研究，即便做出有关债券市场的正确预判，也可能存在逻辑中短时间无法兑现的风险，因此需要借助商业银行调研来对未来1~3个月的趋势加以确认。

商业银行调研主要分为两类。第一类是日常跟踪调研，关注商业银行重点部门的经营情况和下一阶段思路。第二类是专题调研，针对当前阶段市场最为关注的问题开展。调研的重点对象是商业银行的三个部门，即金融市场部、资产负债部和资产管理部（或理财子公司）。

金融市场部一般负责全行的自营投资和流动性管理。不同商业银行对金融市场业务的定位不同，使其投资职能和流动性管理职能会有所侧重。这也导致不同商业银行金融市场部的风险偏好与资产选择完全不同。

资产负债部决定着全行各业务条线的资金调配与资金价格，重点通过价格引导全行的资产配置。一些商业银行的资产负债部也直接进行自营投资。调研资产负债部是了解债券配置资金变化最直接的手段。

资产管理部是商业银行配置一般信用债和资本债的主要部门。近年，在资管新规逐步推进的背景下，商业银行资产管理业务转型也随之加快，涉及组织形式的改变（成立理财子公司，过去的理财产品逐步清退）、产品结构的改变（从资产池到独立的净值型产品）和投资范围的改变（由单纯的债权向股债混合转变）。监管政策的调整对商业银行资产业务会产生巨大影响，进而作用于债券市场走势。事实上，一些信用债的期限策略就源于对银行理财业务的研究。

二、商业银行调研的运用实践

下面将更有针对性地列举一些历史调研结论，以展示如何利用商业银行调研来指导债券投资决策。

（一）2018年11月调研：委外增加与社会融资下行对债券市场的利好效用

1. 调研结论

（1）银行理财业务方面。①2018年10月初以来，不少银行相继将部分公募理财产品购买门槛从5万元下调至1万元。多数银行理财规模保持平稳略升态势，四大行理财规模增加较多，增量在千亿元级别。②银行理财的债券委外在逐步起来，但尚未大幅增长，多数银行仍处于谨慎考虑阶段。部分银行资管部门在重新考虑利用委外加杠杆以降低理财投资压力，部分股份制商业银行委外已明显增加。从调研情况看，之前委外账户浮亏情况显著缓解，多数账户有浮盈，这也在一定程度上降低了银行理财转型压力。③中央银行正牵头制定非标准债权资产的标准，在内部已征求过几轮意见。目前银行在处置非标准债权资产过程中感到困惑。④几乎所有银行理财资金投资都在往标准化资产方向转型，提升标准化资产的配置占比。类货基和定开产品在资产期限选择上可以扩展至3年左右，这对3年以内国开债、2年以内信用债的利好相对比较确定。⑤随着非保本理财规模增长，加上信用债收益率下行，银行理财投资端压力增大。理财细则落地后，部分银行在理财投资端适度拉长债券投资久期，由配置1年转向3年。

（2）银行表内业务方面。①关于资产端：多数银行认为，2018年年初以来银行的风险偏好有所下降，银行层面实际执行与监管层的政策意图有所背离。目前多数银行并未接到银保监会加大信贷投放的指导，监管指标也未改变。总体而言，在信用风险偏好及经济下行环境制约下，银行放贷冲动不强，信用难以宽起来。从信贷结构来看，积压待放的按揭增速下降很快，待放按揭在1~2个月已经算较好的储备，这一部分预计会呈现下行，造成银行资产荒；在《中共中央国务院关于防范化解地方政府隐性债务风险的意见》被严格执行的背景下，地方政府融资较差，造成贷款结构中票据偏多的现象，而小微贷款较多会约束整体信贷增长的持续性；银行表内业务最核心的制约因素是风险偏好和核心一级资本，而在当前大环境下，银行面临风险偏好短期难以回升及资本补充的困境。②关于负债端：存款压力较大。中国工商银行2018年存款增长较好，但传统优势行如中国邮政储蓄银行、中国农业银行亦感到存款竞争激烈，非银行金融机构分流较为明显；中国农业银行为加快资产规模扩张，通过发行同业存单来支撑资产规模扩张。负债端结构性存款性价比太低，考虑准备金之后的成本在 5% 以上，除了对调节监管指标有效用外并无其他明显优势；2018 年整体地方债发行放量，对公存款有小幅恢复，整体银行负债思路是在争取一般存款的同时择机获取低成本负债；但由于银行目前认为整体资产端不够优质，因此负债端获取心态平稳，并不着急。分客户类型来看，银行的公司存款增长较慢，压力比较大，而零售存款增长总体不错。分负债类型来看，今年各家银行对一般性存款，特别是对一些结算性存款的重视程度高于往年；部分股份制商业银行和城市商业银行对同业负债还是采取压降的态度，国有大型商业银行可能会在市场利率低位伺机发行一些同业存单或债券。③关于监管指标：五大行 MPA（macro prudential assessment，宏观审慎评估）、LMR（liquidity matching ratio，流动性匹配率）、LCR 完全没有压力。由于结构性参数的调整及监管鼓励银行加大信贷投放，银行普遍反馈 MPA 考核压力很小。

2. 调研结论对债券市场策略的指引

在经历 2018 年上半年收益率大幅下行和三季度收益率回调后，债券市场对于后续收益率走势相对犹豫。而立足于 11 月初的时点，商业银行调研给出如下重点有效信息，对于债券走势的判断和策略决策继续做多给予了较为充分和准确的支持：①银行表内信贷需求不旺盛，且接近年末，政策指导力度也不强。这使社会融资和信贷存在低于预期的可能。②虽然银行理财反馈委外动力有限，但是理财规模提升带来配置压力加大，所以整体委外对债券市场应是有正面作用的。③存款部门存在压力，而存款增长乏力本身与信贷增速放缓紧密相关，衰退性宽松格局未变，银行风险偏好偏低。

对照行情来看，2018 年 11 月 13 日公布的社会融资数据大幅低于市场预期，且低于季节性均值水平。社会融资超预期萎靡引爆债券行情，叠加彼时一级市场招标火爆、鲍威尔暗示美联储加息节奏可能放缓带动美债收益率下行等利好共振，10 年长债收益率全周下行 19 BP，相继突破 4.0% 和 3.9% 两个关键点位。

在上述调研范例中，银行金融市场部和资产管理部都传递出较为积极的信号，而"存款增速缓慢"其实是贯穿 2016—2018 年的老问题，并非新增信息。调研时不必对所有信息都赋予相同权重，有时边际变化更为重要。

（二）2019 年 1 月调研：信贷调研大超预期对债券市场利空判断的领先性

1. 调研结论

（1）银行理财业务方面。2017 年下半年至 2018 年 9 月底《商业银行理财业务监督管理办法》（以下简称"理财新规"）落地前，银行资管部门对于委外普遍比较谨慎，部分银行暂停了委外，委外总体呈现净赎回状态。理财新规落地后，银行理财委外规则得以明确。从调研情况来看，大多数之前浮亏的委外账户已经浮盈，以城市商业银行为代表的部分委外机构赎回委外兑现浮盈的动力较强，而赎回后的资金或交由资管团队进行投资或委外给其他机构。考虑到不少银行通过委外来提升自身投资研究水平、实现优势互补，预计未来会保持一定的委外规模。总体而言，理财委外在好转。

（2）银行表内业务方面。①社会融资规模增速 2019 年一季度企稳回升，需关注其对债券市场预期的负面影响。政策越来越宽松，监管引导加大信贷投放，需密切观察 1 月信贷数据。②关于民企融资政策：大部分银行的做法是设置白名单，将各行龙头民企列入名单，而资质一般的民企很难获得信贷支持；在政策宽松加码下，国有大型商业银行迫于压力或加大信贷投放，总量宽松政策有溢出效应；部分银行也开始做真正的民企贷款。③资产配置上：不少银行反馈 2019 年信贷投放基本会与 2018 年持平，资产端贷款占比仍将提升；2019年地方专项债将较大幅度增加，将成为主要商业银行债券投资重点；监管密集批复再融资，资本压力将明显缓解。④当前制约银行放贷的主要因素是核心一级资本、较低的风险偏好，部分银行还受到存款增长乏力、流动性新规的制约。随着经济全面下行，政策越来越宽松，监管加速推进银行资本补充，资本压力有望显著缓解。

2. 调研对于债券市场策略的指引

复盘来看，2019 年 1 月社会融资与信贷增速大超预期，而由此开启的2019 年一季度社会融资连续超预期成为改变股债市场当季表现的核心逻辑，也是引发市场对于经济增长预期改善的领先指标。调研结论对于社会融资和信贷的前瞻调研判断，为 2 月数据公布后的债券策略布局提供了非常领先和准确的指引，具备投资研究支持上的有效性。此外，基于调研做出的关于"银行资本压力缓解"和"理财委外好转"的调研结论均在后续行情演绎中得到充分验证。

本次商业银行调研体现了每月跟踪银行信贷和整体社会融资情况的重要性。这有助于投资者判断银行资产端行为变化，同时对经济基本面和债券走势判断也具备领先意义。

（三）2019 年 12 月调研：调研结论对研究逻辑的纠偏和补充

1. 调研结论

（1）银行理财业务方面。资管新规针对银行理财过渡期延长三年基本确认，缓释了老产品风险，防止了非标准债务坍塌对经济的拖累，亦可防止老产品的委外全部赎回造成交易冲击，利好期限 3 年左右的债券。此外，银行继续推动理财子公司的设立，借以促进理财净值化转型，以达到理财平稳转型之目的。预计 2020 年表外规模增加约 3 万亿元；非标准债务规模预计稳中有降，占比持续下降；债券投资占比上升，带来配置力量。

（2）银行表内业务方面。①银行资本补充加快且 MPA 等监管约束放松后，制约信贷投放的核心因素在于信贷需求。同业投资强监管下，非标准债权投资稳中有降仍是大趋势。②近年，银行投资以债券为主，其中地方债是大头，因而 2020 年地方债发行额度受到关注。预计 2020 年银行投资仍以地方债为主。③对信贷储备的调研来看，银行 2020 年一季度信贷项目储备总体正常，预计支撑 2020 年一季度较大量的信贷投放问题不大；北京等部分区域信贷需求可能存在偏差；2020 年信贷投放靠基建，个贷、制造业信贷预计将改善。④由于市场利率低且国有大型商业银行同业负债占比低，国有大型商业银行会配置一些主动负债，形成主动负债与被动负债的协同，以有效管控负债成本；股份制商业银行及城市商业银行由于同业负债占比偏高，预计同业存单规模保持平稳。⑤受结构性存款新规以及监管叫停很多高成本存款产品等影响，预计2020 年存款成本将稳中趋降。

2. 调研对于债券市场策略的指引

2019 年 12 月开始债券收益率较大幅度下行，而彼时货币政策仍然维持宽松政策，但经济基本面已经出现底部回升的弱复苏迹象。因此，若仅从研究逻辑出发，难以形成对债券市场行情坚定的牛市判断。而商业银行调研从银行资产负债体系的视角提供了辅助研究逻辑分析的突破口。从调研结论来看，资管新规或对银行理财过渡期延长，从而缓解委外中存量产品赎回对债券市场的冲击；而理财子公司的设立和开业，为新产品规模增长带来配置增量，也利好债券市场。

复盘来看，2019 年 12 月，以银行为主的配置力量集中释放成为推动债券市场行情的力量。经济虽出现边际好转但尚未形成市场一致共识，叠加中央银行延续宽松货币政策等利好逻辑，形成利好债券市场的因素共振。

本次商业银行调研结论在债券市场策略制定中的运用，较好地呈现了调研结论对研究逻辑的纠偏和补充作用。商业银行调研为传统"从研究到投资"的策略框架丰富了视角，也更加贴近债券实务和债券投资对象，不失为一种值得深入探索的方式。

（四）2020年6月调研：基于银行体系内资产负债关系预判货币政策拐点

1. 调研结论

（1）银行理财业务方面。①随着两会的结束，预计《标准化债权资产认定规则》《关于规范现金管理类理财产品管理有关事项的通知》以及资管新规过渡期安排等将在未来几个月内落地。2020年4月末，银行表外理财规模达25.9万亿元，前4个月增加了约2万亿元；建议高度关注资管新规过渡期延长的具体安排，因为随着老产品整改推进，理财规模或波动，对债券市场产生影响。②2020年年初以来，理财成本下行缓慢，收益倒挂风险突出。银行理财2019年明显增配二级资本债、永续债及资产支持证券（ABS）等资产，年初收益率均明显下降，与当前6个月、1年期的理财成本（约4.1%）形成倒挂；多数银行理财认为，当前与2016年相似，债券投资偏向防御，不愿拉长债券久期，而更倾向于增配股票。新发理财产品股票投资占比在6%以上，而存量占比仅2%。

（2）银行表内业务方面。①2020年6月之后，国内经济接近完全正常，社会融资规模增速大幅上行，经济指标回升，出口亦好于预期，中央银行货币政策面临从非常规宽松走向边际收紧的再平衡；货币政策重心从宽货币转向宽信用，6月作为两会结束后的第一个月份，倘若未见存款基准率下调，后续存款基准利率大概率不动。②存款成本与同业存单倒挂不可持续，预计短端利率中枢抬升，1年期同业存单利率走向2.5%。③危机过后，信贷预计会大幅多增。从调研的全年信贷投放计划来看，银行普遍安排的新增贷款较2019年有10%~20%的增长；2020年一季度受疫情冲击大，中小行客户基础一般，信贷投放受影响较大，随着国内经济正常化，中小企业融资需求出现改善，预计后续中小行信贷投放将发力。

2. 调研对于债券市场策略的指引

2020年6月的商业银行调研对于货币政策和信用政策方向均给出明确判断。基于此，投资者即便经历了5月债券市场的大幅急速回调，6月债券投资策略依然需要保持谨慎和保守。这与彼时市场频繁认为债券市场超调并屡次博弈货币政策再度转松的策略操作是截然不同的。商业银行调研有助于在诸多相矛盾的逻辑和策略选择中去粗取精，择取更为正确的债券策略。此外，关于"银行理财资产配置偏向于股票"的调研结论，对于投资者后续股债资产的策略选择也具备领先和正确的指导意义。

第四节　小结

机构行为研究还需要注意以下几点：

第一，各类机构行为对于行情的预判指示特征并非一成不变。不同宏观阶段中交易型力量或配置型力量均可能成为驱动行情的主力军或市场拐点的"接盘侠"。例如，2018年以来的债券牛市中，机构行为的交易特征明显，有别于2016年配置盘推动债券收益率走出与经济基本面背离的行情特征。

第二，各类机构基于其资产负债情况和投资诉求在各阶段存在不同的发力点和撤退点。例如，2019年四季度至2020年1月整体经济基本面在稳增长政策前期的发力效用下已呈现一些底部弱复苏的边际改善迹象，但摊余成本法基金集中发行下的广义基金配置力量和年初银行机构的配置盘共同推动收益率明显下行；2020年5月债券市场大幅调整行情的过程中，部分有赎回压力的广义基金和证券公司止盈盘成为卖出主力，但外资机构整体仍然呈现正向净买入。

第三，除了直接影响债券市场外，机构行为也是重要的政策传导中介。例如，商业银行资产配置行为（特别是信贷投放）在很大程度上决定货币政策的效果。据此，监管政策可以通过影响商业银行自营及非银行金融机构资产配置行为作用于债券市场。此外，由于广义基金的资金主要来源于银行自营与表外理财，若严监管打压资金空转套利，可能会影响债券委外，冲击债券利率。监管政策对机构行为影响路径还体现在：对商业银行资产负债期限错配的监管会影响债券的期限利差；对资管产品杠杆率的限制也可能会扩大债券期限利差；对摊余成本债基的约束可能扩大国开债与国债的利差；而对现金管理类银行理财的严监管则可能会推升银行资本工具利率。事实上，理解债券市场参与机构对监管政策的回应有助于对机构行为研究形成稳定且有洞察力的判断。

第六章 监管政策研究

第一节 概述：监管政策是债券市场行情的放大器

2017 年是监管政策研究备受重视的一年。在以资管新规为代表的金融供给侧改革主导下，很多投资者发现，原来监管政策对债券市场行情有如此深远的影响，具体来讲包括两方面。第一，虽然监管是现实经济运行状况的投射，直接分析监管政策对市场的作用可能面临内生性问题，但在中国当前经济波动变小但中长期矛盾累积的背景下，监管政策制定中长期考量占比有所提升。同时，随着监管从需求侧转向供给侧，一些政策的推出可能并不是针对总需求的逆周期调控，但依然对行情有所影响。监管政策和经济环境经常性的短期错位是监管政策研究的一大价值点所在。第二，国家金融体系正处于深刻变革和快速进步中，新的监管思路、制度、工具层出不穷，也在通过影响市场资金供需和投资者预期作用于债券市场行情。

监管政策研究是一个不断学习、更迭知识体系的过程。好的监管政策研究不仅要求研究者熟悉各种指标体系和监管条文，更重要的是可以使研究者了解整个监管决策体系，特别是其激励、约束和进化，从而理解监管政策周期及其影响。这是本章希望呈现的内容。

第二节 中国监管政策周期梳理

监管政策近年来在固定收益投资决策中的逻辑权重逐步抬升，而投资者时常对其进行单一事件驱动的研究，并未如经济周期、货币政策周期等传统研究框架一样形成固定的周期思维。本节将对 2008 年以来与债券市场紧密关联的监管政策进行梳理，进而明确监管政策周期及其在固定收益投资中的运用。

一、2008—2016 年：监管逐步趋严

（一）历史回溯

图6-1对主要监管政策进行了梳理。监管政策层面对监管因素的重视可以追溯至2008年。2008年，为应对全球金融危机，中国政府推出"四万亿"投资计划来刺激内需以稳定经济增长。同时，在宽松货币政策和信贷环境的配合下，制造业中重资产行业崛起，房地产行业和城投平台等也被激活，均带来庞大的实体融资需求。

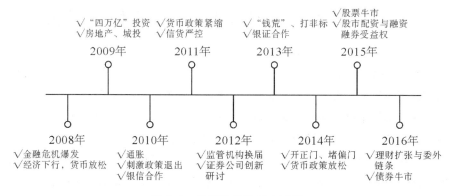

图6-1 监管政策的历史回溯

2010年开始，在通货膨胀抬升、地方政府债务等问题升温的背景下，伴随刺激政策的退出和从紧货币政策的实施，受到诸多监管限制的表内贷款无法满足前期膨胀的房地产、基建等长周期的融资需求，这为融资方和银行提供了突破监管限制进行融资的动力。银信合作逐渐成为重要的绕道监管方式。与此同时，同业创新模式也在表内融资受限和银行的盈利冲动下层出不穷，影子银行不断壮大。

2012年，中国经济增速开始出现显著下行。在此基本面背景下，为应对经济增速滑出底线，中国加快了金融自由化的改革进程，其中一个重要构成部分是利率市场化。对于银行而言，利率市场化打破了之前非市场化下固定息差的政策红利，而红利的消失逼迫银行寻找新的途径来获取利润。这又为之后的同业业务、资管通道业务、银证合作规模的扩张提供了驱动力。

2013年出现的"钱荒"，可以视作监管趋严的一次激烈尝试。上半年债券市场依然处于经济增长低迷驱动债券市场收益率下行的偏多头氛围中，而6月开始针对"债务杠杆"展开的货币政策监管调控作为区别于传统分析框架的

逻辑因素，成为驱动债券市场大幅波动的核心逻辑。从监管部门的政策操作来看，从2013年4月起，中央银行监管部门开始掀起银行间债券市场整顿风暴，不仅调查了多名基金公司高管、银行高管，同时也在银行间债券市场全面推进全款对付结算方式，废除见券付款、见款付券等交易结算方式，以遏制违规行为的发生。

2014年后，伴随宽松的货币环境，中小银行通过同业存单的主动负债形式加大杠杆，同业、理财、委外、货基等之间的空转链条无序扩张，理财规模膨胀。资金和风险链条大大拉长，杠杆操作和信用下沉也更为普遍。这些业态变化，一方面会加剧银行的期限错配，易引发流动性风险；另一方面，如果最终的标的资产仍去投资同业理财，则没有资金流向实体经济，而是在银行间"空转"。在金融自由化的浪潮中，尽管金融系统的盈利在不断攀升，但是有效服务实体的能力却在快速下降。

（二）总结

中国金融行业一直存在分业监管的问题。在混业经营趋势下，监管体系滞后于大环境和业态发展，导致存在诸多监管套利空间，风险逐渐积聚而无法得到有效治理。监管周期的偏宽松运行状态铸就了大资管时代的繁荣和股债两个市场的超级牛市表现，但同时也逐步积累潜在风险。监管政策与市场的矛盾愈加明显，监管政策周期由松转紧的方向转变也蓄势待发。

二、2017年：严监管年

（一）历史回溯

2017年10年期国债收益率走势如图6-2所示。在年末对市场复盘总结时，投资者谈论的热点问题之一是"债券市场收益率脱离基本面了吗？"这也显示了投资者在监管政策条文层出不穷的2017年对于传统基本面研究框架的深度反思。从经济数据看，2017年经济基本面并没有明显好转，GDP增速平稳，CPI低位徘徊，PPI冲高后回落，但债券市场收益率却一路上扬。事实上，造成当年债券市场演绎的核心主线之一为"严监管+紧货币"下的熊市逻辑。对于固定收益投资者而言，2017年是对于监管政策影响认知逐渐加深的一年。

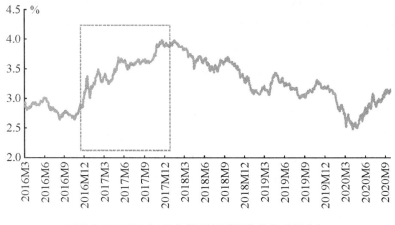

图 6-2　2017 年 10 年期国债到期收益率（框内）

2017 年 1 月 1 日，中央银行将表外理财正式纳入 MPA，以防止银行通过表内与表外资产腾挪规避监管。这使中小银行表外理财规模增速放缓，有利于去杠杆和强化监管。2017 年 1 月接续了前期债券市场的第一波大幅下跌。当时市场对于监管的认知还并不深刻，认为下跌主要源于流动性压力和货币政策收紧超预期。事实上，1 月债券市场回调的接续还与中央银行超预期提升公开市场操作利率的"加息"行为有关。事后来看，严监管初期必然伴随着从紧的货币政策对宏观流动性的收紧和对金融去杠杆的辅助推进，加上彼时经济基本面偏强的宏观背景，超预期收紧的货币政策带动长端利率债上行 40 BP 左右。

2017 年 3 月 28 日，银监会①发布《中国银监会办公厅关于开展银行业"违法、违规、违章"行为专项治理工作的通知》，指出要进一步整治金融乱象，加强金融监管；规定银行业开展"三违反"（违反金融法律、违反监管规则、违反内部规章）行为的专项整治，要求银行系统进行自上而下全面自查监管，并且在 11 月 30 日之前完成。同日，银监会还发布了《中国银监会办公厅关于开展银行业"监管套利、空转套利、关联套利"专项治理工作的通知》，提出针对银行同业业务、投资业务、理财业务等跨市场、跨行业等交叉金融业务中存在的杠杆高、嵌套多、链条长、套利多等问题开展专项治理；全面列举了 95 条规定，要求对"三套利"（监管套利、空转套利、关联套利）

---

① 银监会为中国银行业监督管理委员会的简称。由于 2018 年 4 月 8 日中国银行保险监督管理委员会（简称"银保监会"）正式挂牌，银监会告别历史舞台，因此本书所述"银监会"为此前原部门。

行为进行自查。2017 年 3 月，根据财新等媒体报道，由于 MPA 考核不达标，一些银行已经被取消了获得 MLF（medium-term lending facility，中期借贷便利）的资格。与此同时，也有部分银行被取消一级交易商资格的传闻出现。2017 年 MPA 的考核的确比较严格，银行尤其是中小银行达标压力较大。因此，银行会增大流动性的配置比例，减少资产端扩张，同时赎回部分委外。这一机构行为在债券市场表现中呈现为资金利率陡峭化、信用利差扩张和债券配置需求萎靡。

2017 年 4 月 6 日，银监会发布《中国银监会办公厅关于开展银行业"不当创新、不当交易、不当激励、不当收费"专项治理工作的通知》，与"三套利"治理的内容有所重合，但是重点放在检查银行的创新业务运行情况和创新活动风险，涉及银行是否定期评估、审批金融创新政策和新产品的风险限额，以及是否建立了金融创新的内部管理制度和程序等方面，并且要求各机构于 7 月 15 日前提交自查报告。2017 年 4 月 7 日，银监会发布《中国银监会关于集中开展银行业市场乱象整治工作的通知》，其中囊括了十大乱象。该文件发布目的在于强化银行行为的外部监管，对公司内部各个方面做出了严格规定和调整，大大抑制了银行的冒险行为，降低了金融风险。银监会同日发布《中国银监会关于银行业风险防控工作的指导意见》，指出银行业应该重点防范信用风险、流动性风险、房地产领域风险、地方债务违约风险等传统风险，以及互联网金融风险、外部冲击等非传统风险。

2017 年 4—5 月，债券市场出现第二波大幅下跌，而彼时经济基本面并不是市场的主要逻辑，环比层面经济 4 月、5 月的表现较 3 月并未持续走强，且股市和商品等风险资产表现也呈现下跌。债券市场下跌的主要原因来自监管政策的超预期推进。严监管在债券市场演绎逻辑中权重的提升，使债券市场走势阶段性与基本面出现背离，且大类资产间的相关关系也有所变化。

2017 年 7 月 14—15 日，全国金融会议召开，强调防范金融风险、强化监管问责，将国企降杠杆作为工作重点。2017 年 7 月 24 日，中央政治局会议部署下半年经济工作，并且提出要整治金融乱象、加强金融监管、提高金融服务实体经济的效率和水平。2017 年 8 月 11 日，中央银行在二季度货币政策执行报告中指出，将于 2018 年一季度对规模 5 000 亿元以上的银行发行的 1 年以内同业存单纳入 MPA 同业负债占比指标进行考核。2017 年 8 月 31 日，中央银行公告〔2017〕第 12 号规定自 2017 年 9 月起金融机构不得新发超过 1 年的同业存单。

2017 年 6—8 月，债券市场收益率仍然处于中枢抬升的趋势。上半年投资者对经济基本面的强弱存在分歧，对严监管还抱有幻想。市场多头的逻辑在于经济基本面不强劲，且严监管会对经济造成负面影响，因此严监管具有底线。这一判断的前半部分是对经济的认知，后半部分是对逻辑的推演。而身处2017年8月底的市场，牛市预期已经消失殆尽，投资者对于经济面和监管面的因果关系认知逐渐变化为：严监管之所以持续推进和超预期，一个重要的宏观背景是经济基本面的强劲程度好于预期，即前期对经济认知存在误判；而在此经济背景下，货币政策也难以更宽松，严监管还会对债券市场构成持续利空。

2017年9月1日，证监会发布《公开募集开放式证券投资基金流动性风险管理规定》，主要针对所有公募基金产品提出了流动性风险的具体要求，委外和定制类货币基金规模面临大幅缩水，组合资产改用影子定价法，委外基金吸引力明显降低。2017年9月7日，中央银行加量续做MLF，且市场传闻称监管层指导同业存单发行，加上当时汇率走强，市场开始期待结汇压力带来的流动性缓和，流动性预期明显改善，收益率出现快速下行，全周高点下行10 BP左右。不过，2017年四季度债券市场很快再次出现大幅下跌。

2017年9月底至10月中旬，在资金边际转松和定向降准等政策预期利好的刺激下，债券市场大幅调整，10年期国债再创收益率高点，且彼时市场波动明显强于经济表现和政策利空。情绪悲观和交易力量的推动放大了市场冲击，但在利空趋势的演绎中，即便调整幅度阶段性过度，也并不能笼统定义为超调。事实上，市场总是在预期试错与预期差证实或证伪的交替中演进，因此宏观逻辑和位置感的判断就显得十分重要。在宏观政策对债券市场影响的研究框架中，经济基本面应当是影响货币政策、监管政策的基础，也是影响债券市场的基础逻辑因素。虽然经济常常因为传导逻辑偏长、变化偏慢，不能与行情涨跌形成一一对应关系，但当市场出现逻辑分歧和噪声时，需要明确经济周期所处的位置。例如，2017年9月公布的金融数据中社会融资与信贷仍然高速增长，显示实体融资需求仍然偏强，监管政策方向仍然存在从严的基本面支撑。因此，2017年9月债券市场的阶段性收益率下行来自投资者对货币政策悲观预期过度后的修正，而对于经济趋势偏强的判断则有助于判断货币宽松不具备宏观经济条件的想象空间。

2017年11月17日，中央银行联合三会及外汇管理局发布《关于规范金融机构资产管理业务的指导意见（征求意见稿）》，要求统一资产管理产品标准，提高投资者要求；打破刚性兑付，实行净值化管理；金融机构间与通道间的刚兑被打破；规范资金池，禁止非标准债务与资管产品期限错配；统一产品杠杆，提高分级产品设计要求；消除多层嵌套和通道。2017 年 12 月 1 日，中央银行与银监会联合发布《关于规范整顿"现金贷"业务的通知》，指出银行业金融机构不得以任何形式，为无放贷业务资质的机构提供资金发放贷款，不得与无放贷业务资质的机构共同出资发放贷款；银行等与第三方机构合作开展贷款业务的，不得将授信审查、风险控制等核心业务外包；银行等不得接受无担保资质的第三方机构提供增信服务以及兜底承诺等变相增信服务。

2017 年 12 月 6 日，银监会发布《商业银行流动性风险管理办法（修订征求意见稿）》。此次修订引入了净稳定资金比例、优质流动性资产充足率、流动性匹配率三个新的监管指标，对部分检测指标的计算方法进行优化，并细化了流动性风险管理要求。2017 年 12 月 8 日，中央政治局会议分析研究 2018 年经济工作，提出防范化解重大风险要使宏观杠杆率得到有效控制，金融服务实体经济能力增强。

2017 年 12 月 18 日，中央经济工作会议召开，强调要将重点放在防控金融风险，促进金融与实体、金融与地产、金融体系内部的良性循环，做好重点领域风险防范和处置，打击非法金融活动。2017 年 12 月，银监会发布《中国银监会关于规范银信类业务的通知》。作为资管新规纲领性文件落地后发布的首个监管细则，该文件对存在风险隐患的银行通道业务提出新的规定，要求加强银信类业务的监管，依法对银信类业务违规行为采取按业务实质补提资本和拨备、实施行政处罚等监管措施。

2017 年可被称为近十年来最严金融监管年，各大金融机构实质性去杠杆，银行资产增幅大幅放缓，监管成效颇为明显。在"紧货币+严监管"的宏观政策周期当中，2017 年利率债走高超过 150 BP。这一年固定收益投资艰难，不仅是因为熊市的持续演进，也因为监管政策持续出台对投资者政策解读能力有较大考验。

（二）总结

从监管节奏来看，2017 年监管政策的执行落地，分为上下两个半场，可从三个维度去分析：①监管目标维度。上半场的重点是对金融体系高杠杆和长链条的拆解，即破旧，指出不该怎么样。下半场的重点是在解决系统问题后，金融监管长效机制的建立，即立新，指出应该怎么做。②监管对象维度。上半场的切入点是同业链条和杠杆的拆解。下半场的重点是表外业务的规范、衍生出的交叉金融业态的规范以及整体资管行业规则的重塑，最终达到资管归本溯源和监管协调统一的目的。③政策主体维度。上半场的重点是以中央银行货币政策偏紧作为基础，银监会、保监会和证监会三会分别出台监管政策。下半场的重点是国务院金融稳定发展委员会成立后，各监管机构的协同、双支柱框架的建立和逐渐完善下货币政策和宏观审慎监管的相互配合。

从监管重点和思路来看，2017 年的监管政策主要是从交叉金融、微观杠杆、资管业态、信用风险、流动性风险五个重点，以及业务模式直接规范和指标限制间接压缩两个层次着力，从而使得资产与负债两端均逐步走向规范，将表内与表外的监管空白补足。

2017 年在严监管持续推进的过程中，市场看多一方一直坚持的逻辑是"严监管对于实体经济会形成负面影响，从而对于债券收益率形成利多"。这一逻辑推演在 2017 年前期债券市场演绎中始终没有兑现。严监管在初期的最直接逻辑体现为"配合流动性收缩的货币政策从紧，从而对于债券利率形成显著利空"。但从 2017 年 11 月开始，两条逻辑的边际变化正在悄然发生。

第一，资管新规征求意见稿的出台意味着，诸多具象化机构行为的监管约束将逐步落地，使得前期情绪上的悲观将向业务层面实质性的负面影响转移。彼时的投资者更多将资管新规征求意见稿的出台定义为严监管利空的进一步演进，较为担心在监管落地过程中金融机构生态链条的重塑，以及负债端压力的进一步增强。但事实上，相较于前期为配合严监管施行的紧货币政策对债券市场的冲击，严监管从情绪层面向实体层面的转移其实是对债券市场利好积累的开始。

第二，严监管对于实体经济的负反馈已初现迹象。2017 年 11 月中旬公布的社会融资数据开始明显走弱，新增信贷仅 6 632 亿元，M2 增速也继续走低。而经历了收益率持续剧烈上行的投资者，在彼时已难以敏感捕捉这一边际变化，而更多选择惯性地向悲观方向解读，认为 10 月金融数据的收缩更多是因为供给端信贷额度的限制，而非需求端实体融资需求的走弱。2017 年 12 月公布的 11 月社会融资数据再度超出市场预期，与偏弱的 10 月数据形成反差，构成市场悲观化线性外推的理由。当然，从融资供给端收缩到实体经济融资需求下行再引致债券市场走牛还需要较长过程。事后来看，社会融资的走弱从 2017 年 11 月已开始出现趋势性拐点，而债券收益率的拐点则较为滞后地出现在 2018 年 1 月。在市场情绪极度悲观的环境中，熊市最后阶段的超调幅度往往超乎想象，因此过于左侧的策略操作可能会造成较大的损失。

（三）重大会议中的宏观政策定调对于债券市场走向的重要意义

从 2017 年的重要会议和重大宏观政策表述看：

2016 年 12 月 14 日的中央经济工作会议行文中强调"要把防控金融风险放到更加重要的位置，下决心处置一批风险点，着力防控资产泡沫，提高和改进监管能力，确保不发生系统性金融风险"。2017 年 4 月 25 日中央政治局集体学习"维护国家金融安全"，强调把维护金融安全作为治国理政的一件大事，并提出 6 大任务：深化金融改革、加强金融监管、采取措施处置风险点、为实体经济发展创造良好金融环境、提高领导干部金融工作能力、加强党对金融工作的领导。2017 年 7 月 14 日，全国金融工作会议提出要遵循金融发展规律，紧紧围绕服务实体经济、防控金融风险、深化金融改革三项任务，创新和完善金融调控；不断增强金融服务实体经济的可持续性，着力强实抑虚；筑牢市场准入、早期干预和处置退出三道防线，把好风险防控的一道关，健全金融风险责任担当机制，切实保障金融市场稳健运行，积极稳妥推进去杠杆。2017 年 12 月 20 日，中央经济工作会议提出，打好防范化解重大风险攻坚战，重点是防控金融风险。

中央经济工作会议、中央政治局会议以及中央银行货币政策执行报告能定期传递宏观政策思想，一直是投资者关注的重点。行文的结构性对比是揣摩政策意图变化的重要方法和途径，但投资者较难在当下准确理解政策措辞的微妙变化。例如，2017 年贯穿始终的"严监管和防风险政策定调的强化"，投资者也是经过事后总结才把握其相关政策导向和重点的变化。

（四）如何参与熊市里的反弹？

2016 年 12 月 20 日至 2017 年年初，伴随着流动性危机恐慌情绪的缓解和收益率大幅上行后的超调，债券市场在 10 个交易日的时间内下行 35 BP 左右。这主要得益于中央银行出手指导银行对于非银行金融机构流动性进行救助，以及监管机构对国海证券代持事件的介入。但对于投资者而言，这一熊市反弹参与难度较大。一方面，从后续时点上看，1 月 TLF（temporary liquidity facilities，临时流动性便利）操作的货币政策利好落地和同业存单纳入 MPA 考核的监管周期延续，终止了债券市场的熊市反弹；另一方面，春节前中央银行紧货币继续配合严监管，通过 MLF 利率上调和逆回购操作利率上调进一步加速了利率上行，熊市反弹结束。

另一段典型的熊市反弹发生于 2017 年 4 至 5 月收益率大幅上行之后。4—5 月债券市场收益率呈现超越经济基本面表现的大幅调整，整体市场情绪非常悲观，因而对监管政策做出了恐慌性砸盘和赎回行为。这与 2016 年下半年市场表现完全相反。2016 年下半年债券收益率已处于历史低位区间，且经济向上趋势已经出现，但在"资产荒"配置力量的推动下资金无视基本面和政策面利空而呈现持续增持的市场境况；而 2017 年 5 月，即便收益率经过大幅调整已具备较好的配置价值和吸引力，资金仍呈现减量状态，负债端压力促使市场非理性超调，且悲观情绪持续线性外推。2017 年 5 月下旬特朗普 "泄密门"带来美债走强和美元走弱，中央银行未跟随美联储加息，国内资金面异常宽松。6 月初，监管层领导发言，表达去杠杆不是消灭杠杆，没有杠杆就没有金融。这一表态缓解了市场对严监管的恐惧。整体来说，本轮熊市反弹约持续30 个工作日，10 年期国债收益率下行 20 BP。

面对严监管周期中的熊市反弹，参与其中的投资者一定要设定好投资纪律，切莫动态调整自己的收益预期且线性外推行情，把波动逐步想象为趋势反转。例如，2017 年 6 月，在严监管周期演进半年之际，就不断有市场观点认为，金融去杠杆会抬升实体经济的融资成本，对实体经济带来较大下滑压力，由此倒推严监管政策存在底线，其对债券市场的影响可能已告一段落。这反映了债券市场投资者在进行宏观政策研究时常常会将长期逻辑短期化。事后来看，上面所述逻辑的确推演成为 2018 年债券大牛市的主要逻辑线条。严监管对于实体融资的负面压力在 2018 年充分显现，从而带动经济景气度下行和货币政策宽松。但立足于 2017 年年中，严监管过程还远未结束，且其对于实体经济的负面反馈还远未明显体现，债券市场所承受的负面影响也远未结束。因此，对于固定收益投资者而言，何时为严监管影响的过程、何时为监管周期的拐点变化，对短期的行情预测和策略操作才是至关重要的。模糊长短期的时间概念容易造成趋势的错判。

三、2018 年：严监管逐渐退出市场主要矛盾

2017 年是监管年的起始，这一年在方向与框架逐步确立和推进过程中"说得多，做得少"，对标准化债券的情绪打击大，对经济和业务的实际收缩并未显现，因此债券市场走出了熊市行情。而 2018 年是监管的落地年，债券市场统一监管的进程被推进，"一委一行两会"[①] 的金融监管新格局形成，影响从预期向业务转化，从标债向实体传导。债券市场逐渐走出了对严监管无序打击的惧怕情绪，看到了监管方向坚定下表外收缩、信用紧缩带来的债券收益率下行基础（如图 6-3 所示）。

对于固定收益投资而言，2018 年监管政策不仅对债券市场有直接影响，也会通过对实体经济的影响间接影响债券收益率变化，因此需要关注不同影响路径在各个阶段的主要矛盾及传导时滞。一些值得探讨的问题如下。

---

① "一委一行两会"指国务院金融稳定发展委员会、中国人民银行、中国银行保险监督管理委员会、中国证券监督管理委员会形成的金融监管格局。

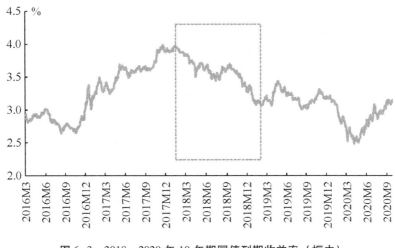

图 6-3　2018—2020 年 10 年期国债到期收益率（框内）

（一）债券市场主要矛盾从"严监管"向"经济周期回落"的悄然转向

2018 年 1 月 12 日，银监会发布《中国银监会关于进一步深化整治银行业市场乱象的通知》，要求各银行业金融机构成立领导小组，层层实行"一把手"负责制，并结合实际制定工作实施方案，确保组织到位、推进到位、落实到位，并提出将对各机构的工作完成情况进行严格评估，形成"整改—评估—整改"的工作机制。2018 年 1 月 18 日，银监会发布《中国银监会关于进一步支持商业银行资本工具创新的意见》，提到将支持商业银行资本工具创新，以拓宽银行资本补充渠道。

2018 年 1 月，在严监管政策延续中，银发〔2017〕302 号文、同业存单备案新规、10 年期国开债重启发行等再度引发市场短期悲观发酵。多数投资者认为，负债端管理压力仍然较大，且并未看到对债券市场明显利好的右侧拐点。但事实上，债券的牛熊周期已悄然转向。

债券市场从 1 月下旬上涨至 3 月，10 年期国开债则已下行 30 BP 左右。彼时市场认为阶段性债券市场反弹的核心原因来自资金面超预期宽松。1 月下旬中央银行临时准备金动用安排、MLF 超量续做，叠加经济数据真空期、机构行为上供给压力较小和配置盘参与度上升带来的供需关系改善，均成为债券市场反弹的利好逻辑。此外，春节假期后资金面持续宽松对 1—2 月份经济增长数据的超预期反馈出利空钝化特征。然而与此同时，市场主流观点对债券市场后续的判断仍是惯性线性外推，并未认可熊转牛拐点的出现。主要逻辑为严监管下金融机构负债端缺乏长期资金，对债券收益率带动有限，同时经济基本面边际回落也较缓和。

中央银行在 2018 年 3 月 22 日继续上调了 7 天逆回购利率至 2.55%。这其实是 2016 年年末以来加息周期的结尾，但当时很难做出准确判断。2018 年 4 月 24 日，银保监会公布《商业银行大额风险暴露管理办法》；4 月 27 日，中央银行、银保监会、证监会、外汇管理局联合印发了《关于规范金融机构资产管理业务的指导意见》，资管新规正式落地；5 月，银保监会发布《商业银行流动性风险管理办法》。不过，彼时严监管周期对债券市场的影响已不是通过货币政策趋紧形成直接负面影响了。但市场对于资管新规等监管政策仍心有余悸，认为债券市场面临不确定性，包括银行理财转型过程中中小银行收缩规模、抬升成本而引发债券配置需求和资金面波动的压力，净值化改革是否引发市场赎回风险等。

（二）中美贸易摩擦逐步成为 2018 年资产演绎的主逻辑之一

2018 年影响市场的主要矛盾之一是中美贸易摩擦。2018 年 2 月 16 日，美国商务部公布 232 调查报告；3 月 21 日美国贸易代表将 2017 年 8 月特朗普前述授权贸易代表展开的 301 调查报告提交国会贸易委员会并做出相关陈情；3 月 23 日，美国政府依据 301 调查报告正式宣布对 500 亿美元的中国出口商品征收关税。彼时市场还尚未认识到这一事件背后全球经济政治格局的大变革，主流观点认为贸易摩擦对市场的影响主要体现在短期风险偏好层面，而对货币政策和宏观经济的实质影响较小。2018 年 4 月初中美双方贸易摩擦升级，美国发布 301 清单的具体对华征税意见，中国也强硬表态并反制。受此影响，国内债券市场的做多情绪全面升温，债券收益率短期内大幅下行 20 BP 左右。

（三）总结

总结来看，2018 年债券市场经历了熊市周期向牛市周期的大转向，监管周期由紧逐渐转松，而经济周期在前期严监管滞后影响实体融资渠道以及贸易摩擦逐步发酵的负面反馈中由强转弱。

2018 年的行情充分演绎了固定收益投资中"线性外推"与"均值回归"两种投资思维。在经历 2017 年严监管周期后，市场对监管政策的出台望而生畏，且较难看到监管周期趋严的终点。但在当市场对严监管的悲观到达相对极端的情绪区间时，"监管周期和货币政策周期内生于经济增长周期又对经济增长周期产生影响"的逻辑再度演绎。严监管造成的融资可得性剧烈收缩，对于实体经济构成负面影响，而前期为配合监管不得不收紧的货币政策流动性闸门也在经济压力的背景下走向宽松周期。流动性周期和经济周期的变化均对债券市场构成利好，使债券市场完成熊牛周期的转化。

在经济下行压力持续增大的 2018 年，监管周期逐渐走向宽松，商业银行行为也基于政策背景的动态变化在资产和负债两端寻找机会，例如，2018 年四季度同业存单发行明显增加，市场部分投资者开始担忧是否存在流动性监管指标的考核压力。而事实上，彼时 NSFR（net stabilization fund ratio，净稳定资金比例）等考核压力并不大，LMR 等监管考核压力也在下降。同业存单的发行是在资金价格相对低点，机构出于经营目的为未来的同业负债储备空间，同时降低结构性存款等高息负债的比重。此外，通过发行存单去匹配资产也存在可赚取的利差空间。这一同业存单市场变化背后的逻辑，可以有效排除对于债券收益率走势判断的噪声。

对于投资者而言，货币政策和监管政策制定的影响巨大，但政策周期的演进也往往存在"过犹不及"和"滞后经济表现"的特征，且政策思路也会跟随国际环境和宏观经济变化动态调整。因此，监管政策研究的核心并非将每个监管指标拆散揉碎来分析，也应避免将单一监管事件影响做简单线性外推，而是要从经济周期的视角上理解监管层表态和行为的边际变化，更为动态和变化地看待监管、货币流动性、经济增长以及债券市场的相关关系，更为敏锐地捕捉债券市场主要逻辑矛盾的变化，借以形成及时和有效的投资策略。

四、2019 年：监管政策微调增加

2019 年是监管政策的迂回和延伸年，更加强调稳增长与去杠杆、强监管之间的协调，以减少政策叠加产生的负面效应。迂回意味着货币政策和监管政策的学习效应均有所增强，幅度、节奏控制更稳妥，政策配合和对冲性更好。延伸则意味着方向未改，打好防范化解重大风险攻坚战的中长期目标没有改变。这一年对于固定收益投资者而言，监管政策在债券市场逻辑体系中权重的上升趋势已逐步常态化，因而需要更新传统认知和研判体系，对监管政策周期之于债券市场的影响有深入认知。事实上，2019 年债券市场的阶段性涨跌（如图 6-4 所示）与策略层面的波段均与监管政策基调调整息息相关。举例来看：

（一）年初表外融资边际好转对债券市场形成阶段性压力

2018 年，在资管新规、理财新规落地以及监管频繁检查的背景下，银行忙着存量非标准债权项目整改，非标准债权投资规模出现较明显下降。2019 年年初以来，随着监管态度的缓和，存量非标准债权项目整改减少，新非标准债权项目投资增加。很多银行理财计划增加非标准债权投资规模，这与 2019 年 1 月委托贷款及信托贷款走势相吻合。表外融资的好转具有持续性，影子银行收缩放缓。

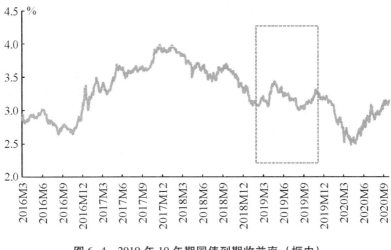

图 6-4　2019 年 10 年期国债到期收益率（框内）

相较于 2018 年表外社会融资对整体融资负贡献的扩大（信托贷款和委托贷款月均萎缩 1 000 亿元左右），2019 年非标类资产整体规模和占社会融资比重确实逐步收敛和趋缓。同时，非标的监管政策趋缓也是造成 2019 年一季度整体社会融资逐渐趋稳和债券市场收益率阶段性波动的重要原因之一。

（二）二季度以房地产融资为代表的监管政策边际收紧，扭转股债方向

2019 年一季度，社会融资与信贷投放增加，带动了投资者对经济预期和风险偏好的提升，形成股强债弱的资产表现格局。2019 年 4 月公布的一季度经济数据持续超预期，债券市场大幅调整。

而 2019 年 4 月监管周期方向的微调对于股债资产在二季度的表现产生方向性反转的影响。具体来看，4 月 19 日中央政治局会议对政策方向做边际调整，再度强调注重于供给侧结构性改革的方法稳需求，坚持结构性去杠杆，在推动高质量发展中防范化解风险，坚决打好"三大攻坚战"；同时再次重申要坚持房子是用来住的、不是用来炒的定位，落实好一城一策、因城施策、城市政府主体责任的长效调控机制。之后住建部会同国务院发展研究中心对 2019 年一季度房地产市场运行情况开展专题调研，提及关注部分城市土地市场热度回升。对此，住建部对 2019 年一季度房价、地价波动幅度较大的 6 个城市进行预警提示，并约谈部分城市政府负责人，强调房地产市场调控目标不动摇。

2019 年 5 月 17 日，银保监会发布了《中国银保监会关于开展"巩固治乱象成果 促进合规建设"工作的通知》（以下简称"23 号文"），重申了信托资金投向房地产的要求，这可能会影响未来表外融资恢复的节奏。5 月 31 日，

根据21世纪经济报道，监管部门将收紧部分房地产企业公开市场融资，包括债券及ABS产品。6月13日，郭树清在陆家嘴论坛讲话提及房地产"过度金融化"，措辞较为严厉，房地产行业融资趋紧的基调再次确认。至6月后，境内债券、美元债、信托、ABS等房地产企业的多项融资渠道均受到不同程度收紧。

2019年7月底，中央政治局会议明确定调，不将房地产作为经济短期刺激手段。由于房地产开发贷款一直被要求符合"432"条件①且大多数银行自身就有白名单管控，监管并没有要求房地产开发贷款不能增长，只是要求增速偏高的银行控制增速。不过，房地产开发一直是银行主要的企业信贷投放方向，而住房按揭则是主要的个贷投放方向。图6-5反映了房地产开发贷款与个人购房贷款余额情况。2019年6月末，贷款余额145.97万亿元，房地产开发贷款余额就高达41.9万亿元，占比达28.7%，其中28万亿元为个人购房贷款。考虑到银行非标准债务融资主要投向融资平台和房地产，房地产融资是银行资产配置中最重要最核心的方向。随着房地产开发贷款及住房按揭贷款政策收紧，资产荒加剧。

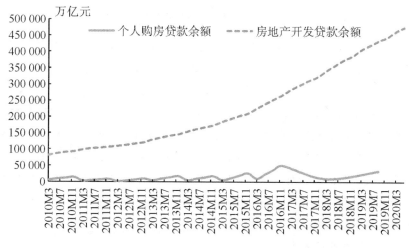

图6-5　房地产开发及个人购房贷款余额

根据图6-6，从融资数据来看，2019年7月社会融资较前期明显走弱，单月规模1.01万亿元，低于2017年和2018年历史同期；其中7月表外融资减少

① "432"条件是指银行、信托公司对房地产开发企业发放贷款的红线。其中，"4"表示房地产开发企业在融资前要拿到国有土地使用证、建设用地规划许可证、建设工程规划许可证、建设工程施工许可证；"3"表示房地产开发企业必须至少投入30%的自有资金；"2"表示房地产开发企业必须有国家二级资质。

6 226亿元，环比前期扩大明显，体现了前期房地产融资监管政策收紧的影响。对于债券市场而言，货币政策在包商银行事件后的超预期宽松、房地产融资监管趋严下的融资减弱、中美贸易摩擦反复下的风险偏好波动等利好因素共振，使得2019年5—8月债券市场扭转了一季度以来的下跌趋势，收益率形成阶段性下行。

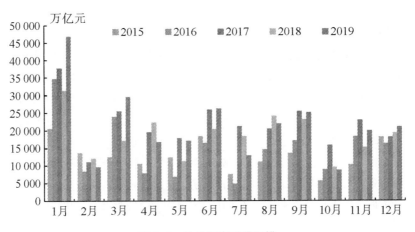

图 6-6 社会融资增量规模

2019年房地产融资政策趋紧，从初露端倪到被市场充分认知，充分体现了监管政策研究中交叉验证的重要性。具体地说：本次融资趋紧始于银保监会发布的23号文。当时来看，此文件的推出略显突兀。彼时经济企稳迹象虽初步显现，但基础尚不稳固，市场对于政策持续宽松的预期很高。23号文的发布显然与市场看法相悖，但由于23号文中几乎没有新增监管要求，更多是对以往要求的确认和重申，最终此文件未在市场上引起很大的重视。而事实上，在微观层面，银保监会对房地产贷款的增速和比例已经开始提出较多的限制要求。随着市场对此变化认识的加深，股市在2019年5月上旬后出现了一次较大幅度的调整。

（三）包商银行事件

2019年5月24日周五傍晚，中央银行及银保监会联合公告："鉴于包商银行出现严重信用风险。为保护存款人和其他客户合法权益，依照相关法律法规，决定自2019年5月24日起对包商银行实行接管，接管期限一年。"

高风险机构处置是存款保险制度成熟的必然结果，也是金融市场风险出清的需要。倘若银行业没有市场退出机制，乱象将难以避免，特别是造成部分面临破产的银行"大而不强，僵而不倒"，占用社会存款资源却不为实体经济服务。诸多发达国家银行业大多也经历过高风险机构处置制度的建立过程。银行不倒信仰的打破，使得信用利差明显拉大，风险定价更充分。

包商银行事件的影响主要有以下三个方面。

第一，在流动性角度下：银行对同业以及非银行金融机构资金融出谨慎会导致资金面紧张，而中央银行总量的调控短期内难以改变同业风险偏好的下降，资金面波动加大。从实际政策与行情演绎来看，在经历短时间结构性的机构数据压力和流动性紧张后，流动性担忧的负面效应没有进一步扩散。首先，中央银行在公开市场操作流动性投放层面展现了较为友好的态度，表明其致力于"总量维稳+定点爆破"的处理原则。其次，在答记者问中提及"最近市场上有人担心，接管包商银行后，是否会有其他机构也被接管。请大家放心，目前还没有这个打算。当前金融市场流动性总体充裕，金融风险总体可控。我们有信心坚决维护金融体系的稳定"。这也在一定程度上稳定了市场的猜疑和情绪。

第二，在资产负债角度下：高风险机构处置使得市场及公众重新关注中小银行的信用风险，银行或收紧对中小银行的同业授信额度。此外，部分大企业要求子公司、分公司将存款统一存到大银行，这导致个别银行企业存款因此下降了10%。影响外溢使部分中小银行同业负债以及企业存款吸收能力下降，短期融资成本上升，被动去杠杆开启，负债压力显著提高，收缩资产负债表在所难免。从同业存单来看，城市商业银行受影响大，国有大型商业银行及股份制商业银行则间接受益。6月上旬是影响最大的时期，城商行同业存单较5月下降2 400亿元。从图6-7反映的同业存单利率来看，包商银行事件后，AA级和AAA级同业存单利率之差急剧走阔。不过，2019年7月28日中国工商银行等入股锦州银行事件落地后，市场情绪明显缓解，利差又快速走低。

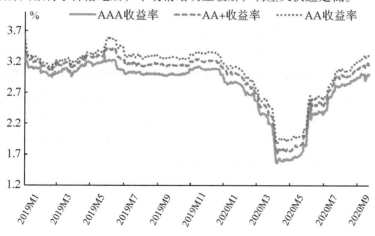

图6-7 同业存单收益利差

第三，在中期视角下：中低等级企业债券违约风险上升，企业债券净融资或低于预期。高风险机构处置不仅使大银行收紧对中小银行的同业授信，也会造成小银行间同业授信的收紧。小银行风险偏好相对较高，是出资给非银行金融机构的主力，但当其自身企业存款及同业负债出现被动下降时，赎回货币基金、缩小同业投资、减少对非银行金融机构出资是必然选择。随着市场情绪的恶化，市场对于信用债及交易对手违约的担忧陡升，非银行金融机构间的信任也会下降。而非银行金融机构资管产品大多采用信用下沉策略，在交易对手风险受重视的背景下，其持仓的债券资质又差，加杠杆能力急速下降，被动违约增多。这又会进一步造成非银行金融机构间的不信任，形成恶性循环。小银行、非银行金融机构自营和资管产品配置中小等级信用债比例相对较高，当其负债或加杠杆能力被动下降时，会使资质一般或偏差的企业债需求下降，发行难度上升，进而影响宽信用。对于中低等级企业债券而言，发行难度上升意味着存量债务违约风险上升。

总结来看，2019年债券市场整体呈现阶段性震荡行情，并无明确贯穿始终的主线，而监管方向的微调和监管政策实施的常态化成为阶段性影响债券市场的重要逻辑。无论是针对房地产融资方向的监管强化，还是以包商银行事件为代表的银行风险定点爆破，投资者在债券市场分析框架中必须时刻明确，防控金融风险作为"三大攻坚战"之一已成为债券市场逻辑中存在的重要部分。事实上，相较于2017年严监管造成的趋势性影响，2019年监管周期波动更加常态化和阶段化。

五、2020年：监管政策周期进一步领先于经济周期

2020年债券市场最核心的宏观逻辑围绕"新冠肺炎疫情下的宏观经济与政策实施"展开。对于固定收益投资者而言，监管政策作为中期政策目标实现的重要引导工具，进一步领先于经济周期变化，并阶段性放大了债券市场收益率的变化和波动。根据图6-8，以2020年5月为界，债券市场在时间上形成显著的牛熊行情分化，10年期国债到期收益率在前后发生明显变化。债券市场行情反转的背后，固然存在疫情发展下经济基本面的改变，但货币政策和监管政策方向性的变化对市场影响更为直接。

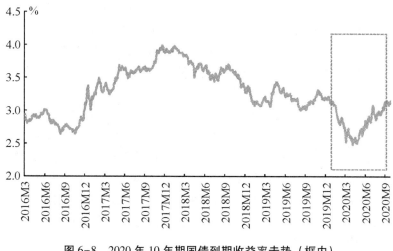

图 6-8　2020 年 10 年期国债到期收益率走势（框内）

（一）历史回溯

2020 年 1—4 月，伴随着新冠病毒在国内及海外发现、蔓延和扩散，货币政策相应转为超常规宽松。2020 年 5 月 10 日，中央银行在《2020 年第一季度中国货币政策执行报告》中提到，稳健的货币政策要更加灵活适度，根据疫情防控和经济形势的阶段性变化，把握好政策力度、重点和节奏；加强货币政策逆周期调节，把支持实体经济恢复发展放到更加突出的位置，运用总量和结构性政策，保持流动性合理充裕，支持实体经济特别是中小微企业渡过难关。2020 年 5 月 26 日，中央银行行长易纲在接受采访时指出："将按照《政府工作报告》提出的要求，综合运用、创新多种货币政策工具，确保流动性合理充裕，保持广义货币 M2 和社会融资规模增速明显高于去年。"

债券市场受益于避险情绪、经济走弱趋势和超常规宽松货币政策，收益率明显下行，形成 2018 年以来牛市的延续。1 年期同业存单发行利率降至 1.6% 的水平，较 2019 年下降超 100 BP，与存款成本形成倒挂。由于同业存单发行利率降至历史最低点，不管是国有大型商业银行还是股份制商业银行、城市/农村商业银行，都有动力加大同业存单的发行规模。不过，同业存单利率与存款成本率倒挂不可持续，这也成为后续债券市场剧烈调整的隐忧之一。

债券市场牛市行情的变化始于 2020 年 5 月。债券市场经历了异常迅速和惨烈的收益率上行调整行情，而投资者对其中利空因素的认知却是渐进确认的。其中非常重要的原因在于，从绝对水平来看，经济增长依然处在低于正常周期的水平，货币政策和短端利率水平也仍为历史低位，但债券市场收益率调整幅度却远将方向性逆转放大。彼时市场热议的话题是："经济增长绝对水平和中央银行引导下的短端资金水平远低于疫情前，而债券收益率已回到疫情前水平，是否存在超调？"需要关注的是，投资者的交易会反映其对未来预期的定价，而市场逐渐形成对货币政策周期和监管周期由宽松转紧的一致预期，因此收益率大幅上行的定价存在合理性。

在经历 2020 年 6 月大幅回调后的暂时缓和之后，7 月起同业存单收益率持续大幅上行且突破市场认为的 MLF 作为中期政策利率锚定的上限 2.95%，R007 也逐步突破 2.2% 的公开市场利率锚定，债券收益率继续大幅调整态势。这一现象背后充分反映出货币政策转向和监管政策趋严对债券市场的负面影响。结构性存款监管趋严以及中央银行在公开市场的持续净回笼操作，增大了银行负债压力。2020 年 7—8 月市场测算的银行超储率低至 1.1% 左右的历史低位，银行间流动性呈现阶段性超预期紧张。

（二）总结

总结来看，2020 年面对新冠肺炎疫情这一"黑天鹅"因素对经济社会的影响，中央银行前期工作重点面向的是经济下行压力和社会稳定，因此持续宽松的货币环境对债券市场形成充分利好。而系统性风险的防范意识已成为中央银行中长期调控目标的重要考量，因此货币政策的转向较市场预期和经济表现均有提前。对比美联储本轮的"大放水"操作以及 2008 年"四万亿"刺激计划的经验教训，我国政策导向的前瞻性和长期考虑意图显著。

2020 年固定收益投资策略的关键之一在于能否及时识别 2020 年 5 月牛熊转换的拐点，降低产品久期和仓位。而投资者若能把握彼时监管政策方向性的变化，认识到监管政策防范金融风险的重点未变、后疫情时代由松转紧可能性增大，便可以提前调整投资策略。例如，在结构性存款新规以及监管叫停诸多创新存款产品的政策背景下，存款成本率较高，难以明显下行，而存款成本与同业存单倒挂不可持续，从而可以预判短端利率中枢将持续抬升，对债券市场构成负面影响。

第三节　典型监管工具

一、MPA 考核监管

MPA 是 2015 年 12 月中央银行推出的对存款类金融机构资产负债表扩表行为进行有效全面监管的里程碑式政策。2016 年 12 月，中央银行对 MPA 政策进行了第一次补充，将商业银行表外理财资产增速纳入广义信贷增速中。2017年2月，中央银行在上调公开市场操作和各类数量型调节工具利率时，提出对不符合 MPA 评估的金融机构实行惩罚性的 SLF（standing lending facility，常备借贷便利）利率。

MPA 考核实行打分制，考核体系由资本和杠杆情况、资产负债情况、流动性、定价行为、资产质量、外债风险和信贷政策执行七项组成，如表 6-1 所示。其中，资本与杠杆情况和定价行为是"一票否决"式评估项目。根据七大类指标的测算结果，中央银行每季度对商业银行进行档次划分。七大类指标均为优秀者为 A 档机构；资本和杠杆情况、定价行为中任意一项不达标，或者剩余五大类中两项及以上不达标的机构划为 C 档；剩余为 B 档机构。

表 6-1　MPA 主要监管指标

项目名称	项目细分
资本和杠杆情况（100 分）	资本充足率（80 分）
	杠杆率（20 分）
资产负债情况（100 分）	广义信贷（60 分）
	同业负债（25 分）
	委托贷款（15 分）
流动性（100 分）	流动性覆盖率（40 分）
	净稳定资金比率（40 分）
	遵守准备金制度情况（20 分）
定价行为（100 分）	利率定价（100 分）
资产质量（100 分）	不良贷款率（50 分）
	拨备覆盖率（50 分）
外债风险（100 分）	外债风险加权余额（100 分）
信贷政策执行（100 分）	信贷执行情况（70 分）
	中央银行资金运行情况（30 分）

档次划分完毕后，中央银行根据评估结果对参评银行实行差别化的准备金利率：A 档机构的法定准备金利率上浮 10%～30%；C 档机构的法定准备金利率下浮 10%～30%；B 档机构保持当前的法定准备金利率。从考核方法看，七大类指标中可量化考查的有资本和杠杆情况、资产负债情况、流动性、资产质

量四大项。

MPA 考核对债券市场的影响主要作用于 MPA 考核七大类指标下商业银行的资产负债配置行为。

1. 资本和杠杆情况

由于改善杠杆率只能通过增加一级资本金或减少调整后的表内外资产余额等方式，这在短期内难以实现，因此商业银行往往优先选择改善资本充足率。在此动机下，商业银行的资产负债配置行为有所改变，主要有三种方向。

第一，提升机构资本净额。除了补充核心一级资本和利润留存外，商业银行可以加强二级资本债的发行。因此，二级资本债在发行频次和数量上有提升的可能性，但考虑到监管审批的限制，应该不会出现爆发式增长。

第二，压降风险加权资产。不等同于压降表内外资产规模，商业银行更多关注不同信用风险特征资产业务的重新配置。因此，轻资本资产将受到青睐，如零资本耗用的国债和国开债、高评级的信用债、合格风险缓释项下的各类贷款和票据业务等。此外，轻资本经营下，中间业务将成为获取净利润的重要增长引擎。ABS 业务的资本节约效应也将愈发显现。

第三，控制广义信贷增速。在宏观审慎资本充足率的计算中，商业银行可以主动调整的基本只有逆周期资本缓冲一项，而逆周期资本缓冲与广义信贷增速有关。商业银行通常会通过控制拆借和存放非存款类金融机构、压降票据业务、福费廷业务和理财发行管控等方式管理广义信贷。至于以国债为典型代表的利率债和高评级信用债，由于其对 LCR 指标的改善大有裨益，往往不是商业银行会优先选择的方式。对广义信贷的严格管控，使得作为债券市场主要配置资金的银行自营资金和理财资金减少。因此，MPA 监管趋严和杠杆率监管压力的加重对债券市场会形成利空。

2. 资产负债情况

由于同业存单不属于广义信贷，且其具有良好的资本节约效应和静态配置价值，因此在将同业存单纳入同业负债体系之前，债券市场上出现了同业存单对信用债的挤占现象。将同业存单纳入同业负债体系加速了金融系统的去杠杆进程。这对债券市场是一个较大的不确定性事件。不过，同业存单的纳入会降低同业存单市场的热度，利好债券市场。

3. 流动性

2017 年以来，伴随着银保监会提高对商业银行 LCR 指标的监管压力，MPA 体系中对 LCR 的监管压力也随之提高。商业银行为改善 LCR，会做三个方面的调整：①缩短资产久期，有效降低资金净流出量；②通过发行同业存单，拉长不可提前支取的负债久期；③增加合格优质流动性资产，如以国债和国开债为代表的利率债、高评级的信用债和货币资金。

总的来说，从短期来看，MPA 监管政策的趋严和广义信贷监管的扩容对债券市场有较大利空风险。而从长期来看，去杠杆引导下的 MPA 监管将对规范债券市场、改善脆弱的固定收益投资生态大有裨益。

二、流动性管理办法和流动性监管指标

从国际标准来看，银行流动性风险管理是一个综合体系，包括期限错配、货币错配、压力测试等，而每一方面又由各种指标体系构成。流动性监管从一开始就是一个比资本金要求更复杂的问题。不同经营模式的银行其融资方式不同，流动性风险管理亦不相同。由于这个原因，巴塞尔银行委员会虽然在 20 世纪 80 年代初就达成了最低资本要求（巴塞尔协议 I），但是直到 2007 年金融危机前，都没能就流动性风险管理建立一个统一的监管要求。

金融危机后，全球监管者意识到，银行日益依赖短期融资开展批发业务会造成系统性流动性危机，有必要建立全球统一的最低流动性监管标准。流动性覆盖比例和净稳定资金比例应势出台。

前期流动性考核框架中，以流动性比例（liquidity ratio，LR）和流动性覆盖率（LCR）为主要监管指标。2017 年 12 月 6 日，银监会发布《商业银行流动性风险管理办法（修订征求意见稿）》，进一步完善商业银行流动性管理框架，引入净稳定资金比例（NSFR）、优质流动性资产充足率（high-quality liquidity asset adequacy ratio，HQLAAR）和流动性匹配率（LMR）三个量化指标。其中，NSFR 由原有指导性指标转移为新增指令性指标，而 LMR 和 HQLAAR 为完全新增指标。从适用范围来看，LR 和 LMR 是适用于所有商业银行的指标，LCR 和 NSFR 是仅适用于 2 000 亿元规模以上大银行的指标，而 HQLAAR 是仅适用于中小银行的指标。

1. 流动性覆盖率（LCR）

LCR 的计算公式为：流动性覆盖率＝合格优质流动性资产÷未来 30 天现金净流出量。这是一个越大越好的指标。根据监管要求，2 000 亿元以上的商业银行在 2017 年年底前 LCR 应达到 90%，2018 年年底前应达到 100%。

该指标旨在确保商业银行具有充足的合格优质流动性资产，使其能在规定的流动性压力情景下，通过变现这些资产来满足未来至少 30 天的流动性需求。LCR 对商业银行短期负债和长期资产的期限错配进行了限制，具体地：

第一，LCR 分子合格优质流动资产是一家银行在压力情况下能实现及时变

现的资产，而分母是在压力情况下该银行流动性丧失的速度。

第二，合格优质流动资产主要包括现金、超额准备金或者高等级债券等，分为一级资产和二级资产，具体如表6-2所示。二级资产内部可分为2A和2B；针对不同部分有不同的比重要求，二级资产占比不得超过40%，2B（BBB-到A+）资产占比不得超过15%。需要注意的是，法定存款准备金和同业存单不纳入其中，但通过发行同业存单获取资金，可以增配合格优质流动性资产。

表6-2　LCR中合格优质流动资产

资产分类	具体内容
1. 一级资产	1.1　现金
	1.2　压力条件下可动用的中央银行准备金
	1.3　风险权重为零的证券
	1.3.1　主权国家发行的
	1.3.2　主管国家担保的
	1.3.3　中央银行发行或担保的
	1.3.4　其他机构发行或担保的
	1.4　母国或流动性风险所在国权重不为0时，上述国家或中央银行发行的本币债券
	1.5　母国或流动性风险所在国权重不为0时，上述国家或中央银行发行的外币债券
2. 二级资产	2.1　2A资产——公司债券
	2.2　2A资产——担保债券
	2.3　2A资产——风险权重为20%的证券
	2.3.1　主权国家发行的
	2.3.2　主权国家担保的
	2.3.3　中央银行发行或担保的
	2.3.4　其他机构发行或担保的
	2.4　2B资产——公司债券

第三，分母未来30天现金净流出量＝未来30天现金流出量－未来30天现金流入量。净现金流出的构成情况如图6-9所示。在现金流出部分的计算中，同业负债、对公负债和零售负债被设置了不同的流出系数，呈现"同业负债

流出系数>对公负债流出系数>零售负债流出系数"的关系。LCR 是越大越好的指标，即分母越小越好，分母中的现金流出部分越小越好，因此负债系数低的负债是监管层鼓励的，同业负债是其不鼓励的负债类型。如果同业存款没有提前支取约束性条款，且交易对手之间无符合监管规定的密切业务合作关系，则会被赋予 100% 的流出系数，即同业存款无论是多长剩余期限，全部视同一个月内到期流出。而在债券市场，目前具有典型的"不可提前支取"特质的负债代表是同业存单。同业存单会完全按照合同期来确认未来 30 天是否到期，因此发行 1 个月以上同业存单获取资金可以增配合格优质流动性资产，但是不会增加 LCR 分母的计算压力。这也解释了监管来临时点前同业存单放量的市场现象。

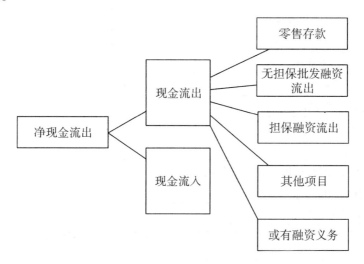

图 6-9　LCR 中净现金流出构成情况

2. 优质流动性资产充足率（HQLAAR）

HQLAAR 的计算公式为：优质流动性资产充足率＝优质流动性资产÷短期现金净流出。根据监管要求，2 000 亿元以下的中小银行在 2018 年度 HQLAAR 应达到 100%，设置有缓冲期。

该指标是更具中国特色的简化版 LCR，旨在确保中小商业银行保持充足的、无变现障碍的优质流动性资产，使其能在压力情景下，通过变现这些资产来满足未来 30 天内的流动性需求。HQLAAR 各类资产折算率情况如表 6-3 所示。委外业务可能对其优质流动性充足率产生负面冲击。这是因为从一级优质流动性资产和二级优质流动性资产定义看，优质流动性资产认定并不穿透 SPV 看底层。此外，银行其他同业投资项目，包括货币基金，也不能纳入可能现金流入中。

表 6-3　HQLAAR 中各类资产折算率情况

项目	折算率
优质流动性资产	
1. 一级资产	100%
2. 二级资产	85%
可能现金流出	
1. 一般性存款	
储蓄存款与小企业存款	8%
大中型企业存款和金融机构存款	35%
2. 同业业务	
结算目的同业存款	25%
质押式和买断式卖出回购	5%
其他同业业务	100%
3. 发行债券	100%
4. 向中央银行借款	0%
5. 其他项目	
衍生产品净负债	100%
不可无条件撤销的承诺和银行承兑汇票	10%
保函和信用证	2.5%
表外理财产品	5%
其他	由银行业监督管理机构视情形而定
可能现金流入	
1. 贷款	50%
2. 同业业务	
结算目的存放同业	0%
买断式买入返售	0%
其他同业业务	100%
3. 投资债券	100%
4. 其他	由银行业监督管理机构视情形而定

3. 流动性比例（LR）

LR 的计算公式为：流动性比例=流动性资产余额÷流动性负债余额。根据监管要求，全部商业银行的 LR 均需达到 25% 的标准。

商业银行如果对于 LR 有较大压力，可以通过发行 1 个月以上的同业存单获取资金来增配流动性资产，这不会增加流动性比例分母的计算压力，从而达到提高 LR 的目的。总体而言，该指标完全基于期限进行数据核算，而不考虑不同资产和负债除期限以外的流动性差异，因此对商业银行形成的压力不大。

4. 净稳定资金比例（NSFR）

NSFR 的计算公式为：净稳定资金比例＝可用的稳定资金÷所需的稳定资金。根据监管要求，2 000 亿元以上规模的商业银行 NSFR 应达到 100%，且无缓冲期设置。

该指标和 LCR 同属于流动性打分部分，早已在 MPA 考核体系中，只是后来由指导性指标变为指令性指标。NSFR 旨在监控银行中长期负债的结构与稳定性，确保商业银行具有充足的稳定资金来源，以满足各类资产和表外风险敞口对稳定资金的需求。该指标也引导银行减少资金运用与资金来源的期限错配，增加长期稳定资金来源。

NSFR 指标有助于银行资金来源稳定性的提高，从而提升其信用创造的稳定性和连续性，以及面向基建、"三农"、高科技等实体经济贷款支持的稳定性。根据 2015 年以来的观察，NSFR 对银行的约束不算大。拉长久期后，银行资产端调整的灵活性相对较大。

5. 流动性匹配率（LMR）

LMR 的计算公式为：流动性匹配率＝加权资金来源÷加权资金运用。根据监管要求，全部商业银行在 2019 年年底 LMR 应达到 100%，设置有缓冲期。

该指标是继 LCR 后又一个对商业银行行为影响深远的指标。LMR 参考了 LCR 和 NSFR 的加权做法，根据资产负债的不同期限（3 个月、3~12 个月、1 年及以上）设置了不同的权重（如表 6-4 所示），用以衡量商业银行主要资产与负债的期限配置结构，从而引导商业银行合理配置长期稳定负债、高流动性或短期资产，避免其过度依赖拆短放长，提高流动性风险抵御能力。

表 6-4　LMR 各类资金折算率情况

项目	折算率（按剩余期限）		
	<3 个月	3~12 个月	≥1 年
加权资金来源			
1. 各项存款	70%	70%	100%
2. 同业存款	0%	30%	100%

表6-4(续)

项目	折算率（按剩余期限）		
	<3个月	3~12个月	≥1年
3. 同业拆入及卖出回购	0%	40%	100%
4. 发行债券及发行同业存单	0%	50%	100%
加权资金运用			
1. 各项贷款	30%	50%	80%
2. 存放同业及投资同业存单	40%	60%	100%
3. 拆放同业及买入返售	50%	70%	100%
4. 其他投资	100%		
5. 由银行业监督管理机构视情形确定的项目	由银行业监督管理机构视情形确定		

下面从加权资金来源和运用两方面对流动性匹配率进行分析。

第一，加权资金来源方面：①加权资金来源中各项存款被赋予的折算率权重不同，可以看出其注重一般性存款的特征，鼓励零售抑制同业基调明显。因此2018年商业银行普通存款争夺会更加激烈，且期限越长折算率越高。②给同业负债低权重（3~12个月的折算率为30%~50%，三个月以内的折算率为0）。在实际中同业负债一般期限偏短，这意味着其并不鼓励过多的同业负债。③对不同期限的同业资产赋予不同折算率，可以看出其希望银行拉长负债期限，发行长期限存单。据此，LMR将引导银行缩短贷款、同业资产配置期限，并延长同业融资期限，这会较明显地加大3个月期以上同业存单的发行需求，也会导致同业存单期限等级利差变大。

第二，加权资金运用方面：①一年以内的同业类资产折算率低于100%，但一年以上的则为100%，这意味着其不鼓励同业过分的期限错配。②需要注意加权资金运用中的"其他投资"一项。其他投资以资管计划、资金信托计划、同业理财、委外、购买基金等为主，折算率均被设置为100%。这部分主要涉及银行金融市场部下设同业投资部的业务。2017年的"三三四"专项治理①对通道类业务、非标准债权业务进行限制后，同业投资部在7月、8月加

---

① "三三四"专项治理是银监会组织开展的系列专项治理行动。其中，第一个"三"表示"三违反"，即违反金融法律、违反监管规则、违反内部规章；第二个"三"表示"三套利"，即监管套利、空转套利、关联套利；"四"表示"四不当"，即不当创新、不当交易、不当激励、不当收费。

大购买货币基金力度，而伴随着投资行为逐渐受到 LMR 的限制，金融市场部的投资风险偏好趋向降低，逐渐回归司库管理的本质。③债券未提及，即投资债券并不计入分母，因此也不会降低 LMR。这意味着，相比于广义同业业务，LMR 更加肯定信贷类业务和固定收益投资，而且银行自己投资债券不影响 LMR，但委外或购买基金却会降低 LMR。

从目前市场同业进行的 LMR 测算来看，商业银行在 LMR 考核中仍面临一定压力。

6. 对债券市场的影响

综合来看，2017 年的流动性新规是借流动性管理的名义，强化金融监管，实现突出打击期限错配与引导脱虚向实的监管意图，重申了金融服务实体经济的本源以及货币政策和宏观审慎的双支柱框架。流动性新规进一步限制了"同业—委外—杠杆交易"的模式，将引导银行业务逐步向传统模式回归，这与 2017 年 11 月发布的资管新规推动金融标准化的思路是一致的。

金融标准化的过程也伴随着非标准债权转标准债权和银行业务回表，而期间货币运用效率的下降与金融风险偏好的回落，会对债券市场表现，尤其是低评级信用债形成一定影响。不过，由于部分流动性指标设置了过渡期安排（适用于中小银行的 HQLAAR 要求在 2018 年年底达标，适用于全部银行的 LMR 要求在 2019 年年底达标），债券市场受到的短期冲击有限。中小银行直面更多监管压力，其业务调整过程中流动性可能还会出现局部性、阶段性的压力，资金面分层情况的进一步演绎及其对中央银行流动性调控分层的诉求需要持续关注。

流动性新规对信用债的影响主要体现在 LCR 和 HQLAAR 两个指标上。优质流动性资产中对二级资产（信用债属于一部分）85% 的折算率，以及二级资产 40% 的比例限定，均是对信用债做出的限制。商业银行委外受限，而自身购买信用债也受到一定限制，信用债的购买力量长期来看会发生变化。不过，信用债受到的影响，具体还要看 LCR 进阶的难度以及购买力量的新变化趋势。对于利率债而言，各指标监管下有加大高流动性资产配置的诉求，这对利率债市场形成边际利好。但由于达标缓冲期的存在，且彼时超储率处于低位以下，商业银行短期增加优质流动性资产的首选仍是保持足量超储而非购买利率债。

三、同业存单相关监管政策

2017 年密集发布的监管政策将同业存单再次推上风口浪尖。下面将重新梳理同业存单供给和需求的决定要素，进而对同业存单相关监管政策进行分析。

（一）同业存单供需因素分析

同业存单具有发行便利、监管压力小、流转便捷的优势，使其成为商业银行获取主动负债的重要方式，市场规模得到迅速扩张。从商业银行资产负债配置行为的角度来看，同业存单供需变化主要受到以下两个因素的影响：

1. 同业存单的供给端方面

第一，流动性补充功能驱动。发行同业存单只需在年初进行规模的申报审批，之后期间发行较为简便、效率较高。同业存单的发行主要满足两种流动性补充方面的诉求：①流动性预期和储备。商业银行的流动性管理实践要对未来的市场资金面和自身的流动性进行预测，所以同业存单的发行时点和期限的选择，往往与商业银行自身的流动性预期和储备管理有关。尤其是部分中小城市商业银行，为了安全跨越月末、季末、半年末等资金面较为紧张的一些典型时点，会提前进行流动性储备。受困于渠道限制，发行同业存单成为中小银行进行流动性储备的重要选择。②流动性刚性需求。商业银行在资产负债经营中存在对资产负债的期限错配和加杠杆行为，因此同业存单的发行也存在流动性刚性需求的压力。目前，监管体系要求商业银行流动性缺口率（未来各个时间段的流动性缺口/相应时间段到期的表内外资产×100%）不得低于−10%。但目前该指标仅为指导性指标，并未成为硬性监管指标。外部机构可以根据商业银行该项指标的表现，判断商业银行内部流动性刚性需求的压力大小。

第二，监管驱动。现行流动性新规明确规定了商业银行的流动性风险监管指标 LCR 和 LR，二者会驱动商业银行同业存单发行：①发行同业存单获取资金可以增配合格优质流动性资产，但是不会增加 LCR 分母的计算压力，从而起到提高 LCR 的作用。②如果商业银行对于 LR 有较大压力的话，其可以通过发行 1 个月以上的同业存单获取资金增配流动性资产，这不会增加流动性比例分母的计算压力，从而提高商业银行的 LR。

第三，利差驱动。近两年，中小银行通过同业存单进行扩表和加杠杆的业务线条，可以归纳为"大型商业银行利用自营资金、表外资金购买同业存单或者大型商业银行先购买基金或通过其他非银行金融机构委外购买同业存单→资金流入同业存单发行银行→同业理财/非银行金融机构委外/其他同业资产→微观交易杠杆放大（再次嵌套委外产品或者加入交易杠杆）→底层标的资产"。大型银行以同业存单为基础进行同业链条扩张的行为不如中小银行明显，但通过同业存单发行获得资金，增配有正向利差资产的倾向依旧存在。因此，当同业存单发行成本与资产收益率之间存在正向利差时，商业银行就具备发行同业存单的动机。当然，利差驱动之下的同业存单发行要以"资本约束和额度约束"为前提,即通过 MPA 考核政策测算出来的广义信贷增长限额目前是否还存在拓展空间。

2. 同业存单的需求端方面

第一,MPA 监管政策中,广义信贷的增长速度需要和"GDP 增速+CPI 增速"以及 M2 增速保持协同,而同业存单作为一种存款类金融机构同业资产的存在,不被计入广义信贷。因此,各家商业银行在保持自身广义信贷规模扩张的过程中,有部分动力持有同业存单。

第二,在 LCR 的计算中,同业存单不纳入合格优质流动性资产范畴,因此流动性监管压力较大的商业银行对同业存单的需求相对疲弱。

第三,在 LR 的计算中,流动性资产包括现金、黄金、超储、一个月内到期的同业往来款项轧差后资产方净额、一个月内到期的应收利息及其他应收款、一个月内到期的合格贷款、一个月内到期的债券投资、在国内外二级市场上可随时变现的证券投资、其他一个月内到期可变现的资产共九项,但同业存单并不被纳入"在国内外二级市场上随时变现的证券投资"一项。因此,如果商业银行对于 LR 有压力的话,其在同业存单的投资上会尽量选择剩余期限在 1 个月以内的同业存单。

(二)同业存单相关监管政策分析

1. 银监会"三三四"专项治理

银监会下发的"三三四"专项治理政策中,涉及同业存单的相关政策如表 6-5 所示。

表 6-5　"三三四"专项治理中涉及同业存单的监管政策

政策文件	具体政策位置	政策内容
《中国银监会关于银行业风险防控工作的指导意见》	第二大项"完善流动性风险治理体系,提升流动性风险管控能力"—(六)加强重点机构管理	督促同业存单增速较快、同业存单占同业负债比例较高的银行,合理控制同业存单等同业融资规模
《中国银监会办公厅关于开展银行业"监管套利、空转套利、关联套利"专项治理工作的通知》	附件 1 第二大项"监管套利"—(一)规避监管指标套利—规避信用风险指标	是否存在同业融入资金余额占比负债总额超过三分之一的情况

表6-5（续）

政策文件	具体政策位置	政策内容
《中国银监会办公厅关于开展银行业"不当创新、不当交易、不当激励、不当收费"专项治理工作的通知》	第二大项"不当交易方面—银行同业业务—监管指标执行方面"	若将商业银行所持有的同业存单计入同业融出资金余额，是否超出银行一级资本的50%、商业银行同业融入资金余额是否超过负债总额的三分之一、若将商业银行发行的同业存单计入同业融入资金余额，是否超过银行负债总额的三分之一

总结来看，银监会"三三四"专项治理对同业存单的发行和投资两个方向同时做出了监管预期：在发行方面，若将商业银行发行的同业存单计入同业融入资金余额，可能不允许超过银行负债总额的三分之一；在投资方面，若将商业银行所持有的同业存单计入同业融出资金，可能不允许超过银行一级资本的50%。目前，该两项政策尚未作为硬性监管政策落地，不过未来这两项政策的落地概率较高，将对以同业存单为源头的同业扩表链条和杠杆行为形成较大打击。事实上，该项监管预期已在银行的自查行为中有所体现。很多商业银行自营盘基本在逐步减少同业存单持仓，在同业存单到期后，大部分置换成了信用债。

2. MPA 监管政策

中央银行在二季度货币政策执行报告中宣布于 2018 年一季度将同业存单纳入 MPA 同业负债占比考核，针对资产规模 5 000 亿元以上的银行与发行期限在 1 年以下的存单。其中关于期限的界定，与 2014 年颁布的《关于规范金融机构同业业务的通知》（银行〔2014〕127 号）中同业融资业务最长期限为 1 年的要求一致。

单从 MPA 的监管角度来看，将同业存单纳入 MPA 同业负债占比考核，仅仅体现在 MPA 考核的七大项中"资产负债情况"一项，且同业负债占比这一项的满分也只有 25 分。根据商业银行 MPA 考核实践，同业负债占比这一小分项基本上不形成实际约束。这一方面是因为广义信贷增速还受到资本充足率一项限制；另一方面，相对于"资产负债情况"对广义信贷的约束，资本充足率限制往往更加严格。因此，在 MPA 考核中，多数银行在"资产负债情况"一项中都可以得到及格分。

"资产负债情况"考核项在 MPA 考核中不属于一票否决项，因此在银行拿到 A 档相对困难的情形下，其一般会优先选择保住一票否决项"资本和杠杆情况"与"定价行为"，而"资产负债情况"则是可以在考核实践中被牺牲的项目。所以，中央银行在 MPA 中将同业存单纳入同业负债占比考核，目前对商业银行无法形成实际有效的约束。不过，银监会"三三四"专项治理中已经提到"将同业存单纳入同业负债占比考核"的监管思路。未来无论是从"去杠杆、防风险"的监管角度出发还是从"监管协调"的角度出发，同业存单都有较大可能纳入同业负债占比考核。硬性监管要求的出台将对同业存单业务以及商业银行依赖同业存单发行进行快速扩表的行为产生实质性的约束。

第四节　小结

监管政策研究有两点重要原则。

1. 监管政策周期的判断重于监管条文阐述

2017 年，投资者一整年都在忙着解读各种监管政策文件。但在 2018 年一季度后，监管政策研究的"重要性"似乎陡然降低了。这里面除了金融机构逐渐适应严监管环境、各种指标触线情况变少之外，更主要的原因是在经济下行周期中，监管政策周期由紧转松，很多政策的执行尺度也有所放宽，尤其是一些涉及现场督导、检查的政策更是如此。因此，我们最主要的观点是，判断监管政策周期要比研究具体的监管条文更重要。具体地：

第一，业界有一种比较流行的观点认为，监管政策完全内生于宏观经济，因此没有必要研究监管政策，即只要宏观趋势判断得对，监管政策对于行情的推动方向必然与预判相一致。这种观点从中长期来看是没错的，而且对于长期、大规模的资金，这种观点也没有问题。否则，全球对冲基金投资中国债券市场就具有天然缺陷，因为这些机构在监管政策研究和跟踪方面存在弱势。然而，从中国债券市场现实出发，我们又很难完全认可这种观点。在历史上，监管政策和经济趋势阶段性的背离经常发生。例如，2013 年 6 月，短期资金利率被抬升到了和经济环境完全不符的程度。事后来看，这是因为监管对于表外、非标准债务的容忍度已经到达极限。又例如，2017 年四季度，当时经济数据已经环比走弱，但监管政策并未趋松，甚至在 2018 年 1 月还推出了大额风险暴露监管办法。再例如，2020 年二季度，虽然经济数据已经开始恢复，但远未恢复到正常状态，而中央银行依然主动引导资金利率向政策利率靠拢，造成市场收益率的大幅回调。这些都证明监管政策和经济趋势会存在阶段性的背离。

第二，跟踪 7 天回购利率等市场价格指标可用于判断监管政策，但也存在问题：①价格指标不具有领先性。②监管政策的内涵边界早就超出了价格指标能代表的范畴。在监管手段相对单一的过去，当中央银行觉得经济已经过热或者结构已经失衡时，除了加减息、升降准之外其他手段比较有限。但在当前，监管层可以利用 MPA 考核对广义信贷增速过快、贷款结构失衡的机构给予惩罚性超储利率，利用 TMLF（targeted medium-term lending facility，定向中期借贷便利）给予支持特定融资主体的银行以廉价的负债补充，通过专项债给银行补充资本，还可以视资管新规完成情况给予不同银行奖惩，而地方监管部门也可以根据需要增加或减少现场检查。因此，这些丰富的监管手段无法通过单一的价格指标进行研判。例如，2019 年 4 月股市与债券市场风格的逆转始于银保监会对涉房贷款态度的转变，但这种政策变化需要跟踪，而不是寻找什么等效的价格指标。

总的来讲，在对经济周期的基本判断下，投资者需要通过对重要监管部门政策的跟踪和调研，来判断中短期内的监管意图和约束，识别监管政策周期位置，并特别注意监管政策方向与经济运行方向短期背离的可能。

2. 监管政策研究应重视交叉验证

面向财政部和银保监会的研究与面向证监会和中央银行的研究不同。对证监会和中央银行的研究比较聚焦，核心在于重点文件的解读，以及对货币政策司、公开市场操作处等重点处室的行为研究和数据跟踪。而对财政部和银保监会的研究则需要通过大量的调研，在差别巨大甚至矛盾的反馈中寻找"大数定律"。

造成这种差别的原因一方面在于监管者与监管对象的关系。证监会的被监管对象（如基金公司、证券公司、期货公司）通常政治地位较低。另一方面，地方银行面临经营环境和约束的差异要远大于基金公司、证券公司和期货公司，不同地区的监管尺度存在差异很正常。因此，不同地方银保监局对一项监管政策的解读可能不完全相同，有些地区的监管执行甚至看上去与监管精神相背离，但却有区域层面的合理性。

投资者在进行监管政策研究时往往需要在混乱甚至矛盾的信息环境下做出判断，应尽量避免基于孤证和信息片断去下结论。尤其是刚刚进入行业的投资者，要消除对于监管信息的神秘感，不应神化某些内部信息，对同一个问题做反复验证，思考其是否具有监管逻辑的一致性。此外，监管政策研究还要有时间上的连贯性，这样才能跟踪到监管政策周期变化。

第二篇

重点专题探讨

重点专题探讨 1　城投债

扫描二维码阅读具体内容

重点专题探讨 2 可转换债

扫描二维码阅读具体内容

重点专题探讨3　技术分析与定量思维

扫描二维码阅读具体内容

参考文献

［1］ATTANASIO O P, PICCI L, SCORCU A E. Saving, growth, and investment: a macroeconomic analysis using a panel of countries ［J］. Review of Economics and Statistics, 2000 （2）: 182-211.

［2］Basel Committee on Banking Supervisors. Position paper on a countercyclical capital buffer ［EB/OL］. ［2020-04-21］. http: //www. c-ebs. org/getdoc/ 715bc0f9-7af9-47d9-98a8-778a4d20a880/CEBS-position-paper-on-a-countercyclical-capital-b. aspx.

［3］BEATON K, LALONDE R, LUU C. A financial conditions index for the United States ［R］. Bank of Canada, 2009.

［4］BIGGS M, MAYER T, PICK A. Credit and economic recovery ［R］. DNB Working Paper, 2009.

［5］COULSON N E, KIM M S. Residential investment, non-residential investment and GDP ［J］. Real Estate Economics, 2000 （2）: 233-247.

［6］CREETHAM T, HARTNETT M. The investment clock: Making money from macro ［R］. Merrill Lynch Special Report, 2004.

［7］DE LONG J B, SUMMERS L H. Equipment investment and economic growth ［J］. Quarterly Journal of Economics, 1992 （2）: 445-502.

［8］DELLAS H, KOUBI V. Industrial employment, investment equipment, and economic growth ［J］. Economic Development and Cultural Change, 2001 （4）, 867-881.

［9］DIAMOND J. Government expenditure and economic growth: An empirical investigation ［M］. International Monetary Fund, Fiscal Affairs Department, 1989.

［10］EASTERLY W, REBELO S. Fiscal policy and economic growth: An empirical investigation ［J］. Journal of Monetary Economics, 1993 （32）: 417-458.

［11］FEDER G. On exports and economic growth ［J］. Journal of Development

Economics, 1983 (1-2): 59-73.

[12] GREEN R K. Follow the leader: how changes in residential and non-residential investment predict changes in GDP [J]. Real Estate Economics, 1997 (2): 253-270.

[13] HARRIS R, ARKU G. Housing and economic development: The evolution of an idea since 1945 [J]. Habitat International, 2006 (4): 1007-1017.

[14] KAVOUSSI R M. Export expansion and economic growth: Further empirical evidence [J]. Journal of Development Economics, 1984 (1): 241-250.

[15] MANKIW N G. Principles of economics [M]. 5th ed. South-western Cengage Learning, 2011.

[16] MCNAB R M, MOORE R E. Trade policy, export expansion, human capital and growth [J]. Journal of International Trade & Economic Development, 1998 (2): 237-256.

[17] RAM R. Exports and economic growth: Some additional evidence [J]. Economic Development and Cultural Change, 1985, 33 (2): 415-425.

[18] ROSENBERG M. Global financial market trends and policy [R]. Bloomberg Financial Conditions Watch, 2009.

[19] STOCK J H, WATSON M W. Forecasting inflation [J]. Journal of Monetary Economics, 1999 (2), 293-335.

[20] SWISTON A. A US financial conditions index: putting credit where credit is due [M]. International Monetary Fund, 2008.

[21] UKO A K, NKORO E. Inflation forecasts with ARIMA, vector autoregressive and error correction models in Nigeria [J]. European Journal of Economics, Finance & Administrative Science, 2012 (50): 71-87.

[22] United Nations. System of national accounts 2008 [S]. European Communities, International Monetary Fund, Organization for Economic Cooperation and Development, United Nations and World Bank, 2009.

[23] ZHANG K H. Foreign direct investment in China: 1978-2002 [J]. Asian Economic and Political, 2003 (8): 1-18.

[24] 安辉, 黄万阳. 人民币汇率水平和波动对国际贸易的影响: 基于中美和中日贸易的实证研究 [J]. 金融研究, 2009 (10): 83-93.

[25] 白冰. 中国进出口贸易总额的影响因素分析 [J]. 当代经理人, 2006 (21): 189-190.

[26] 陈家勤.适度增加进口的几点思考 [J].国际贸易问题,1997 (1):3-5.

[27] 陈泽星.投入产出法:出口对本国 GDP 贡献率计算方法研究 [J].国际贸易,2001 (3):15-18.

[28] 陈长石,刘晨晖.利率调控、货币供应与房地产泡沫:基于泡沫测算与 MS-VAR 模型的实证分析 [J].国际金融研究,2015 (10):21-31.

[29] 崔广亮,高铁梅.房地产投资、居民消费与城市经济增长 [J].系统工程理论与实践,2020 (7):1655-1670.

[30] 刁节文,章虎.基于金融形势指数对我国货币政策效果非线性的实证研究 [J].金融研究,2012 (4):32-44.

[31] 段忠东,曾令华.房价冲击、利率波动与货币供求:理论分析与中国的经验研究 [J].世界经济,2008 (12):14-27.

[32] 范柏乃,毛晓苔,王双.中国出口贸易对经济增长贡献率的实证研究:1952-2003 年 [J].国际贸易问题,2005 (8):5-9.

[33] 范德胜,李凌竹.房地产投资对其他固定资产投资的综合效应研究:基于我国省级面板数据的实证分析 [J].金融评论,2019 (4):95-113.

[34] 范龙振,张处.中国债券市场债券风险溢酬的宏观因素影响分析 [J].管理科学学报,2009,12 (6):116-124.

[35] 高瑞东,赵格格.制造业投资下滑原因几何 [J].中国金融,2019 (7):59-60.

[36] 高善文,高伟栋.经济稳定,通货膨胀见顶:3 季度宏观经济数据评论 [R].2011.

[37] 谷宇,高铁梅.人民币汇率波动性对中国进出口影响的分析 [J].世界经济,2007 (10):49-57.

[38] 郭丽虹,张祥建,徐龙炳.社会融资规模和融资结构对实体经济的影响研究 [J].国际金融研究,2014 (6):66-74.

[39] 郭娜,翟光宇.中国利率政策与房地产价格的互动关系研究 [J].经济评论,2011 (3):43-50.

[40] 国家统计局国民经济核算司.中国国民经济核算体系 (2016) [M].北京:中国统计出版社,2017.

[41] 韩兆洲,肖峰.我国工业增加值的波动与预测研究 [J].统计与决策,2014 (14):125-127.

[42] 何青,张策,田昕明.中国工业企业无利润扩张之谜 [J].经济理论与经济管理,2016 (7):58-70.

[43] 贺骁,廖维琳.高新技术产品进出口贸易对经济增长的作用[J].国际贸易问题,2004(5):13-16.

[44] 黄忠华,吴次芳,杜雪君.房地产投资与经济增长:全国及区域层面的面板数据分析[J].财贸经济,2008(8):56-60.

[45] 贾金思.论外贸进出口对经济增长的作用[J].财贸经济,1998(6):30-33.

[46] 蒋燕,胡日东.我国进口贸易与经济增长的计量分析[J].对外经济贸易大学学报(国际商务版),2005(4):10-14.

[47] 景刚,王立国.房地产投资对中国经济增长影响效应研究:基于31省市面板数据[J].投资研究,2019(4):80-92.

[48] 李成,王彬,马文涛.资产价格、汇率波动与最优利率规则[J].经济研究,2010,45(3):91-103.

[49] 李文泓,罗猛.巴塞尔委员会逆周期资本框架在我国银行业的实证分析[J].国际金融研究,2011(6):81-87.

[50] 李献国,董杨.基础设施投资规模与经济增长:基于1993-2014年东、中、西部省级面板数据分析[J].宏观经济研究,2017(8):86-93.

[51] 李晓峰,朱九锦.中国进出口额与利率变动的关系:基于交易费用的一个解释[J].财经研究,2009,35(4):15-24.

[52] 梁云芳,高铁梅,贺书平.房地产市场与国民经济协调发展的实证分析[J].中国社会科学,2006(3),74-84.

[53] 林毅夫,李勇军.出口与中国经济增长:需求导向的分析[J].经济学(季刊),2003(4):779-794.

[54] 刘金全,艾昕.新常态下社会融资规模与M2背离对实体经济的影响机制分析[J].当代经济科学,2018(5):21-27.

[55] 刘金全,于惠春.我国固定资产投资和经济增长之间影响关系的实证分析[J].统计研究,2002(1):26-29.

[56] 刘静思,何跃.基于组合预测模型的工业增加值中长期预测方法研究[J].工业技术经济,2008(2):42-43.

[57] 刘薇.居民消费、基本建设投资与GDP关系的实证分析[J].统计与信息论坛,2005(5):79-82.

[58] 刘晓鹏.我国进出口与经济增长的实证分析:从增长率看外贸对经济增长的促进作用[J].当代经济科学,2001,23(3):43-48.

[59] 刘晓鹏.协整分析与误差修正模型:我国对外贸易与经济增长的实证

研究［J］.南开经济研究，2001（5）：53-56.

［60］卢遵华.我国债券市场价格波动的均衡与因果分析［J］.证券市场导报，2006（2）：74-77.

［61］裴长洪.进口贸易结构与经济增长：规律与启示［J］.经济研究，2013（7）：4-19.

［62］钱崇秀，邓凤娟，许林.商业银行期限错配缺口与流动性调整策略选择［J］.国际金融研究，2020（8）：66-76.

［63］强静，侯鑫，范龙振.基准利率、预期通货膨胀率和市场利率期限结构的形成机制［J］.经济研究，2018，53（4）：92-107.

［64］邱冬阳，彭青青，赵盼.创新驱动发展战略下固定资产投资结构与经济增长的关系研究［J］.改革，2020（3）：85-97.

［65］尚玉皇，郑挺国.短期利率波动测度与预测：基于混频宏观-短期利率模型［J］.金融研究，2016（11）：47-62.

［66］尚玉皇，郑挺国，夏凯.宏观因子与利率期限结构：基于混频 Nelson-Siegel 模型［J］.金融研究，2015（6）：14-29.

［67］沈悦，刘洪玉.住宅价格与经济基本面：1995—2002 年中国 14 城市的实证研究［J］.经济研究，2004（6）：78-86.

［68］盛松成.社会融资规模与货币政策传导［J］.金融研究，2012（10）：1-14.

［69］盛松成.社融与 M2 增速背离看金融去杠杆［J］.中国金融，2017（21）：22-24.

［70］盛松成.一个全面反映金融与经济关系的总量指标：写在社会融资规模指标建立三周年之际［J］.中国金融，2013（22）：34-37.

［71］盛松成，谢洁玉.社会融资规模与货币政策传导：基于信用渠道的中介目标选择［J］.中国社会科学，2016（12）：60-82.

［72］石锦建，刘康一.中国基建投资的高质量发展：误区、潜力与建议［J］.金融理论与实践，2019（5）：39-42.

［73］石柱鲜，孙皓，邓创.中国主要宏观经济变量与利率期限结构的关系：基于 VAR-ATSM 模型的分析［J］.世界经济，2008（3）：53-59.

［74］苏乃芳，李宏瑾，张怀清.有关 GDP 平减指数的再认识［J］.经济学动态，2016（5）：62-73.

［75］孙敬水.进口贸易对我国经济增长贡献的实证分析［J］.国际经贸探索，2007（1）：13-18.

[76] 孙文凯，肖耿，杨秀科.资本回报率对投资率的影响：中美日对比研究 [J].世界经济，2010，33（6）：3-24.

[77] 孙晓涛.周期性行业论析 [J].华北电力大学学报（社会科学版），2012（3）：36-40.

[78] 谭成文.当前我国制造业投资形势分析 [J].宏观经济管理，2015（10）：11-13.

[79] 王宏.我国 GDP 增长中基本建设投资的贡献分析 [J].求是学刊，2010（4）：49-53.

[80] 王健辉，田昕明，杨为敩.基于广谱利率和流动性的投资时钟理论 [J].宏观经济研究，2018（9）：30-42.

[81] 王铭利.影子银行、信贷传导与货币政策有效性：一个基于微观视角的研究 [J].中国软科学，2015（4）：173-182.

[82] 王晓芳，谢贤君.广义信贷、资本充足率与货币政策稳健性 [J].经济与管理，2018（3）：40-43.

[83] 危黎黎，向书坚.我国工业增加值季节波动非线性研究：基于 SEATV-STAR 模型 [J].中国管理科学，2016，24（4）：10-18.

[84] 吴长凤，巩馥洲，周宏.影响我国进出口贸易的宏观经济因素分析 [J].统计研究，2012（5）：23-26.

[85] 吴振宇，沈利生.中国对外贸易对 GDP 贡献的经验分析 [J].世界经济，2004（2）：13-20.

[86] 武沛璋.逆周期资本缓冲挂钩变量选择研究：基于金融周期的实证分析 [J].投资研究，2020（8）：39-57.

[87] 冼国明，严兵，张岸元.中国出口与外商在华直接投资：1983-2000 年数据的计量研究 [J].南开经济研究，2003（1）：45-48.

[88] 徐光耀.我国进口贸易结构与经济增长的相关性分析 [J].国际贸易问题，2007（2）：3-7.

[89] 徐国祥，郑雯.中国金融状况指数的构建及预测能力研究 [J].统计研究，2013（8）：17-24.

[90] 徐九成，徐敏，范镕.银行间与交易所国债指数收益率对影响因素变动的敏感性差异研究 [J].金融与经济，2015（10）：75-80.

[91] 徐智勇，孙林岩，郭雪松.基于支持向量机的中国工业增加值预测研究 [J].运筹与管理，2008（3）：88-92.

[92] 许宪春.准确理解中国的收入、消费和投资 [J].中国社会科学，

2013（2）：4-24.

［93］许召元. 从固定资产投资"新常态"看当前宏观经济形势［J］. 发展研究，2016（1）：20-26.

［94］闫先东，刘珂，曾宪冬，等. 广义信贷研究［J］. 上海金融，2019（4）：1-16.

［95］杨全发，舒元. 中国出口贸易对经济增长的影响［J］. 世界经济与政治，1998（8）：54-58.

［96］战明华，应诚炜. 利率市场化改革、企业产权异质与货币政策广义信贷渠道的效应［J］. 经济研究，2015，50（9）：114-126.

［97］张兵兵. 进出口贸易与经济增长的协动性关系研究：基于1952-2011年中国数据的经验分析［J］. 国际贸易问题，2013（4）：51-61.

［98］张博. 制造业投资反弹的动力、制约因素与展望［J］. 中国发展观察，2019（3）：54-57.

［99］张世晴，陈文政. 进出口贸易拉动 GDP 增长的 HP 滤波分析及协整检验：基于1978-2007年我国数据的分析［J］. 国际贸易问题，2010（2）：10-14.

［100］赵昕东. 基于菲利普斯曲线的中国产出缺口估计［J］. 世界经济，2008（1）：57-64.

［101］郑挺国，赵丽娟，宋涛. 房地产价格失调与时变货币政策立场识别［J］. 金融研究，2018（9）：1-18.

［102］周先平，冀志斌，李标. 社会融资规模适合作为货币政策中间目标吗？［J］. 数量经济技术经济研究，2013（10）：79-93.

［103］朱太辉，黄海晶. 中国金融周期：指标、方法和实证［J］. 金融研究，2018，462（12）：55-71.